Praktijkboek sociologie

# Praktijkboek sociologie

Harry Hendrix

Veertiende druk

**inclusief website!**

Met behulp van onderstaande unieke activeringscode kun je een studentaccount aanmaken op www.praktijkboeksociologie.nl, voor toegang tot extra materiaal bij dit boek. Deze code is persoonsgebonden en gekoppeld aan de 14ᵉ druk. Na activering van de code is de website twee jaar toegankelijk. De code kan tot zes maanden na het verschijnen van een volgende druk worden geactiveerd.

**7514-PN-65-ST**

Omslagontwerp: Cunera Joosten, Amsterdam
Beeld omslag: Cunera Joosten, Amsterdam
Opmaak binnenwerk: Textcetera, Den Haag

© Hendrix & Boom uitgevers Amsterdam, 2018

Behoudens de in of krachtens de Auteurswet gestelde uitzonderingen mag niets uit deze uitgave worden verveelvoudigd, opgeslagen in een geautomatiseerd gegevensbestand, of openbaar gemaakt, in enige vorm of op enige wijze, hetzij elektronisch, mechanisch, door fotokopieën, opnamen of enige andere manier, zonder voorafgaande schriftelijke toestemming van de uitgever.

Voor zover het maken van reprografische verveelvoudigingen uit deze uitgave is toegestaan op grond van artikel 16h Auteurswet dient men de daarvoor wettelijk verschuldigde vergoedingen te voldoen aan de Stichting Reprorecht (Postbus 3051, 2130 KB Hoofddorp, www.reprorecht.nl). Voor het overnemen van (een) gedeelte(n) uit deze uitgave in bloemlezingen, readers en andere compilatiewerken (art. 16 Auteurswet) kan men zich wenden tot de Stichting PRO (Stichting Publicatie- en Reproductierechten Organisatie, Postbus 3060, 2130 KB Hoofddorp, www.stichting-pro.nl).

No part of this book may be reproduced in any form, by print, photoprint, microfilm or any other means without written permission from the publisher.

ISBN 978 90 244 0751 4
ISBN 978 90 244 0752 1 (e-book)
NUR 756

www.praktijkboeksociologie.nl
www.boomhogeronderwijs.nl

# Inhoud

| | | |
|---|---|---|
| **Inleiding** | | **7** |
| **1** | **Wat is sociologie?** | **13** |
| | 1.1 Wat is sociologie? | 13 |
| | 1.2 Kritische wetenschap | 13 |
| | 1.3 Sociaal bewustzijn | 17 |
| | 1.4 Maatschappijvisies | 23 |
| | 1.5 Waardevrije wetenschap | 27 |
| | 1.6 Sociologie in de praktijk | 27 |
| | 1.7 Conclusies | 30 |
| **2** | **Homo sociologicus** | **33** |
| | 2.1 Kuddedieren | 33 |
| | 2.2 Homo sociologicus | 35 |
| | 2.3 De roltheorie | 38 |
| | 2.4 Socialisatie | 50 |
| | 2.5 Sociale controle | 53 |
| | 2.6 Individualisering van problemen | 55 |
| | 2.7 De zichzelf waarmakende voorspelling | 56 |
| | 2.8 Vooroordelen en stereotypen | 58 |
| | 2.9 Discriminatie | 61 |
| | 2.10 Conclusies | 62 |
| **3** | **Groeperingen** | **65** |
| | 3.1 Inleiding | 65 |
| | 3.2 Groeperingen | 66 |
| | 3.3 Referentiegroepen | 70 |
| | 3.4 Sociale identiteit | 72 |
| | 3.5 Relatieve deprivatie en comparatieve referentiegroeperingen | 77 |
| | 3.6 Netwerken | 79 |
| | 3.7 Samenwerkingsverbanden in de zorg | 83 |
| | 3.8 Conclusies | 84 |
| **4** | **Cultuur** | **87** |
| | 4.1 Inleiding | 87 |
| | 4.2 Wat is cultuur? | 90 |
| | 4.3 Andere culturen, subculturen en contraculturen | 93 |
| | 4.4 Cultuuroverdracht | 99 |
| | 4.5 Institutie | 102 |
| | 4.6 Bureaucratie | 104 |

|     |      |                                                      |     |
| --- | ---- | ---------------------------------------------------- | --- |
|     | 4.7  | Ideologie                                            | 106 |
|     | 4.8  | Organisatiecultuur                                   | 108 |
|     | 4.9  | Cultuurverschillen                                   | 110 |
|     | 4.10 | Multicultureel Nederland                             | 115 |
|     | 4.11 | Sociaal bewustzijn                                   | 116 |
|     | 4.12 | Conclusies                                           | 118 |

## 5 Sociale ongelijkheid 121

- 5.1 Inleiding 121
- 5.2 Kasten, standen, klassen en sociale klassen 123
- 5.3 Sociale ongelijkheid 127
- 5.4 Sociale ongelijkheid in cijfers 131
- 5.5 Problematisering van sociale ongelijkheid 138
- 5.6 Sociale mobiliteit 139
- 5.7 Culturele mobiliteit 142
- 5.8 Discriminatie 143
- 5.9 Sociale ongelijkheid, enkele terreinen 144
- 5.10 Perspectief 155
- 5.11 Conclusies 157

## 6 Macht 161

- 6.1 Inleiding 161
- 6.2 Macht 163
- 6.3 Waarom willen mensen macht? 167
- 6.4 Macht en politiek 168
- 6.5 Machtsmiddelen en technieken 174
- 6.6 De (on)macht van de cliënt 183
- 6.7 Conclusies 192

## 7 Sociale veranderingen 195

- 7.1 Panta rhei 195
- 7.2 Oorzaken van sociale veranderingen 197
- 7.3 Beheersing van sociale verandering 198
- 7.4 Verschijningsvormen van sociale verandering 198
- 7.5 Gangmakers van sociale verandering 200
- 7.6 De wet van de remmende voorsprong 203
- 7.7 Sociale veranderingen in de laatste halve eeuw 203
- 7.8 Conclusies 219

## 8 Omkijken en vooruitzien 221

Literatuurlijst 227
Illustratieverantwoording 231
Register 233
Over de auteur 236

# Inleiding

Welkom, beste lezer, in de wereld van de sociologie, die mij vertrouwd is maar voor jou misschien vreemd terrein. Of toch niet, want elke dag zit jouw leven vol sociologie. Misschien ervaar je dat nog niet zo, maar na het bestuderen van dit boek zal dat anders zijn. De sociologie ligt op straat en is elke dag aanwezig in de spreekkamers van zorgverleners.
Ik wil graag met jou door dit boek wandelen op zoek naar wat de sociologie jou te bieden heeft. Het is een boek voor zorgverleners op hbo-niveau. Een boek voor mensen die met mensen werken op het brede terrein van welzijn en zorg. Dat zijn maatschappelijk werkers, verpleegkundigen, fysiotherapeuten, ergotherapeuten, logopedisten, pedagogen en, als ik dat nog niet genoemd heb, ook jouw toekomstig beroep. Als zorgverlener heb jij straks cliënten, klanten, patiënten, enzovoort. Hoe je die noemt zal per beroep of instelling verschillen. Ik zal hierna vooral de termen cliënt en zorgvrager gebruiken.

Mondjesmaat dringt in het veld van zorg en welzijn het besef door dat problemen van cliënten vaak ten onrechte geïndividualiseerd, sommigen zeggen gemedicaliseerd, worden. Dat wil zeggen dat zorgverleners zich bij de diagnostiek en behandeling vooral richten op het lichaam en de psyche van de cliënt. Ook bij aantoonbaar maatschappelijke oorzaken moet de cliënt, het individu dus, in behandeling. Hij moet zelf aan de slag en in deze tijd vooral zelfredzaam zijn. Dat leidt tot symptoombestrijding, omdat de maatschappelijke oorzaken 'onbehandeld' blijven.
Maar dat niet alleen. Indringender is dat de individuele cliënt bewust of onbewust de boodschap krijgt dat hij 'zelf verantwoordelijk' is voor zijn probleem en het ontstaan ervan. Hij heeft gefaald en niet de samenleving. Dat leidt niet zelden tot onterechte schuldgevoelens. Sommigen voelen zich zo 'dubbel gepakt'. In sociologisch jargon heet dat 'blaming the victim'.

Overigens valt dit zorgverleners niet te verwijten, want in hun praktijk en opleiding was en is er relatief weinig aandacht voor de maatschappelijke oorzaken van problemen. Laat staan dat zij daar iets aan kunnen doen.

| Casus | De heer Pietersen |
|---|---|

In de casus uit hoofdstuk 1 valt de heer Pietersen uit tegen de therapeut en schreeuwt: 'U zit nu al weken lang te zeiken over mijn relatie en de ruzies thuis. Dat heeft er allemaal niks mee te maken. Zorg maar dat ik weer een baan krijg zodat ik weer wat te doen heb en fatsoenlijk voor mijn gezin kan zorgen.' In een verslag van dit gesprek noemt de therapeut dit 'weerstand tegen verandering'.

Nogmaals, veel valt zorgverleners niet te verwijten. Zij zijn onderdeel van een cultuur waarin problemen vooral gediagnosticeerd worden als individuele problemen. Die cultuur dragen ze over op hun cliënten, die braaf hun adviezen opvolgen en vol hoop op genezing antidepressiva gaan slikken, een cursus mindfulness volgen of zich neurolinguïstisch laten programmeren. Tal van cliënten én zorgverleners geloven dat ziekte 'vooral tussen je oren zit' en dat je zelf voor het ontstaan en de genezing verantwoordelijk bent. Overigens niet helemaal ten onrechte, want ook eigen kracht is belangrijk voor het beter worden of aan de slag gaan met problemen.

Er zijn genoeg tekenen dat het ook anders kan en moet, zoals blijkt uit het volgende krantenbericht.

> *Het behandelen van medische klachten gaat artsen steeds beter af, maar de laatste tijd lijkt er in hun houding iets te veranderen. Wat heeft het voor zin om patiënten almaar op te lappen als er aan de achterliggende problematiek niets wordt gedaan? En dus komen ze steeds vaker hun spreekkamer uit: ze gaan fietsen met diabetespatiënten, hardlopen met dikke kinderen, ze richten een praatgroep op voor overbelaste mantelzorgers, proberen hun dorp gezond te laten eten of het roken in hun wijk aan te pakken. Soms gaan ze zelfs de barricaden op, de rechtszaal in of lobbyen in Brussel.*
> *Bron: Visser, 2017.*

Artsen moeten zich activistischer opstellen, zo zegt ook Yolanda van der Graaf, hoofdredacteur van het *Nederlands Tijdschrift voor Geneeskunde* (NTvG), naar aanleiding van een actie van rokers tegen de tabaksindustrie.
Maar ook uit een andere hoek komt de roep om een meer maatschappijgerichte aanpak. De Raad voor Volksgezondheid en Samenleving (RVS, 2017, p. 12) constateert dat veranderingen en ongemakken die te maken hebben met een bepaalde levensfase tegenwoordig vaak worden beschouwd als medische problemen. De oplossingen worden gezocht in de zorg. De RVS bepleit om de medische bril af te wisselen met andere brillen, waardoor ook andere, meer heilzame 'behandelingen' in zicht komen.
Ter illustratie. De hedendaagse samenleving heeft van jongeren vaak onrealistische verwachtingen en idealen zoals: 'mensen kunnen hun hele leven gelijkmatig functioneren'. Of: 'het leven is maakbaar' en 'perfectie is mogelijk op alle fronten'.
Een ervaringsdeskundige zegt daarover:

> *Ik kende mezelf als een ambitieuze, gedreven en actieve meid vol dromen voor wie de wereld aan haar voeten lag. Op mijn werk was ik de jongste van het stel dus ik wilde koste wat kost laten zien wat ik in huis had. 'Play hard, work hard', was mijn mantra. Mijn prestaties koppelde ik aan mijn eigenwaarde. Het liefste wilde ik door iedereen leuk, goed en slim gevonden worden, dus*

*paste ik me altijd aan, aan de wensen en eisen van anderen. Ik was constant op zoek naar erkenning en waardering waardoor ik nog harder ging werken, in de hoop gezien te worden (Lunenburg, 2014).*

Het advies van de RVS is een krachtig pleidooi voor meer aandacht voor de maatschappelijke oorzaken van ziektes en problemen in de opleidingen voor zorg en welzijn. Hier ligt een mooie en uitdagende opdracht voor docenten sociologie in die opleidingen. Zij kunnen met behulp van dit boek laten zien hoe ook maatschappelijke factoren een rol spelen bij ziek zijn en beter worden. Daarbij kun je denken aan factoren als sociale ongelijkheid, armoede, vooroordelen, discriminatie, stereotypering, de multiculturele samenleving, sociale veranderingen, nepnieuws, populisme, enzovoort. Vaak zullen zorgverleners met lege handen staan als het om de aanpak van deze factoren gaat. De spreekkamer van de zorgverlener is misschien wel bij uitstek de plek waar de signalen binnenkomen over maatschappelijke factoren van problemen van mensen. Het doorgeven van die signalen aan andere disciplines of instanties die daar wel voor zijn toegerust is een belangrijke interventie in het kader van 'maatschappijgericht' zorg verlenen.

Bij het herschrijven van dit boek probeer ik zo veel mogelijk aansluiting te zoeken bij jouw belevingswereld, beste lezer. Jouw generatie wordt in de sociologische literatuur ook wel '*de grenzeloze generatie*' of de '*generatie nooit genoeg*' genoemd (Westermann, 2011). Die generatie zit vol dynamiek. Internet, Facebook, Instagram, Twitter en andere moderne media zijn voor jullie belangrijke communicatiemiddelen. Jouw generatie wil alles van deze wereld meemaken en niet zozeer die veranderen, zoals de *babyboomers* van de vorige eeuw, zeggen onderzoekers. Maar dat zijn generalisaties. Waarschijnlijk voel je jezelf vooral een individu, dat zelf wel uitmaakt wat hij wil en goed voor hem is.

Ik ben benieuwd hoe jij het veld van de welzijns- en gezondheidszorg binnenstapt. Wat beweegt je, welke verwachtingen heb je en welke ambities? Wil je vooral een leuke baan en zinvolle tijdsbesteding? Of staat een goed inkomen voorop? En wat verwacht je eigenlijk van het vak sociologie? Is het slagen voor het tentamen het ultieme doel of wil je ook meer leren over jezelf?
Als je dat laatste wilt, moet je regelmatig over de schutting van jouw wereld heen kijken. De sociologische theorie kan daarbij helpen. Zij functioneert als een helikopter van waaruit je meer van de wereld te zien krijgt. Je ziet andere dingen dan vanaf de grond tussen vrienden en generatiegenoten. En die nieuwe kennis en inzichten leren je ook veel over jezelf.

Bijna tachtigduizend exemplaren van eerdere uitgaven van dit boek vonden de afgelopen decennia hun weg naar de lezer. Vooral de didactische opzet blijkt aan te spreken. Veel waardering is er voor de verheldering van praktijksituaties door middel van de sociologische theorie. Meelevend met de hoofdrolspelers leer je sociologisch denken, analyseren en je sociaal bewustzijn vergroten. Bovendien kun je meteen aan de slag met opdrachten en oefeningen, die je kunt aanpassen aan jouw eigen situatie. Opzet en taalgebruik maken theorielessen grotendeels overbodig. Daardoor blijft er meer tijd over voor de vertaalslag naar de praktijk via opdrachten, oefeningen en training.

Regelmatige herzieningen van dit boek blijven nodig, want tijden veranderen. Nu ziet de wereld er anders uit dan vijf jaar geleden. Zo is professionele zorg nu minder een vanzelfsprekend recht. Dat heeft consequenties voor buren, familie en vrienden. Zij zullen taken moeten overnemen die de professionele hulpverleners en de overheid niet meer oppakken. Zelfredzaamheid kan niet zonder 'samenredzaamheid'. Van zorgverleners wordt meer en meer verwacht dat zij hun cliënten stimuleren en ondersteunen om vooral samen met hun netwerk de problemen op te lossen.
Dat zal hen aanzetten, zo hoop ik, om ook op zoek te gaan naar maatschappelijke oorzaken én oplossingen van problemen. Deze en vele andere recente ontwikkelingen in de laatste jaren hebben in dit grondig herziene praktijkboek sociologie een plaats gekregen. Net als de terechte feedback van veel docenten die met de oude uitgave werkten.

Het boek is opgedeeld in hoofdstukken. Elk hoofdstuk bevat een praktijksituatie. Met enige fantasie kun je die aanpassen aan jouw toekomstig beroep. Met behulp van die praktijksituaties wordt de sociologische theorie 'levend' gemaakt. Daarbij komt een variëteit aan onderwerpen aan bod die voor het veld van zorg en welzijn belangrijk zijn. Uiteraard bevat dit boek vooral theorie en feitenkennis. Maar zeker zo belangrijk zijn vaardigheden en houding. Vaardigheden om theorie en kennis toe te passen in de praktijk. En een houding waaruit sociaal bewustzijn spreekt. Dat wil vooral zeggen een waarachtige nieuwsgierigheid naar maatschappelijke factoren die jouw doen en denken en dat van je cliënten beïnvloeden. Een boek alleen is daarvoor niet voldoende. Lessen, trainingen en supervisie waarin ook de sociologische invalshoek aandacht krijgt, zijn eigenlijk veel belangrijker.

De belangrijkste leerdoelen zijn:
1. kennis en inzicht in voor de zorgverlening belangrijke sociologische theorieën en begrippen;
2. deze theorieën kunnen vertalen naar eigen denken en handelen, waardoor je sociaal bewustzijn groeit;
3. deze theorieën kunnen toepassen in de dagelijkse praktijk van de zorgverlening;
4. meer kennis van hedendaagse maatschappelijke vraagstukken.

**Ondersteunende website**
Dit boek wordt ondersteund door de website **www.praktijksociologie.nl** met
video's, vragen, opdrachten, achtergrondinformatie en literatuur. Voor het maken van de opdrachten en vragen is een logboek bijgevoegd dat studenten kunnen gebruiken. Een begrippentrainer helpt studenten om belangrijke begrippen en hun omschrijving te trainen. Docenten kunnen op de website 'hulpmiddelen' vinden ter ondersteuning van hun lessen, zoals literatuur, video's en toetsvragen.

Natuurlijk is dit boek niet compleet en eigenlijk ook nooit 'af'. Niet alleen omdat de wereld verandert maar ook omdat mijn ervaringen leiden tot nieuwe inzichten. En vooral ook omdat jullie, lezers en docenten, steeds weer waardevolle feedback geven. Dus laat van je horen!
Dat kan via interakt@planet.nl. Het zal zeker leiden tot een nog beter boek over drie of vier jaar.
Ik wens je veel lees- en studieplezier en straks een mooi beroep!

Harry Hendrix, Molenhoek, voorjaar 2018

# Wat is sociologie? 1

*Het vermogen tot verwondering ligt aan de basis van sociologische verbeeldingskracht.*
Charles Wright Mills (1963)

## 1.1 Wat is sociologie?

Sociologie is de leer van de menselijke samenleving. Zij bestudeert het gedrag van mensen in hun sociale omgeving. Sociologen onderzoeken waarom mensen zich gedragen zoals ze zich gedragen als leden van een samenleving. Ze vragen zich af welke maatschappelijke factoren het denken en gedrag beïnvloeden. Daarbij gaat het om factoren als sociale klasse, cultuur, vooroordelen, stereotypen, sociale controle, macht, groeperingen en sociale ongelijkheid. De socioloog wil de samenleving inzichtelijk maken voor de mensen die er deel van uitmaken. Daardoor groeit hun sociaal bewustzijn en zijn ze minder een speelbal van de tijdgeest, maatschappelijke ontwikkelingen en hun sociale omgeving.

Naast sociologie krijg je in jouw opleiding zeker ook te maken met andere wetenschappen zoals psychologie, economie, rechten, filosofie, biologie, enzovoort. Het is een hele kunst om al die vakken te integreren in de methodiek van het beroep waarvoor je studeert. Een mooie en uitdagende opgave voor de methodiekdocent. Ook een kunst om dat evenwichtig te doen zodat alle aspecten die van belang zijn voor het menselijk handelen aan bod komen.

## 1.2 Kritische wetenschap

De socioloog is geneigd om steeds weer opnieuw het vanzelfsprekende ter discussie te stellen. Eigenlijk, zo constateert hij, blijken die vanzelfsprekendheden vaak niet zo vanzelfsprekend te zijn als we denken. Tenminste als we verder durven kijken dan onze neus lang is.
Dat deed de wijze Tuiavii uit Tiavea, die in het begin van de vorige eeuw met een groep etnologen door Europa reisde. Hij verwonderde zich over onze vreemde en soms voor hem beangstigende wijze van samenleven. Scheurmann (1992) schreef er een boek over, waaruit de volgende fragmenten.

| Kader 1.1 | De Papalagi |

De Papalagi breekt zich voortdurend het hoofd, hoe hij op de beste wijze zijn vlees bedekken zal. Het lichaam en alle ledematen: zijn vlees. Boven de hals begint pas de ware mens, heeft mij een blanke gezegd die in hoog aanzien stond en voor zeer wijs gold. Hij meende dat alleen dat deel van het lichaam waar de geest en alle goede en kwade eigenschappen hun zetel hebben, onze belangstelling waardig is. Het hoofd dus.
[...]
De Papalagi woont als een zeemossel in een vast huis. Hij leeft tussen stenen, als de duizendpoot tussen lavaspleten. Om hem heen, boven hem en onder hem zijn stenen. Zijn hut lijkt op een opstaande kist van steen. Een kist met gaten, die in vakjes is verdeeld.
[...]
In de papieren schuilt de grote wijsheid van de Papalagi. Iedere morgen en iedere avond moet hij er zijn hoofd tussen houden om het opnieuw te vullen en te verzadigen, zodat hij beter denkt en veel in zich heeft.
[...]
Omdat de lichamen der vrouwen en meisjes steeds bedekt zijn, leeft in de mannen een groot verlangen, haar vlees te zien, wat ook zeer begrijpelijk is. Zij denken daaraan bij dag en nacht en spreken veel over de lichaamsbouw van de vrouw en steeds op een wijze, dat men in de waan zou komen dat wat schoon is en natuurlijk, een zonde is en slechts gebeuren kan in het duister.
Bron: Scheurmann, 1992

**Stel je eens voor dat jij als backpacker op dat eilandje van de wijze Tuiavii aan land gegaan zou zijn. Schrijf over dat eilandje in de trant van die wijze man een stukje naar je groepsgenoten.**

Vaak zien wij maatschappelijke verschijnselen als vanzelfsprekend en onvermijdbaar. We zeggen bijvoorbeeld: 'Als je voor een dubbeltje geboren bent, word je niet gauw een kwartje.' Of: 'Ontwikkelingshulp is weggegooid geld.' Of: 'Politici zijn niet te vertrouwen.'
Veel van dit soort vanzelfsprekende meningen leiden een taai leven. Ook als zij niet waar zijn. Wij kijken door een gekleurde bril naar de wereld om ons heen. Die bril bestaat uit de kennis, waarden en oordelen die we in de loop der jaren opgedaan hebben. Dat is ons *referentiekader*. Allochtonen in Nederland hebben een ander referentiekader dan autochtonen; Antillianen een ander dan Marokkanen; artsen een ander dan patiënten; leerkrachten een ander dan studenten; ouderen een ander dan jongeren; enzovoort.

### Definitie

*Een referentiekader bestaat uit iemands kennis en verklaringen van en oordelen over de sociale werkelijkheid.*

We leren in ons land dat stelen slecht is en dat we recht hebben op individueel eigendom. Democratisch handelen en competitie vinden we belangrijk. We leren dat er een god is, of juist niet, dat niet iedereen gelijke posities in de samenleving inneemt en dat gezag nodig is voor een goed functionerende samenleving. Vrijheid en privacy zijn idealen die we koesteren.
Maar is dat alles ook waar of 'van waarde'? Dat is maar de vraag. Voor de een met referentiekader A wel, maar voor de ander met referentiekader B juist niet. Mijn wijze vader zei vroeger vaak: 'Het is maar krek hoe je het bekijkt.'
Russen kijken anders aan tegen democratie dan West-Europeanen, laaggeschoolden ervaren werkloosheid anders dan academici, allochtonen denken meestal anders over huwelijk, seksualiteit en gezag dan autochtone Nederlanders.
Het is een illusie dat wij zelf in vrijheid kunnen bepalen wie we zijn en hoe we ons gedragen. Eigenlijk zijn we kuddedieren, die hun genen en de geest des tijds volgen. We koesteren in onze westerse samenleving al sinds de Franse Revolutie waarden als vrijheid, gelijkheid en broederschap. Veel van onze gedachten en gedragingen worden daardoor beïnvloed. Gedurende de afgelopen eeuwen waren die waarden aan verandering onderhevig en hebben ze een andere invulling gekregen. De verhouding tussen die waarden is ook veranderd. Vrijheid heeft de afgelopen decennia aan kracht gewonnen ten koste van broederschap (solidariteit). Dat uit zich onder andere in een grote nadruk op individuele

verantwoordelijkheid en voortschrijdende individualisering. Al die waarden worden ons vanaf onze geboorte voorgeleefd en ingeprent. Maar dat gebeurt niet overal in de samenleving op dezelfde wijze.

Mensen nemen selectief waar en waarderen dezelfde maatschappelijke verschijnselen verschillend. De ware feiten wordt vaak, bewust of onbewust, geweld aangedaan. We 'helpen' de feiten graag een handje zodat ze passen bij wat we al dachten en wensten. De feiten voor zich laten spreken vereist een kritisch bewustzijn. Dat is een houding waarbij we de wereld waarin we leven en onze eigen opvattingen en belangen niet als vanzelfsprekend aanvaarden, maar voortdurend relativeren en ter discussie stellen. Dit kan bijvoorbeeld door 'ja, maar...'-vragen te stellen.

**Lees de volgende dialogen:**

'Je mag kinderen niet slaan.'
'Ja, maar waarom mag dat niet? Is een strenge vermaning of een opvoedkundige preek niet net zo slecht?'

'Vrouwen zijn even bekwaam voor leidinggevende posities als mannen.'
'Ja, dat zou ik ook graag geloven, maar hoe komt het dan dat veel meer mannen dan vrouwen deze posities bekleden?'

- Wat vind jij van deze 'ja, maars'?
- Hanteer jij ook vanzelfsprekendheden waarvan de vraag is of die echt waar zijn? Zo ja, welke en waarom blijf je daarin geloven?

Referentiekaders van groeperingen en volkeren verschillen. De 'grenzeloze generatie' van nu heeft andere referentiekaders dan die van de 'babyboomers', die vlak na de Tweede Wereldoorlog geboren zijn. Daarentegen staan Nederlanders bijna als één man achter het Nederlands elftal bij belangrijke voetbalwedstrijden. Bij schaatswedstrijden zitten we aan de buis gekluisterd, terwijl daar in Engeland geen belangstelling voor is.

Vaak presenteren we wat we zien of lezen als dé waarheid of wetenschap. Met 'het stond in de krant', 'het was op de tv', 'uit onderzoek blijkt' of 'gelezen op Facebook' onderbouwen we onze betogen. We selecteren naar hartenlust uit de klassieke en sociale media en uit onderzoek. We kiezen eruit wat ons goed uitkomt. Feiten die niet passen helpen we een handje in de gewenste richting. Professor Diederik Stapel is daarvoor veroordeeld. Maar zijn we zelf niet ook allemaal kleine Stapeltjes? Loesje waarschuwde ons al jaren geleden dat we 'niet alles moeten lezen wat we geloven'. We kunnen slecht leven met ongemakkelijke waarheden, twijfels en onzekerheden. Geloof is daarvoor een medicijn. Of 'opium van het volk', zoals Karl Marx lang geleden beweerde.

'Niet iedere mening telt. Niet iedere zienswijze is even waar en daarmee even waardevol. We moeten waarheid weer als waarde omarmen. Dat hebben wij democraten nodig om voor onszelf te kunnen rechtvaardigen dat we meer waarde moeten hechten aan wat experts zeggen dan aan wat leken roepen,' aldus Kees Kraaijeveld, filosoof, psycholoog en directeur van De Argumentenfabriek. En hij voegt daaraan toe: 'Het relativisme van "jij hebt jouw waarheid en ik de mijne" is breed geaccepteerd, zeker in ons egalitaire Nederland. Niet iedere zienswijze is even waar en daarmee even waardevol. We moeten waarheid weer als waarde omarmen' (Kraaijeveld, 2016). *Nepnieuws* functioneert tegenwoordig vaak als een belangrijke bron om de eigen mening en keuzes een valse onderbouwing te geven. Bij nepnieuws gaat het om bewuste verspreiding van desinformatie via traditionele nieuwsmedia of sociale media. Het doel daarvan is om financieel of politiek gewin te behalen. Verspreiding van nepnieuws is de laatste jaren sterk toegenomen. Je kunt hierover meer lezen in het hoofdstuk over macht.

Een kritische wetenschap als sociologie is voortdurend op zoek naar de waarheid, naar feiten en verbanden die wetenschappelijk bewezen kunnen worden. Empirisch onderzoek is daarbij een machtig hulpmiddel.

## 1.3 Sociaal bewustzijn

Hoe uniek ben jij? Wie heeft jou gemaakt tot wat je nu bent? Welke waarden en normen koester jij?
Je zult in dit boek voortdurend geconfronteerd worden met dit soort vragen. Door die te beantwoorden en te verbinden met sociologische theorieën kun je heel wat wijzer worden over jezelf en jouw toekomstige werkveld. Dat kan soms confronterend zijn, want mensen nemen, zo leert de sociologie, niet graag afstand van beelden, ideeën en overtuigingen die ze van huis uit hebben meegekregen en koesteren. Eerder hebben ze de neiging om zelfbeelden te flatteren. Selfies maken we vaak opnieuw. Of we fotoshoppen ze voordat we ze op Facebook plaatsen op zoek naar opgestoken duimpjes. Die duimpjes zullen er komen als de beelden voldoen aan de verwachtingen van onze 'vrienden' of 'volgers'. Zij bepalen vooral, zonder dat we ons daarvan bewust zijn, de criteria voor plaatsing. Dat geven we maar moeilijk toe, want we zijn toch uniek, vrij, ondernemend en zelfstandig! Maar eigenlijk zijn we voortdurend op zoek naar applaus. We vertonen gedrag dat voldoet aan de verwachtingen van de omgeving. We zoeken gelijkgestemden op en vormen groepen van mensen met overeenkomstige denkbeelden en gedragingen. Ondanks de zo geroemde individualisering en vrijheid zijn we toch vooral ook kuddedieren.

| Kader 1.2 | Kuddegedrag |

De bakstenen vlogen door de lucht in de Beverwaard. Zo woedend waren bewoners in oktober 2015 over de komst van een asielzoekerscentrum (azc) in hun wijk aan de rand van Rotterdam. Ze komen 'grabbelen en verkrachten', klonk het op straat. Het stadsbestuur hield zijn poot stijf, de asielzoekers kwamen en nu, anderhalf jaar later, is de afkeer verdwenen.

'Ik heb me vergist', zegt Els Visser (50). De moeder van een 20-jarige zoon nam destijds deel aan de protestacties, maar vraagt zich nu af waar ze zo bang voor was. 'Ik heb totaal geen last van die mensen. We hebben ons gek laten maken door verhalen die rondgingen. Vrouwen konden niet meer alleen over straat omdat ze verkracht zouden worden. Ik was ook bang dat ze hier de boel kort en klein zouden komen slaan als ze geen verblijfsvergunning kregen. Nu denk ik: ik heb me laten meeslepen terwijl ik eigenlijk helemaal niet wist wat we konden verwachten. We zijn opgehitst. We hebben elkaar gek gemaakt. Het was kuddegedrag.'

Marjon Bolwijn, *de Volkskrant*, 1 februari 2017

En dan word je ineens geconfronteerd met het vak sociologie, dat de pretentie heeft om je een aantal gekoesterde waarden, meningen en opvattingen te ontnemen. En misschien wel je gelijkheidsbubbel aan flarden te schieten. 'Dat zal ik niet zomaar laten gebeuren' is een gezonde reactie. En 'die socioloog zal van goeden huize moeten komen om daarin te slagen'. Terecht gedacht!

Ik vind het al heel wat als je buiten het 'leren' van de theorie (want dat zal de opleiding zeker eisen) ook eigen waarden, normen en overtuigingen aan een kritisch onderzoek onderwerpt. En blijf vooral zelf kiezen en staan achter wat voor jou van waarde is. Maar probeer ook om niet al te gemakzuchtig in je eigen waarheidsbubbel te blijven hangen.

Sociologen brengen bepaalde kenmerken van de samenleving in verband met andere om op deze wijze een beeld te krijgen van het geheel. Als jou dat lukt als persoon voor wat betreft je eigen leven, is volgens Mills sprake van *sociologische verbeeldingskracht*. Dan heb je zicht op de snijpunten tussen jouw persoonlijke levenslot, geschiedenis en sociale omstandigheden. Ik noem dit 'sociaal bewustzijn'. Mills daarover: 'Door de groei van het sociaal bewustzijn krijgen mensen het gevoel te ontwaken in een huis waarvan zij alleen maar vermoedden dat zij het kenden. Ze zijn steeds beter in staat om samenhangen te constateren. Ze oriënteren zich breder en vroegere beslissingen, die eens juist leken, lijken nu bekrompen en dom. De mogelijkheid zich te verwonderen komt weer tot leven' (Mills, 1963).

**WAAROM BINNEN JE COMFORTZONE BLIJVEN ALS DAARBUITEN VEEL MEER TE BELEVEN VALT**

*Loesje*

### Definitie

*Sociaal bewustzijn houdt in dat je zicht hebt op de snijpunten tussen je persoonlijke levenslot, geschiedenis en sociale omstandigheden.*

- Snap je wat Mills bedoelt?
- Geef eens een voorbeeld van twijfel over jouw sociaal bewustzijn en bespreek dat met een studiegenoot. Daarna draaien jullie de rollen om.

Raoul Martinez (2017) maakt in zijn meeslepende boek *Hoe vrij zijn wij?* met talrijke onderzoeksgegevens en heldere logica duidelijk dat ons geloof in de vrije wil op onjuiste aannames berust. Wij maken keuzes onder invloed van onze omgeving en met hersenen die we niet gekozen hebben. Hij stelt dan ook terecht vraagtekens bij de eigen-verantwoordelijkheidshype in dit tijdsgewricht. Jij, lezer, hebt nooit zelf de keuze gemaakt voor jouw hersenen en jouw DNA, die zo bepalend zijn voor je doen en laten. Je hebt ook niet gekozen voor je ouders, je broers en zussen, het land waarin je geboren bent, de omgeving waarin je bent opgegroeid en het tijdsgewricht waarin je nu leeft.

Jij bent, net als ik, een product van een ingewikkeld samenspel tussen genen en omgeving. Dit boek was er nooit geweest als niet lang geleden mijn tandarts mij ontraden had om psychologie te gaan studeren. Ik koos daarom voor sociologie. Wellicht was de eerste uitgave van dit boek er ook niet gekomen zonder aandringen en adviezen lang geleden van een ervaren collega. En deze geheel herziene uitgave is te danken aan de stimulansen van Boom uitgevers. En dan heb ik het nog niet eens over de invloed van mijn hersenen en genen, die ik van mijn ouders en voorouders erfde. Prestaties en fouten zijn niet vanzelfsprekend eigen schuld of verdienste, zoals de moderne wereld ons wil doen geloven.

Sociaal bewustzijn is onmisbaar voor goede zorgverlening. Sociaal bewustzijn leidt tot een betere grip op je leven en minder afhankelijkheid van wat je overkomt. Inzicht in sociaal bepaald denken en gedrag levert meer vrijheid en inzicht op in de grenzen van die vrijheid. Tegelijkertijd leer je hoe je het gedrag van anderen, zoals collega's en cliënten, beter kunt begrijpen.
De sociologie kan bij het ontwikkelen van sociaal bewustzijn een belangrijke rol spelen. Zij roept daarbij vaak weerstand op. Vooral wanneer zij mensen laat zien wat zij zelf zo moeilijk kunnen of willen zien. Voor velen biedt een 'vanzelfsprekend' leven zekerheid. Relativeringen en twijfels tasten die zekerheid aan. Dat kan pijnlijk zijn. Bovendien vinden we mooie verhalen vaak aangenamer dan de naakte waarheid. Of iets waar is, is minder belangrijk. 'Een mooi verhaal moet je niet stuk argumenteren', zeggen sommigen dan. We lijden bijna dagelijks onder wat psychologen 'cognitieve dissonantie' noemen.

### Definitie

*Cognitieve dissonantie is een psychologische term voor de onaangename spanning die ontstaat bij het kennisnemen van feiten of opvattingen die strijdig zijn met een eigen overtuiging of mening.*

Het gaat om onverenigbaarheid van twee cognities. Bij cognitieve dissonantie voelen mensen een sterke drang om die verschillen te verkleinen. Vaak doen we dat door de feiten en opvattingen zo te vervormen dat ze passen bij onze al bestaande overtuiging en mening.
Niet alleen bij het beoordelen van onszelf maar ook van anderen nemen we vaak een loopje met de waarheid. Daarbij speelt het *halo-effect* een belangrijke rol.

1 Wat is sociologie?

> **Definitie**
>
> *Halo-effect is de neiging om te denken dat wanneer iemand op één terrein positief opvalt, hij ook wel goed zal zijn op andere terreinen.*

Het halo-effect werd voor het eerst beschreven in 1920, naar aanleiding van het empirische onderzoek van wetenschapper Edward Thorndike (1874-1949). Hij ontdekte dat bij het observeren van mensen één enkele waargenomen eigenschap kon leiden tot het inschatten van een volledig karakter. Vaak denken mensen dat als iemand één positieve eigenschap heeft, hij verder ook goede kwaliteiten bezit. Dit is een vertekening van de werkelijkheid en zorgt voor vooringenomenheid.

Eerder al schreven we dat de mens een kuddedier is. Hij lijkt ook op een vis in een vissenkom. Een vis heeft slechts ervaring met water. Dat is zijn wereld en voor hem ook dé wereld, waarin hij zich thuis voelt. Haal je hem eruit, dan spartelt hij tegen en snakt naar adem.

De wereld anders gaan zien en dwalingen erkennen is moeilijk en daarbij maken we regelmatig fouten. Bovendien hebben we de neiging om fouten eerst bij anderen neer te leggen. We hebben de neiging om anderen op hun foute daden af te rekenen en onszelf op onze goede bedoelingen. De wereld zou er heel anders uitzien wanneer we het omgekeerde zouden doen. Waarom denken we eigenlijk niet dat politici hun stinkende best doen om Nederland met zijn vele belangengroeperingen en verwende burgers leefbaar te houden? En waarom blijven eigenlijk die politici als blinden achter opiniepeilingen aanlopen om vervolgens verwende burgers in populistische taal onhaalbare beloftes te doen? En waarom begrijpen die burgers niet dat politici wel compromissen moeten sluiten, willen ze samen met andere partijen kunnen regeren? Of waarom beseffen we onvoldoende dat wij beter niet kunnen roken, meer moeten bewegen of meer en beter moeten luisteren dan praten?

Mensen creëren hun eigen subjectieve werkelijkheid, gebaseerd op de normen en waarden van de omgeving waarin ze leven en opgegroeid zijn. Het onderbuikgevoel regeert, in plaats van onze ratio, zo laat Mersch (2016) zien aan de hand van veel psychologische experimenten. Meestal gebruiken we feiten zoals een zatlap een lantaarnpaal gebruikt. Niet als verlichting, maar enkel als ondersteuning. De mens is zo irrationeel dat hij zijn eigen werkelijkheid vormt, gebaseerd op de normen en waarden van zijn morele stam. Dat is de omgeving waarmee hij zijn onderbuikgevoel deelt: de socialisten, de zakenlui, de arbeiders of de groenen. Dat maakt het erg lastig iemand die jouw mening niet deelt, met argumenten te overtuigen. Mensen zijn vooral op zoek naar hun eigen gelijk en filteren de informatie die ze tegenkomen op een manier die bij hun standpunten past. We ondervragen de werkelijkheid niet, we martelen haar totdat ze bekent wat we graag willen horen (Mersch, 2016).

Sociologisch denken, het woord zegt het al, is vooral een rationele bezigheid. Het vereist afstand. Sociaal bewustzijn krijg je door in een helikopter (de sociologische theorie) de aan je voorbij trekkende samenleving inclusief jezelf te analyseren. Met deze helikopter kun je hoog vliegen en zeer breed kijken (macro) of laag vliegen zodat je meer details kunt onderscheiden (micro). Vaak hecht je zo aan het aardse bestaan dat je niet de objectieve theorie maar je eigen waarden, normen en belangen gebruikt als bril om door te kijken. Je ziet dan wat je wilt zien. Veel mensen zien niet wat er in Afrika gebeurt, maar wel alles wat er zich in hun buurt afspeelt. Veel mensen hebben vliegangst en vermijden waarnemingen die hen niet bevallen.

Groei van het sociaal bewustzijn kan je meer vrijheid opleveren, waardoor je het gevoel hebt minder afhankelijk te zijn van de sociale omgeving en de vele, soms tegenstrijdige verwachtingen die op je afkomen.

---

**Kader 1.3**  Tsunami

Emotioneel geraakt of berekenend geven westerse landen (overheid en burgers) royaal geld wanneer op Tweede Kerstdag 2004 de tsunami zijn vernietigende werk doet. Het is Kerstmis, de tv zendt live uit, er zijn veel westerse toeristen bij betrokken en de giften hebben een hoge publicitaire waarde voor beroemdheden, bedrijven en politici. Die vrijgevigheid staat in schril contrast met de aandacht die de aardbeving in Iran een jaar eerder kreeg en die ook tienduizenden slachtoffers eiste.

De Zweed Jan Egelund van de Verenigde Naties zegt op tv bang te zijn dat die vrijgevigheid ten koste zal gaan van de hulp bij andere rampen, die zich dagelijks in de wereld op minder spectaculaire wijze voltrekken. In Afrika vindt volgens Egelund elk half jaar een ramp plaats ter omvang van de tsunami. Oorzaken: honger, aids, genocide en oorlog.

---

## 1.4 Maatschappijvisies

Voordat je verder dit boek induikt, is het goed om te beseffen dat ook jij dit niet blanco doet. Je neemt de gekleurde bril mee van je maatschappijvisie. Die vormt een belangrijk deel van je referentiekader. Bewustwording van je eigen maatschappijvisie is een belangrijke stap in de richting van sociaal bewustzijn. De navolgende bespreking van maatschappijvisies en een interessante opdracht kunnen je helpen dat sociaal bewustzijn te vergroten.

Al eeuwen voert men in de sociologie een fundamentele discussie over de vraag of het individu met zijn waarden en normen (dus de cultuur) de maatschappij vormgeeft of dat het juist die maatschappij met zijn rangen en standen is, die ons denken en handelen bepaalt. Meer concreet: heb jij zelf bedacht hoe je leven

er nu uitziet en welk beroep je straks wilt uitoefenen of is dat een gevolg van jouw opvoeding en de omgeving waarin je bent opgegroeid?
Max Weber, een van de grondleggers van de sociologie, benadrukt daarbij het belang van het individu en de achterliggende intenties. Weber wordt daarom een *idealist* genoemd. Hij vertrekt vanuit het denken en de ideeën van mensen. Het begrip 'idealist' heeft hier dus een andere betekenis dan 'idealist' in ons hedendaagse spraakgebruik.
Karl Marx gaat meer uit van de structuur van de samenleving, de samenleving zoals die is in de praktijk, de materiële wereld. Hij wordt daarom een *materialist* genoemd. Dat moeten we niet verwarren met ons begrip van materialistisch. Marx' opvattingen worden treffend verwoord door zijn uitspraak: 'Es ist nicht das Bewußtsein der Menschen, das ihr Sein, sondern ihr gesellschaftliches Sein, das ihr Bewußtsein bestimmt.' (Het is niet het denken van de mens dat zijn bestaan bepaalt, maar het bestaan dat zijn denken bepaalt.) Armoede leidt tot een ander gedachtegoed dan rijkdom. 'Man ist, was man ißt' (men is wat men eet), zei de filosoof Feuerbach, door wie Marx sterk beïnvloed is.

Beide visies zijn ook terug te vinden in de dominerende hedendaagse maatschappijvisies. Dat zijn de twee dominante politieke stromingen (met vele tussenvarianten), die we *rechts* en *links* noemen. Ook wel (neo)liberaal en socialistisch genoemd. Of conservatief (behoudend) en progressief (vernieuwend). Het hierboven genoemde idealisme past meer bij het 'liberalisme' en het materialisme bij het 'socialisme'.
Liberaal rechts vertrekt meer vanuit het individu, de cultuur, de ideeën; socialistisch links meer vanuit maatschappelijke structuren, de materie. Zo kun je naar armoede kijken als een gevolg van 'je best niet doen', maar ook als 'een dubbeltje dat nooit een kwartje wordt'. Zo zijn er mensen die het roken van de bijstandsmoeder zien als zelfgekozen gedrag, terwijl anderen het zien als door de sociale klasse bepaald gedrag. Rechts is meer voor straffen op basis van de ernst van het delict en de individuele verantwoordelijkheid van het individu. Links is meer geneigd om rekening te houden met de sociale omstandigheden van de dader.
De rechtse politicus zal eerder geneigd zijn om multiculturele problemen te herleiden tot een botsing tussen culturen (waarden, normen), terwijl links meer de nadruk zal leggen op sociale ongelijkheid en machtsverschillen.

*Rechts (neoliberalen)* is vooral geneigd om sociale ongelijkheid te zien als een natuurlijk gegeven. Een zekere mate van ongelijkheid draagt voor rechts zelfs bij aan een florerende economie. Rechts hecht grote waarde aan individuele vrijheid en eigen verantwoordelijkheid. En aan loon naar verdienste. Neoliberalen willen dat de overheid zich met zo weinig mogelijk dingen bemoeit. Sociale ongelijkheid is voor rechts gerechtvaardigd voor zover zij het gevolg is van het vrije spel van vraag en aanbod. Belangrijk voor hen is dat mensen gelijke kansen hebben. Rechtse partijen willen de rol van de overheid beperkt houden en richten zich meer op ondernemen dan op verzorgen.

*Links (socialisten)* ziet grote sociale ongelijkheid als onrechtvaardig en schadelijk voor een 'gezonde' samenleving. Socialisten leggen meer nadruk op gelijkheid en solidariteit. En op meer gelijkheid in inkomen. Zij pleiten voor een eerlijke verdeling van macht en goederen en willen de samenleving beschermen tegen 'survival of the fittest'. Voor hen is enige ongelijkheid te rechtvaardigen wanneer zij voortkomt uit verschillen in honorering bij ongelijke inspanningen. Denken en handelen zien zij meer als een product van sociale klasse en sociale omstandigheden dan als voortkomend uit eigen denken en verantwoordelijkheid. Linkse partijen zijn voor een grotere rol van de overheid in het maatschappelijk leven; minder eigen verantwoordelijkheid en meer verzorgend.

Van de huidige partijen worden Partij voor de Dieren, SP, GroenLinks en PvdA als 'links' beschouwd. D66 is 'centrumlinks'. SGP, VVD en het CDA worden over het algemeen als rechts en conservatief beschouwd maar passen daar op sommige punten niet in. Zo is de VVD op het gebied van ethische vraagstukken (abortus, euthanasie) eerder progressief dan conservatief. Ook een partij als de ChristenUnie past niet zo eenvoudig in het 'links-rechts'-schema. Die partij is voorstander van een krachtig milieubeleid en is ook op sociaal gebied enigszins als 'links' te beschouwen. Ten aanzien van vraagstukken als 'gezag' en 'normen en waarden' is de partij echter weer meer rechts. Ook PVV en Forum voor Democratie worden als rechts beschouwd (Parlement.com).
Het huidige kabinetsbeleid van VVD, CDA, D66 en CU is vooral liberaal, rechts en conservatief.
Het vorige kabinet, Rutte II, was bijzonder van samenstelling, namelijk een combinatie van rechts (VVD) en links (PvdA). Het was een verstandshuwelijk en uit nood geboren. Je zou ook kunnen zeggen een kabinet met een januskop, waarbij het samen regeren vooral lukte door elke partij iets te gunnen dat paste bij haar maatschappijvisie.

Praktijkboek sociologie

Veel discussies tussen links en rechts gaan over de vraag hoe solidair we moeten zijn met mensen die het slecht getroffen hebben en hoe belangrijk vrijheid en eigen verantwoordelijkheid zijn.
In tabel 1.1 zijn de belangrijkste kenmerken van rechts en links samengevat als oriëntatiepunt voor de daarop volgende opdracht.

Tabel 1.1   Rechts versus links

| Rechts, neoliberaal (meer nadruk op) | Links, socialistisch (meer nadruk op) |
|---|---|
| Ongelijkheid acceptabel binnen grenzen | Gelijke kansen met aandacht voor de zwakkeren |
| Individuele vrijheid | Solidariteit |
| Macht en invloed 'naar verdienste' | Eerlijke verdeling van macht |
| Individu is verantwoordelijk voor zijn gedrag | Maatschappelijke factoren bepalen gedrag |
| Individuele verantwoordelijkheid | Maatschappelijke verantwoordelijkheid |
| Kleine rol van de overheid | Grote rol van de overheid |
| Beloning naar verdienste | Inkomensgelijkheid |
| Ondernemen | Verzorgen |

- Lees de volgende stellingen en geef met een kruisje aan bij welke maatschappijvisie die stelling het meest past. Je moet een keuze maken, ook al is voor beide mogelijkheden wat te zeggen.
- Omcirkel vervolgens de drie uitspraken die het best passen bij jouw maatschappijvisie.

In het slothoofdstuk komt deze opdracht nog eens terug. Daar staan ook de 'juiste' antwoorden. Beschouw de test niet als een wetenschappelijk verantwoord instrument om maatschappijvisies te beoordelen. Zij is vooral bedoeld als leermiddel om meer inzicht in die visies te krijgen en een indicatie voor jouw visie.

|   |   | rechts | links |
|---|---|---|---|
| 1 | Als je voor een dubbeltje geboren bent word je nooit een kwartje. | | |
| 2 | Voor gelijke misdaden moeten dezelfde straffen gelden. | | |
| 3 | Mensen die roken hebben minder recht op zorg dan niet-rokers. | | |
| 4 | Hogere inkomens moeten zwaarder belast worden dan nu het geval is. | | |
| 5 | Mensen zijn kuddedieren, die zich gedragen zoals de kudde dat wil. | | |
| 6 | Ziekte zit vooral tussen de oren. | | |
| 7 | Mensen moet je afrekenen op hun resultaten. | | |
| 8 | Of je slaagt in het leven hangt vooral van jezelf af. | | |
| 9 | Elk vogeltje zingt zoals het gebekt is. | | |
| 10 | De appel valt niet ver van de boom. | | |

## 1.5 Waardevrije wetenschap

De sociologie heeft zich ontwikkeld tot een empirische en *waardevrije wetenschap*. Althans, zij behoort dat te zijn. Dat wil zeggen dat haar theorie voortvloeit uit een systematische waarneming van de feiten. Morele overwegingen mogen geen rol spelen bij onderzoek en theorievorming.
De uitkomsten van sociologisch onderzoek en sociologische theorieën worden echter wel gebruikt voor morele doelen. Die doelen zijn afhankelijk van de gebruiker. Zo kunnen bijvoorbeeld de resultaten van onderzoek naar de ongelijkheid tussen mannen en vrouwen door beleidsinstanties gebruikt worden voor gericht emancipatiebeleid. Een linkse progressieve regering zal daar eerder toe overgaan dan een rechtse conservatieve regering.
Mensen die met mensen werken, ook de schrijver van dit boek, kleuren hun beroepsmatige activiteiten bewust of onbewust ook moreel in. Hun inkleuring verwijst naar hun maatschappijvisie.
De inhoud van dit boek is niet helemaal waardevrij. Ik heb vooral gekozen voor theorieën en feiten die van belang zijn voor werkers in de sectoren welzijn en zorg, waarin ik een lange ervaring heb.
Ondanks de gekoesterde waardevrijheid besef ik voortdurend dat ook mijn bril gekleurd is en ik door die bril naar de werkelijkheid kijk. Ik besteed veel en speciale aandacht aan de maatschappelijke factoren die een rol spelen bij het ontstaan en behandelen van problemen. Je zou dat kunnen zien als een linkse, meer materialistische keuze. Als dat al zo is, dan is dat niet het hoofdmotief. Belangrijker is dat mijn keuze vooral voortvloeit uit de constatering dat de maatschappelijke invalshoek in deze sectoren sterk ondergewaardeerd wordt, en dat dit niet terecht is.

Ik hoop in onze reis door het land van welzijn en zorg ook de lezers met een andere cultuur te kunnen meenemen. Zij zijn opgegroeid en doordrenkt met andere waarden en normen dan de meeste andere lezers. Een cultuur bijvoorbeeld waarin onze westerse democratie en de nadruk op eigen verantwoordelijkheid een minder prominente rol spelen. Velen van hen zijn 'anders' dan wij maar willen wel graag meedoen in onze samenleving. Van harte welkom! In dit boek wordt veel aandacht gegeven aan dat 'anders' zijn. Ik hoop dat zij dit ook zo ervaren.

## 1.6 Sociologie in de praktijk

Praktijksituaties kunnen het best illustreren hoe en waarom de sociologische theorie van belang is in de praktijk van zorgverleners. Daarom zullen we regelmatig die praktijk erbij halen. Misschien is die niet altijd toegesneden op jouw toekomstige beroep. Maar met wat fantasie kun je zeker een soortgelijke situatie bedenken die wel past bij jouw toekomstige werksituatie.

| Casus | De heer Pietersen |

De heer Pietersen is 50 jaar, getrouwd en vader van twee schoolgaande kinderen. Anderhalf jaar geleden is het bedrijf waar hij 25 jaar gewerkt heeft failliet verklaard. Nu is hij al een jaar werkloos. Pietersen solliciteert zich rot maar zonder resultaat. Thuis verveelt hij zich. Hij heeft regelmatig depressieve buien. Heftige ruzies met zijn vrouw zijn aan de orde van de dag. Ook heeft het gezin grote moeite om financieel de eindjes aan elkaar te knopen.

Sinds een jaar heeft Pietersen regelmatig gesprekken met een maatschappelijk werker. Die heeft hem na een half jaar verwezen naar de geestelijke gezondheidszorg voor relatietherapie. Hij had daar eigenlijk geen zin in maar omdat zijn vrouw zo aandrong, heeft hij toch ingestemd. Na drie gesprekken ziet hij nog geen verbetering. Tijdens het vierde gesprek barst de bom en valt hij uit tegen de therapeut. 'U zit nu al weken lang te zeiken over mijn relatie en de ruzies thuis. Dat heeft er allemaal niks mee te maken. Zorg maar dat ik weer een baan krijg zodat ik weer wat te doen heb en fatsoenlijk voor mijn gezin kan zorgen.'

De therapeut schrijft na dit gesprek in zijn verslag dat bij Pietersen sprake is van 'weerstand tegen verandering'.

 **Wat vind jij van de conclusie van de therapeut dat bij de heer Pietersen sprake is van 'weerstand tegen verandering'? Licht je antwoord toe voordat je verder leest.**

Misschien heeft Pietersen wel gelijk en is de therapeut, gespecialiseerd in relatie- en gezinstherapie, zo gefixeerd op relatieproblemen dat hij het werkloosheidsprobleem verwaarloost. Het kan zijn dat zijn referentiekader hem blind maakt voor andere oplossingen. Dat komt regelmatig voor. Niet zelden lijden hoog geprofessionaliseerde zorgverleners aan beroepsblindheid of kokervisie. Dat maakt samenwerking in de zorg vaak lastig. Preoccupatie met eigen visie, deskundigheid en belangen staat vaak een integrale behandeling en begeleiding van cliënten in de weg. Vooral bij complexe problemen is een op elkaar afgestemde begeleiding vanuit verschillende disciplines een belangrijk kwaliteitskenmerk.

### Casus — Vincent

Vincent zit op de pabo en loopt stage op een school in een klein dorp. De laatste tijd hoort hij steeds meer klachten van de leerkrachten over agressief gedrag van kinderen. Er gaat geen week voorbij of er worden vechtpartijen en vernielingen gemeld. Zij klagen dat het steeds moeilijker is om de orde te handhaven en de verplichte leerstof door te werken. De voornaamste oorzaak van dit probleem, zo vinden de leraren, is gelegen in het afbrokkelen van gezagsverhoudingen.

De directeur brengt dit probleem in de oudercommissie ter sprake. Na uitgebreide discussie hierover wordt besloten een ouderavond te wijden aan het thema 'gezag in deze tijd'. De directeur zal een spreker uitnodigen die hierover uitstekende dingen kan vertellen. Nog onlangs heeft deze in een onderwijsblad een artikel geschreven over de noodzaak tot herstel van de gezagsverhoudingen in het gezin.

Vincent heeft nogal wat bedenkingen tegen de conclusies van de leraren. Hij denkt dat er meer aan de hand is en dat er meerdere oorzaken zijn voor het agressieve gedrag van kinderen. Op verzoek van zijn docent sociologie maakt Vincent een korte sociologische analyse van deze praktijksituatie.

*Sociologische analyse van Vincent*
Bij deze situatie zijn verschillende groeperingen betrokken: het team, de kinderen en de ouders. Deze groeperingen hebben verschillende referentiekaders en soms ook tegenstrijdige belangen. De machtigste groepering – op school is dat het team – beslist wat er gedaan wordt. Belonen en straffen moet tot het gewenste gedrag leiden. De macht van de leerkrachten over de kinderen is groot. Machtsmiddelen die vaak gehanteerd worden zijn rapportpunten, complimenten en strafwerk.

Ikzelf heb weinig macht. Het team verwacht van mij dat ik zo veel mogelijk overneem van hun gedragingen, waarden en normen.

Ik vraag me af of ongehoorzaamheid en agressie op onze school de laatste jaren zo sterk zijn toegenomen als de teamleden beweren. Harde gegevens hierover heb ik nergens kunnen vinden.

Ik las diverse artikelen die probeerden een verband te leggen tussen de toenemende agressie bij de jeugd en het verdwijnen van de gezagsverhoudingen binnen het gezin. Het ontbreken van bindende normen en waarden zou hierbij een rol spelen. Ik las echter ook artikelen waarin agressief gedrag in verband gebracht werd met te streng optreden van ouders en leerkrachten en de toename van geweld op de televisie.

Ik vind het niet juist om zo snel de koppeling te maken tussen ongehoorzaamheid, agressief gedrag en het verdwijnen van de gezagsverhoudingen in het gezin. Immers, wat je precies ongehoorzaam en agressief noemt, is sterk afhankelijk van eigen waarden en normen. De teamleden hechten nogal veel waarde aan orde en willen vooral de verplichte leerstof snel afwerken. Het komt niet bij hen op om dit in verband te brengen met ongehoorzaamheid en agressief gedrag. Alhoewel... sommigen vroegen zich af of ze misschien niet streng genoeg optraden.

Ik vind dat ik zelf in een moeilijke situatie zit. Vanuit de opleiding wordt er altijd op aangedrongen dat je in dit soort situaties je eigen mening moet geven. Ik ben echter bang dat ik, wanneer ik dit doe, in conflict kom met het team en misschien zullen ze dan mijn stage wel met een onvoldoende beoordelen. Ik ervaar nu aan den lijve wat volgens sociologen een rolconflict inhoudt. De opleiding verwacht iets anders van mij dan de school.

- Wat vind je van deze sociologische analyse van Vincent?
- Is de situatie waarin hij zich bevindt door zijn analyse duidelijker geworden?
- Vind je dat Vincent objectief genoeg is in zijn analyse?

## 1.7 Conclusies

Sociologie is een wetenschap met behulp waarvan je jouw gedrag en dat van jouw cliënten beter kunt leren begrijpen. Daarvoor moet je wel leergierig zijn en lef hebben, want je moet regelmatig in de sociologische helikopter stappen en bereid zijn om je comfortzones te verlaten.

Sociologie is een wetenschap die kennis verzamelt via systematische waarneming van de feiten. Veel van die kennis is goed bruikbaar om jouw sociaal bewustzijn te vergroten. Sociaal bewustzijn houdt in dat je zicht hebt op de snijpunten tussen jouw persoonlijk levenslot, geschiedenis en sociale omstandigheden.

Dat zicht wordt regelmatig belemmerd door selectieve waarneming als gevolg van eigen belangen, vooroordelen, gebrekkige kennis, enzovoort. Mensen kijken vanuit een eigen referentiekader naar de werkelijkheid om hen heen en kleuren zo de werkelijkheid in.

Sociologisch denken, het woord zegt het al, is vooral een rationele bezigheid. Het vereist afstand. Sociaal bewustzijn krijg je door als het ware in een helikopter (de sociologische theorie) de aan je voorbij trekkende samenleving inclusief jezelf te analyseren.

Hoe jij de sociale werkelijkheid waardeert wordt in hoge mate bepaald door jouw referentiekader en je maatschappijvisie, die daar onderdeel van zijn. Een neoliberaal kijkt anders tegen de sociale werkelijkheid aan dan een socialist.

Je referentiekader en maatschappijvisie worden voor een groot gedeelte bepaald door de sociale klasse waarin je geboren bent of je nu beweegt.

Belangrijk is om zelf eerlijk en objectief te onderzoeken wat voor jou van waarde is. Daar kan de sociologische theorie in dit boek je bij helpen.

**Verwacht je na het bestuderen van dit hoofdstuk dat de sociologie van jou een betere zorgverlener kan maken? Zo nee, waarom niet? Zo ja, waarom wel?**

# Homo sociologicus 2

*De wereld is een schouwtoneel, elk speelt zijn rol en krijgt zijn deel.*
Joost van den Vondel

## 2.1 Kuddedieren

**Kader 2.1  Een dierexperiment**

'Men neme een kooi met apen. In de kooi wordt een banaan opgehangen, daaronder staat een trapleer. Het duurt niet lang of er gaat een aap naar de trap, maar zodra hij er een voet op zet, worden alle apen natgespoten. Een poosje later probeert dezelfde aap of een andere aap het nog eens, met hetzelfde gevolg: weer alle apen nat. Als er daarna nog een aap de trap op wil, zullen de anderen hem dat beletten.

Nu halen we één aap uit de kooi en brengen een nieuwe binnen. De nieuwe aap ziet de banaan en wil de trap op. Tot zijn grote schrik springen alle andere apen hem op zijn nek. Na nog een poging weet hij het: als hij de trap op wil, wordt hij in elkaar geslagen. Dan halen we een tweede aap uit de kooi en brengen een nieuwe binnen. Nieuweling gaat naar de trap en krijgt een pak slaag. De vorige nieuwe neemt enthousiast deel aan de afstraffing.

Een derde oude aap gaat eruit en een derde nieuwe komt binnen. Hij gaat naar de trap en krijgt slaag. Twee van de apen die op hem inbeuken, hebben geen idee waarom je de trap niet op mag.

Oude aap vier eruit en nieuwe aap vier erin, enzovoort, tot alle apen die ooit het natspuiten hebben meegemaakt vervangen zijn. Niettemin gaat nooit een aap de trap op.'
'Waarom niet, meneer?'
'Dat doen wij hier gewoon niet, jongeman.'

Bron: Pauka & Zunderdorp, 1988

Wij zijn geen apen. Dieren zijn vooral gebonden aan het hier en nu. Mensen kunnen vooruitdenken, plannen en oorzakelijk redeneren. Maar toch gedragen wij ons, net als apen, vaak als kuddedieren. Zoals tijdens de Europese Kampioenschappen voetbal voor vrouwen in 2017. Het enthousiasme voor ons nationale team is aanvankelijk nog matig wanneer het aan de eindronde begint. Maar al na de eerste winstpartijen stijgen alom juichkreten op en kleuren de straten oranje. Bij het bereiken van de halve finale zingt Nederland in koor 'wij houden van oranje'. Wanneer daarna voetbalcommentator Waterreus een negatieve column over vrouwenvoetbal schrijft, wordt hij in het tv-programma van Jinek, net als die ene aap op de ladder, natgespoten. Een ander foute aap en tv-icoon, Johan Derksen, heeft zich al eerder, na vele malen natgespoten te zijn, bekeerd tot het geloof in de oranjeleeuwinnen. Hij wordt dan ook weer welkom geheten in de kudde.

In Nederland grazen vele kuddes. Soms, zoals bij een WK voetbal, sluiten ze zich aaneen en vormen dan één grote nationale kudde. Grotere en kleinere kuddes – sociologen spreken over groeperingen – vertonen intern redelijk uniform groepsgedrag. Passen de leden zich niet aan, dan worden ze natgespoten. Of, in sociologisch jargon, groepsleden oefenen voortdurend sociale controle uit om de andere leden in het gareel te houden. Dat doen ze met behulp van negatieve en positieve sancties. Lukt dat niet, dan is er altijd nog de mogelijkheid om dissidenten uit de groepering te verwijderen.

Vooral wanneer gevaar dreigt en een externe vijand zich aandient, groeit de roep om aanpassing aan de eigen waarden en normen van de kudde, zoals bij de komst van grote groepen asielzoekers. Er komt een verdedigingslinie tegen die vreemde buitenstaanders, die we vaak over één kam scheren, terwijl ze onderling dikwijls meer van elkaar verschillen dan wij Nederlanders. Sommigen, zoals Wilders en zijn aanhangers, gaan meteen in de aanval. Maar die aanvallers roepen ook weer tegenkrachten op van groeperingen die de nieuwkomers welkom heten. Want ons land telt ook veel mensen die vluchtelingen een warm hart toedragen.

Soms slaan mensen, net als kuddedieren, bij dreigend gevaar massaal op de vlucht. Een bericht over dalende beurskoersen, waar of niet waar, kan miljoenen aandeelhouders bewegen om hun aandelen te verkopen. Als een steeds grotere massa op de vlucht slaat, lijk je wel gek dat jij stil blijft staan. Zo liepen in de jaren dertig van de vorige eeuw miljoenen Duitsers achter Hitler aan. Ook nepnieuws dat massaal verspreid wordt, kan kuddes in beweging brengen. Volgens vele onderzoekers heeft Trump hieraan zijn verkiezing tot president van Amerika te danken.

Nederland kent een gevarieerd kuddelandschap. Een cultuur van tolerantie en vrijheid beschermt die variëteit, totdat grote groepen het gevoel krijgen dat centrale waarden, overtuigingen en belangen bedreigd worden. Dan sluiten ze zich aaneen en vormen een grote kudde van 'wij Nederlanders'.

In dit hoofdstuk gaan we op zoek naar hoe en waarom mensen zich vaak zo opmerkelijk uniform gedragen.

## 2.2 Homo sociologicus

Hoe we met elkaar omgaan, hebben we zelf maar een klein beetje voor het zeggen, ondanks de grote nadruk die onze samenleving legt op individuele verantwoordelijkheid en vrijheid. Veel van ons gedrag is sociaal bepaald. Als iemand weet uit welk nest je komt, in welke buurt je woont, welke politieke partij je voorkeur heeft en welke kranten je leest, kan hij al veel van je gedrag voorspellen. Als je 300 Facebook-likes kent van iemand, weet je meer over het denken en handelen van diegene dan zijn of haar geliefde, blijkt uit experimenten. Mensen gedragen zich meestal zoals van hen verwacht wordt. En doen zij dit niet, dan worden ze natgespoten. De mens is volgens Ralph Dahrendorf (1964) een 'homo sociologicus', wiens leven vooral gedirigeerd wordt door de rollen die van hem verwacht worden.

### Kader 2.2 Schrijvers over de mens

'All the world's a stage, and all the men and women merely players', schreef William Shakespeare in 1598.

Joost van den Vondel zeventig jaar later: 'De wereld is een schouwtoneel, elk speelt zijn rol en krijgt zijn deel.'

En Arnon Grunberg in een column: 'Alles in onze cultuur is erop gericht dat wij ons aanpassen en ons werk zo goed mogelijk doen. Mensen worden bepaald door de context' (Grunberg, 2013).

De Belgische socioloog Mark Elchardus vindt dat mensen niet zo individualistisch zijn als zij zelf vaak denken. Onderwijsniveau en mediagebruik voorspellen hun opvattingen en gedragingen. 'Elke samenleving heeft een manier van sociale controle nodig, die maakt dat mensen zich voorspelbaar gedragen, op een manier die de samenleving ten goede komt. De traditionele manier van disciplinering – armoede, religie – is vervangen door een nieuwe manier. Er zijn nog nooit zo veel mensen zo lang naar school gegaan, waar ze worden opgevoed tot burgers en werknemers. De media en "het kapitalisme van de begeerte" (reclame en marketing) houden ons voor hoe we moeten leven. En als het tegen zit, zijn er de therapeutische diensten die ons helpen in de samenleving terug te keren' (geciteerd in: Giesen, 2012).

Ons denken, gedrag en zelfs gevoelens zijn een product van biologische en maatschappelijke factoren. Onze *genen* (het domein van de biologen en de genetici) hebben we meegekregen van onze ouders en die hebben we niet kunnen kiezen. Ook al zijn we het ouderlijk huis ontgroeid, dan nog zullen de genen van onze ouders en voorouders een groot stempel drukken op ons doen en laten. Of we willen of niet! Uit internationaal onderzoek blijkt dat ongeveer veertig procent van de verschillen in geluksgevoel komt door verschillen in genetische aanleg. Zestig procent van de verschillen in geluksgevoel komt door invloeden uit de omgeving. Welke invloeden dat precies zijn weten we eigenlijk niet. Wat het extra complex maakt, is dat omgevingsinvloeden vaak ook gerelateerd zijn aan je genetische aanleg. Als je bijvoorbeeld extravert bent, zoek je een heel andere omgeving op dan wanneer je introvert bent. En je genenpakket bepaalt voor een groot deel of je introvert of extravert bent. Bij geluksgevoel is dus sprake van een complex samenspel tussen genetische aanleg en omgevingsinvloeden (Bartels, 2015).

Die omgevingsinvloeden, ik noem ze maatschappelijke factoren, hebben een verschillende oorsprong: groeperingen, cultuur, sociale laag (inclusief macht) en maatschappelijke ontwikkelingen.

Bij *groeperingen* (hoofdstuk 4) gaat het om de mensen met wie je opgroeit, zoals ouders, broers, klasgenoten, vrienden, collega's, politieke vrienden, seksegenoten, enzovoort.

*Cultuur* (hoofdstuk 5) bestaat uit de waarden, normen, verwachtingen en doeleinden die we als samenleving of onderdeel daarvan met elkaar delen, zoals Nederlands spreken, democratie, eigen verantwoordelijkheid, rechts heeft voorrang, 's morgens ontbijten, houden van voetbal en aan de buis gekluisterd zitten als er een weer een Elfstedentocht is. Cultuur is een soort vruchtwater dat we nodig hebben om te kunnen leven.

Daarnaast zijn de *sociale laag* en je *machtspositie* (hoofdstuk 6 en 7) van groot belang voor je doen en denken. Die sociale laag kun je zeker aanvankelijk niet zelf kiezen, want je wordt geboren in de sociale laag waarin je ouders zich op dat moment bevinden. Als dat een arbeiderswijk is van een grote stad, zal je leven zich anders ontwikkelen dan wanneer dat een elitebuurt is in Zeist. Weliswaar kun je later van sociale laag veranderen, maar over het algemeen geldt nog steeds dat 'als je voor een dubbeltje geboren bent, je niet zo gemakkelijk een kwartje wordt'.

Wij zijn ook 'kinderen van onze tijd'. *Maatschappelijke ontwikkelingen* (hoofdstuk 8) gaan niet aan ons voorbij. Zo heeft de emancipatiegolf uit de jaren zeventig van de vorige eeuw veel invloed gehad op het doen en denken van vrouwen (en ook mannen). En de oproep van de overheid tot meer 'zelfredzaamheid' en de 'participatiesamenleving' heeft de wereld van zorg en welzijn niet onberoerd gelaten.

Genen, groeperingen, cultuur, sociale ongelijkheid, macht en maatschappelijke ontwikkelingen staan niet los staan van elkaar. Zij beïnvloeden elkaar onderling. Zo is de sociale laag waarin je geboren bent van grote invloed op de groeperingen waarin jij je beweegt. Ons doen en denken is dus niet simpel en eenduidig te herleiden tot bepaalde genen of maatschappelijke factoren. Meestal zijn meerdere factoren in het spel; we spreken dan van *multicausaliteit*. Vaak hebben mensen de neiging om oorzaken van een maatschappelijk verschijnsel of probleem te herleiden tot één enkele oorzaak. Dat schept duidelijkheid en maakt het begrijpen of de aanpak gemakkelijker.

Neem bijvoorbeeld eenzaamheid. Veel beleidsmakers en ook gewone burgers zien eenzaamheid vooral als een ouderdomsprobleem. De meeste anti-eenzaamheidsinterventies zijn dan ook gericht op ouderen. Maar uit onderzoek blijkt dat eenzaamheidsgrafieken juist pieken rond het 35ste levensjaar en daarna weer bij 75-plus. Anderen zeggen dat eenzaamheid vooral een gevolg is van de individualisering en de verminderde sociale cohesie in de samenleving.

Weer anderen wijzen op het ontbreken van een ondersteunend netwerk. Of speelt misschien ook de grote nadruk op zelfredzaamheid mee, die mensen ervan weerhoudt om hulp en aandacht te vragen? En misschien ook wel te geven? Sommige onderzoekers hebben ook een verband gevonden tussen eenzaamheid en armoede.

Afhankelijk van de benoemde verbanden worden oplossingen bedacht. Om hun isolement te doorbreken krijgen eenzame mensen briefkaartjes, huisbezoeken, uitnodigingen voor koffieochtenden of 'samen tafelen' of een cursus 'vrienden maken'. Er zijn echter maar weinig interventies die bewezen effectief zijn voor alle soorten eenzaamheid. Geen vrienden of kennissen hebben is een andere vorm van eenzaamheid dan een overleden partner missen (Vermeulen, 2017). Problemen als eenzaamheid hebben vaak meerdere en per individu verschillende oorzaken. Bovendien hebben verschillende remedies ook een verschillende uitwerking per individu, ook al is de oorzaak gelijk. Dat is een van de redenen waarom er in de zorg en welzijnssector steeds meer gepleit wordt voor op het individu aangepaste zorg. Vraaggericht werken heet dat.

## 2.3 De roltheorie

Sociologen bestuderen het gedrag van mensen als leden van een samenleving. Dat gedrag speelt zich grotendeels af in groeperingen (waarover in het volgende hoofdstuk meer). Zij constateren dat bij gedrag in een groep de verwachtingen van anderen een grote rol spelen. Ieder mens bekleedt in de groeperingen waarvan hij deel uitmaakt talrijke posities en bij elke positie hoort een rol, die kort samengevat bestaat uit de verwachtingen die de omgeving heeft van hem als positiebekleder. De voorzitter van een team moet een andere rol vervullen dan een teamlid. En de zoon in huis een andere dan de dochter. Zulke verschillen bestaan zelfs in onze samenleving, die zo hoog opgeeft over het ideaal van gelijkheid.

De mens is een *homo sociologicus*, die dagelijks talrijke rollen speelt, aldus Dahrendorf. Zijn gedrag wordt vooral bepaald door wat de samenleving van hem verwacht in een bepaalde positie. Ons leven is één groot rollenspel. De rollen leren we van kinds af aan. Wel is het zo dat we in deze tijd meer dan vroeger de mogelijkheid hebben om af te wijken van de verwachtingen. Dat komt onder andere omdat individuele ontplooiing en eigen verantwoordelijkheid kenmerken zijn van onze hedendaagse cultuur. Dat geldt over het algemeen minder voor de vele allochtonen in ons land.

Veel van ons gedrag is voorgeprogrammeerd; zelfs onze emotionele uitingen. Als we huilen, doen we dat thuis anders dan op het werk of op school. Als we tenminste daar onze tranen ooit zullen laten zien. De kans is groter dat vrouwen dit doen dan mannen. En verliefdheid dan? We zijn geneigd om te denken dat verliefdheid door alle rangen en standen heen breekt. Maar nog steeds worden de meeste mensen verliefd op iemand binnen eigen gemeenschap, geloof, cultuur, rang, sociale klasse of stand.

De roltheorie is een goed hulpmiddel bij de analyse en de verklaring van ons gedrag. In die theorie nemen de begrippen positie, sociale status, sociaal aanzien, rollen en sociale structuur een belangrijke plaats in. Die zullen we hierna uitgebreider uitwerken met Mark als voorbeeld. En voor een nog beter begrip: laat ook jouw posities en rollen een actieve rol spelen bij het verder lezen.

### Casus — Mark

Mark is vierdejaarsstudent hbo-maatschappelijk werk en dienstverlening aan een hogeschool in een provinciestad. Hij is daar geboren en getogen. Sinds twee jaar woont hij in het centrum van de stad op kamers.

Mark is 21. Hij heeft een oudere getrouwde broer en twee jongere zusjes die nog thuis wonen. Zijn vader is leraar en zijn moeder verpleegkundige. Zijn ouders hebben een groot huis in een mooie buitenwijk van de stad. Zowel op de hogeschool als in de stad heeft hij veel vrienden. Zijn vriendin, Anna, komt uit dezelfde stad.

In de wijk waar zijn ouders wonen wil de gemeente driehonderd asielzoekers huisvesten in een groot, leegstaand gebouw. Hierover is grote onrust ontstaan. De bewoners zijn bang voor de veiligheid van hun kinderen en de waardevermindering van hun huizen. Ruim de helft van de bewoners diende al een bezwaarschrift in. De ouders van Mark, de buren, de ouders van Anna en ook Anna zijn tegen de komst van het centrum.

Mark vindt dat hier sprake is van vooroordelen en discriminatie. Hij zet samen met enkele andere studenten een tegenactie op touw.

## 2.3.1 Posities

We zijn voortdurend met anderen in de weer. Zonder die anderen kunnen en zijn we niks. We praten, beschermen, voeden op, troosten, werken, helpen, spelen, studeren, prijzen, straffen, hebben lief, haten, enzovoort. Zo maken we samen onze samenleving, waarin alles reilt en zeilt zoals wij dat willen. Althans grotendeels. Daarbij krijgen we niet altijd wat we willen en soms ook niet wat we nodig hebben. Dat kan tot problemen leiden, die we dan proberen op te lossen. Soms lukt dat niet en vallen er slachtoffers. Die helpen we dan meer of minder. De ene samenleving of groep kiest voor meer helpen en de andere voor minder. In een neoliberale kapitalistische samenleving is dat minder en in een socialistische verzorgingsstaat meer.

Jullie hebben een opleiding, docenten en stageplekken nodig om te kunnen leren. Vaak helpen jullie elkaar bij dat leerproces. En zo hebben we in ons land politieagenten die orde in de samenleving bewaren en zorgverleners die cliënten helpen bij hun genezing of het oplossen van problemen. We hebben ook bakkers die het brood bakken voor ons ontbijt en gemeenteraadsleden die namens de bevolking beleid voor de gemeente maken. De opleiding heeft jullie nodig als student, want zonder studenten kan zij niet bestaan. Onze samenleving kent nog duizenden andere posities. En ieder van ons bekleedt er vele. Zo is Mark student, zoon, D66'er, man, geliefde, enzovoort.

> **Definitie**
>
> *Een positie is een plaats in een netwerk van relaties.*

Een positie zit niet vast aan één bepaalde persoon. Mark is student en er zijn tal van personen die ook student zijn. Binnen de studentenpopulatie zijn verschillende soorten studenten te onderscheiden, zoals die van de universiteit, hbo of mbo. Dat zijn verschillende posities. Maar ook binnen het hbo zijn verschillende posities. Als 'student hbo maatschappelijk werk en dienstverlening' komt Mark in contact met verschillende andere posities, zoals die van docent, stagebegeleider, medestudent en studenten van andere studies.

Voor sommige van die posities heeft hij niets hoeven te doen, bijvoorbeeld die van broer, man en zoon. Die zijn komen aanwaaien ofwel hem toegewezen. We noemen ze dan ook *toegewezen posities*. Andere posities heeft hij zelf verworven, zoals die van student, D66'er en vriend. Daar heeft hij zelf actie voor moeten ondernemen. Daarom heten die *verworven posities*.

Vroeger speelden in ons land toegewezen posities een grotere rol dan nu. Als je toen zoon was van een edelman of dochter van een rijke boer, bepaalde dat voor een groot gedeelte een riante toekomst. In deze tijd spelen toegewezen posities een minder belangrijke rol. Maar voor Mark als zoon van een leraar ligt de positie 'student' dichterbij dan voor de zoon van een bouwvakker.

### 2.3.2 Sociale status

Niet alle posities worden even hoog gewaardeerd. Sommige vinden we belangrijker dan andere. Zo is de sociale status van universitair student hoger dan die van hbo-student.

> **Definitie**
>
> *Sociale status is de waardering die de samenleving aan een positie hecht in relatie tot andere posities.*

De waardering is gekoppeld aan de positie, niet aan de persoon. De positie student heeft een lagere sociale status dan de positie leraar of stagebegeleider en een hogere dan de positie psychiatrisch patiënt. De waardering is dus relatief. De samenleving bepaalt de sociale status van een positie. Die kan in de loop der tijden veranderen. Zo is bijvoorbeeld de sociale status van leerkracht de laatste vijftig jaar gedaald, onder andere omdat er nu veel meer van zijn. Maar ook de hoogte van het salaris, vergeleken met salarissen van andere beroepen, speelt daarbij een rol.

Ook de sociale status van universitair student is de laatste vijftig jaar gedaald, want veel meer jongeren gingen naar de universiteit. Daardoor daalde niet alleen de status van de universitair student, maar ook die van de hbo-student. Overigens is dat niet overal in de samenleving hetzelfde. In een dorp is de sociale status van hbo-student vaak hoger dan in een stad.

Hoe hoger de sociale status van iemand, des te groter zijn invloed.

Mark krijgt in zijn positie als student te maken met andere positiebekleders, zoals docent, stagebegeleider en medestudent. Het zal ieder duidelijk zijn dat de sociale status van docent hoger is dan die van student. Daarom wegen sancties van de eerste meestal ook zwaarder dan die van de tweede. De docent heeft meer macht, bijvoorbeeld via het systeem van toetsingen en beoordelingen.

Maar de student is niet machteloos, want de opleiding heeft hem nodig om te kunnen voortbestaan en via evaluaties kan hij de docent beïnvloeden.

### 2.3.3 Sociaal aanzien

De wijze waarop iemand zijn sociale positie bekleedt, is van belang voor de waardering die hij krijgt. We spreken dan van *sociaal aanzien*.

> **Definitie**
>
> Sociaal aanzien is de mate van waardering die men heeft voor de wijze waarop iemand een positie bekleedt.

Het sociaal aanzien van Mark als student daalt wanneer hij slechte studieresultaten haalt. Actievoeren voor de komst van het asielzoekerscentrum (AZC) kan hem in aanzien doen stijgen bij medestudenten en doen dalen bij zijn ouders. De toekenning van sociaal aanzien is dus, in tegenstelling tot sociale status, wel gekoppeld aan een persoon. En, zoals hierboven geïllustreerd, de waarderingen voor hoe Mark zijn positie invult kunnen verschillen.

- **Noem een aantal posities die jij inneemt.**
- **Welke sociale status hebben die?**
- **Hoe zit het met jouw sociaal aanzien in die posities?**

### 2.3.4 Sociale structuur

In de samenleving bestaan talrijke posities. Deze posities worden verschillend gewaardeerd en zijn vaak met elkaar verweven. De ene positie kan vaak niet zonder de andere. Bijvoorbeeld: vader hoort bij kind, docent bij student en man bij vrouw. Feitelijk is het meestal ingewikkelder omdat meerdere posities aan elkaar gekoppeld zijn. In een gezin bijvoorbeeld heb je vader, moeder, man, vrouw, zoon, dochter, oudste zoon en jongste zoon.

In organisaties heb je posities als bestuurder, directeur, afdelingshoofd, teamchef, uitvoerende werker, kantoorpersoneel en schoonmaker. De relaties tussen posities vormen samen wat sociologen een *sociale structuur* noemen.

> **Definitie**
>
> De sociale structuur is de wijze waarop de posities in een samenleving of groep op elkaar betrokken zijn.

Elke samenleving, groep of organisatie heeft een bepaalde sociale structuur. De sociale structuur van de hogeschool van Mark kun je verhelderen door de posities die daar voorkomen en de wijze waarop die posities met elkaar verbonden zijn te beschrijven. Je krijgt dan een soort *organogram* of een deel daarvan.

### Definitie

*Een organogram is een schema van de structuur van een organisatie.*

Een dergelijk schema brengt in kaart uit hoeveel verschillende afdelingen een organisatie bestaat, wie leidinggevend zijn en wie niet, en in welke hiërarchische verhouding de afdelingen en medewerkers ten opzichte van elkaar staan.
In een gezin zijn de posities van man, vrouw, vader, moeder, zoon, dochter, broer, zus met elkaar verbonden. Ondanks de nadruk op gelijkheid in onze samenleving is de sociale status van vader vaak hoger dan die van moeder en die van zoon hoger dan die van dochter. In autochtone Nederlandse gezinnen zijn die verschillen over het algemeen kleiner dan in allochtone gezinnen. In een organisatie zijn de posities met een hogere sociale status meer bepalend voor het functioneren van de organisatie dan de lagere. In sommige structuren zijn de relaties tussen de posities meer democratisch en in andere meer hiërarchisch georganiseerd.

> Teken een sociale structuur van de opleiding (academie, school) die jij volgt. Daarbij zet je de posities met de hoogste sociale status bovenaan en die met de laagste onderaan.
> Je kunt dit ook samen met andere leden van jouw lesgroep doen. Ieder tekent dan de sociale structuur van de opleiding. Daarna bespreek je de resultaten.

Sommige samenlevingen en groeperingen zijn strakker gestructureerd dan andere. Dat wil zeggen dat de eisen die aan de posities gesteld worden strikter geformuleerd zijn en afwijkingen minder worden getolereerd. De mate van structurering heeft onder andere te maken met de cultuur. Zo zijn over het algemeen gezinnen in Marokko strakker gestructureerd dan gezinnen in Nederland. Maar toch zijn er ook in Nederland gezinnen met een strakke structuur en gezinnen waarvan de leden als los zand aan elkaar hangen. De mate van strakheid van een structuur kan ook te maken hebben met het doel van de groepering. Bij doelen die snel gerealiseerd moeten worden en waar sprake is van grote risico's zal de structuur meestal strakker zijn. Denk bijvoorbeeld aan de brandweer, het leger of een crisisdienst. In een vriendengroep of gezelligheidsvereniging is de structuur meestal losser.

Sociale structuren hebben de neiging om zichzelf in stand te houden, maar veranderen toch ook voortdurend. Dat kan het gevolg zijn van de tijdgeest maar ook omdat de beoogde doelen niet of onvoldoende bereikt worden. Zo is bijvoorbeeld de sociale structuur van veel gezinnen, bedrijven, scholen en opleidingen in de jaren zestig en zeventig van de vorige eeuw sterk veranderd als gevolg van het democratiseringsproces en de toenemende individualisering. Ze werden minder hiërarchisch en informeler. Scholen en ouders stimuleerden kinderen om voor hun eigen mening uit te komen en kritiek te geven.

Structuurveranderingen als reorganisaties van instellingen of bedrijven hebben vaak als oorzaak onvoldoende (bedrijfs)resultaten of inefficiënte bedrijfsvoering.

## 2.3.5 Rollen

Iedereen in onze samenleving neemt meerdere posities in, zo zagen we al. Zo is Mark bijvoorbeeld student, kamerbewoner, zoon en vriend. Vanuit zijn positie van student heeft hij met tal van andere posities te maken zoals die van docent, medestudent, vader en vriend. Die andere positiebekleders hebben verwachtingen van student Mark. Daaraan moet hij tot op zekere hoogte voldoen. Die verwachtingen bepalen de inhoud van wat sociologen zijn *rol* noemen.

> **Definitie**
>
> *Een rol is het gedrag dat van een positiebekleder verwacht wordt.*

Omdat Mark vanuit de positie student met meerdere andere posities te maken heeft (docenten, stagebegeleider, medestudenten, enzovoort) moet hij vaak aan verschillende, soms tegenstrijdige verwachtingen voldoen. Al die andere positiebekleders hebben hun eigen verwachtingen. Vaak komen die in grote lijnen met elkaar overeen, maar er zijn ook verschillen. Zo verwachten de ouders van Mark dat hij (als student) hard studeert, terwijl zijn vrienden en medestudenten minder hoge eisen aan dat studeren stellen. Ook als zorgverlener moet jij later aan verwachtingen voldoen, bijvoorbeeld aan verwachtingen van cliënten, collega's, werkgever, financier en samenwerkingspartners. Door de begrippen positie en rol worden individu en samenleving met elkaar verbonden. Sociologen spreken daarom van de 'homo sociologicus', zoals we al hebben gezien. Dahrendorf noemt dit 'eine ärgerliche Tatsache' (Dahrendorf, 1964) (vrij vertaald: een lastige zaak). Je hebt geen of slechts beperkte vrijheid om te kiezen hoe je te gedragen. Toch kunnen we er meestal mee leven, want het maakt gedrag vertrouwd, voorspelbaar en daardoor vaak ook effectief. Zeker wanneer je dit gedrag geïntegreerd hebt als vanzelfsprekend of 'natuurlijk', zul je het nauwelijks nog als een beperking van je vrijheid voelen. Maar dat wordt anders wanneer die 'integratie' niet tot stand komt en je eigenlijk anders wilt en moet van je omgeving, zoals tal van allochtonen in ons land dagelijks merken.
Wat ook een rol speelt in deze tijd, is dat verwachtingen minder streng opgelegd worden omdat de samenleving zoals dat heet meer 'geïndividualiseerd' is. Er is meer vrijheid en ruimte voor eigen verantwoordelijkheid dan vroeger. Overigens verschillen delen van onze samenleving daarin. De individualisering en vrijheid zijn vaak minder aanwezig in een allochtonencultuur of in een streng gereformeerde omgeving dan in andere delen van de samenleving.

Naast Mark zijn er andere studenten op zijn school die dezelfde positie innemen en met ongeveer dezelfde verwachtingen geconfronteerd worden. Niet iedereen zal daarop hetzelfde reageren; niet iedereen zal zich in hetzelfde keurslijf laten rijgen. Als dat al als zodanig gevoeld wordt, want het spelen van rollen vinden we vaak minder lastig dan het lijkt. We leren die rollen spelen en internaliseren, zodat we ze eerder als vanzelfsprekend ervaren dan als een keurslijf. Net als bij die apen in de kooi. Dat is maar goed ook, want stel je voor dat je bij alle gedrag steeds maar weer moet nadenken of dat wel past of juist is. Zoals rechts rijden in het verkeer of met mes en vork eten. Rolgedrag levert een belangrijke bijdrage aan het soepel functioneren van de samenleving en onderdelen daarvan zoals een school, gezin of vriendengroep.

Omdat je veel rollen tot iets van jezelf maakt (internaliseert) is het moeilijk om dit rolgedrag te benoemen als gedrag dat anderen van je verwachten. Je hebt toch zelf beslist! Maar dat is lang niet altijd waar, of het is maar gedeeltelijk waar. Die stem van jou op welke partij dan ook zal zeker mede bepaald zijn door je vrienden, collega's, docenten of klasgenoten. Of door het nest waaruit je komt of de sociale klasse waartoe je behoort. Dat erkennen is moeilijk in een tijd en cultuur waarin de nadruk ligt op jezelf zijn, voor jezelf opkomen en eigen verantwoordelijkheid dragen. Het liefst zeggen we dat we echt zelf voor dat gedrag gekozen hebben, los van de verwachtingen van anderen.

### 2.3.6 Rolattributen en statussymbolen

Niet alleen aan het gedrag van positiebekleders worden bepaalde eisen gesteld; soms ook aan hun uiterlijk. Sociologen onderscheiden daarbij *rolattributen* en *statussymbolen*.

> **Definitie**
>
> *Rolattributen zijn uiterlijkheden die nuttig zijn of dienen als herkenningsmiddel van een rol.*

Voorbeelden: een overall, witte laboratoriumjas, trainingspak, toga, enzovoort.

> **Definitie**
>
> *Statussymbolen zijn uiterlijkheden die verwijzen naar prestige, rijkdom, macht, invloed, gezag en dergelijke.*

Zo zijn de kapitale villa en de dure auto van Marks vader statussymbolen, evenals Marks iPhone, merkkleding en racefiets. In deze tijd zijn logo's op kleding of kledingmerken voor veel jongeren statussymbolen. Voor anderen is dat een tweede huis, een avontuurlijke trekkersvakantie of een Apple-computer. Voetbal heeft minder status dan tennis. Maar als je tennis inruilt voor golf stijgt je status. Dat kan ook de reden zijn waarom iemand een abonnement op *de Volkskrant* vervangt voor een abonnement op de *NRC*. We geven veel geld uit om te laten zien wie we zijn of willen zijn. Dat wordt ook wel *conspicuous consumption* (opzichtige consumptie) genoemd. Het is een middel om je sociale status te verhogen of te behouden. Bepaalde goederen lenen zich daar eerder voor dan andere. Zo zijn grote huizen in een chique wijk, dure auto's, merkkleding en kunst in huis veelgebruikte statussymbolen in hogere kringen. Het is vooral een manier om te laten zien wie je bent. Het maakt ook duidelijk hoe belangrijk we de beoordelingen van anderen vinden.

- **Welke statussymbolen gebruik jij?**
- **Welke functie hebben die?**

Dezelfde uiterlijkheden kunnen zowel rolattribuut als statussymbool zijn, zoals de witte jas van een verpleegkundige en het uniform van een generaal.

Door middel van rolattributen en statussymbolen onderscheiden mensen zich van anderen. Soms voelen zij zich daartoe gedwongen, soms kiezen zij daarvoor bewust en soms volgen zij de grote massa of belangrijke trendsetters. Vaak blijft de werkingssfeer van statussymbolen beperkt tot een bepaalde groepering (jongeren, een vereniging, organisatie, enzovoort). Soms ook doortrekken zij de hele samenleving zoals een koninklijke onderscheiding. Statussymbolen vertellen ons iets over de bezitter ervan en het te verwachten gedrag van die persoon. Ze beïnvloeden ook het zelfbeeld en het gevoel van eigenwaarde van de bezitter. In onze hedendaagse cultuur met een grote nadruk op autonomie, eigen verantwoordelijkheid, echtheid, directheid, enzovoort spelen statussymbolen een grotere rol dan mensen vaak willen toegeven. Het dragen van bepaalde (merk)kleding, sieraden of schoenen bijvoorbeeld wordt verkocht en beleefd als een persoonlijke eigen smaak, terwijl meestal sprake is van het volgen van een modetrend. Ook het aantal vrienden en volgers op Facebook is voor velen een statussymbool.

## 2.3.7 Rolconflicten

Het gebeurt nogal eens dat verwachtingen ten aanzien van één positie (bijvoorbeeld student) niet in overeenstemming zijn met elkaar. Zo verwachten cursusleider, docenten en ouders dat Mark hard studeert. Tegelijkertijd sporen stagebegeleider en medestudenten hem aan tijd en energie te steken in acties voor asielzoekers. We spreken dan van een rolconflict. Omdat dit conflict zich afspeelt met betrekking tot één positie, spreken we van een *intern rolconflict*.

> **Definitie**
>
> *Van een intern rolconflict is sprake wanneer een persoon geconfronteerd wordt met niet of moeilijk te combineren verwachtingen ten aanzien van één positie die hij bekleedt.*
>
> *Van een extern rolconflict is sprake wanneer een persoon geconfronteerd wordt met niet of moeilijk te combineren verwachtingen ten aanzien van verschillende posities die hij bekleedt.*

In Marks geval is dus sprake van verschillende, soms zelfs tegenstrijdige, rolverwachtingen, gekoppeld aan *twee posities*. Zo verwachten studenten van Mark als student en geestverwant dat hij zijn acties voor het AZC doorzet. Aan de andere kant verwachten zijn ouders dat hij als zoon en oud-buurtbewoner dit niet doet.

Bij rolconflicten spelen niet alleen de werkelijke verwachtingen een rol. Niet zelden gaat het ook om een persoonlijke inschatting van die verwachtingen. Mensen houden al bij voorbaat rekening met de reacties die zij op bepaald gedrag kunnen verwachten. Die inschattingen zijn niet altijd juist, maar toch gedragen zij zich ernaar. Dat geldt ook in je toekomstige beroep. Er zijn cliënten die verwachten dat zorgverleners hun adviezen geven hoe te handelen. Als gevolg daarvan stellen zij zich passief en afwachtend op, wat er dan weer toe kan leiden dat ze teleurgesteld afhaken als de zorgverlener erop aandringt dat zij vooral zelf hun probleem moeten oplossen.

We maken allemaal op vele momenten rolconflicten mee. Het gaat daarbij om het niet of moeilijk kunnen hanteren van verschillende verwachtingen die op ons afkomen. Toch lossen we die lastige situaties vaak naar tevredenheid op. Hoe? Hier volgen een aantal manieren die mensen gebruiken om met rolconflicten om te gaan.

- Tegenstrijdige verwachtingen zoveel mogelijk gescheiden houden.
  Je probeert te voorkomen dat je in een situatie belandt waarin je tegelijkertijd aan tegenstrijdige verwachtingen moet voldoen. Zo kan Mark proberen om thuis ieder gesprek over eventuele acties te vermijden.
- Een compromis zoeken.
  Bij deze oplossing krijgen de verschillende partijen elk een beetje hun zin. Mark besteedt bijvoorbeeld niet veel tijd aan acties en toont thuis begrip voor het standpunt van zijn ouders.

- Eén van de rollen prioriteit geven.
  Meestal kies je dan voor de verwachtingen van die personen die je het meest waardeert. Of die jou het zwaarst kunnen straffen als je niet aan hun verwachtingen voldoet.
- Bepaalde gedragingen voor anderen verborgen houden.
  Je vermijdt zo negatieve sancties. Zo kan Mark zijn deelname aan acties voor het AZC voor zijn ouders verborgen houden.
- De omgeving duidelijk maken dat er tegenstrijdige verwachtingen zijn.
  Je legt uit waarom het voor jou moeilijk is om aan verschillende verwachtingen te voldoen. Het conflict kan zo een zaak worden van alle betrokkenen. Hierdoor kan meer begrip ontstaan voor de conflictueuze situatie.

- **Geef van elke oplossing hierboven een voorbeeld waarbij jij zelf betrokken was.**
- **Probeer ook eens een praktijksituatie te construeren waarin een toekomstige cliënt van jou een rolconflict heeft in zijn thuissituatie. Hij vraagt jou om hem te helpen bij het oplossen van dat conflict.**

De mens is niet alleen een brave rolvertolker. Hij heeft en neemt ook de ruimte om zelf te beslissen hoe hij zich zal gedragen. De roltheorie zal sterker opgaan in een homogene, uniforme samenleving en groep dan in een heterogeen en complex samenlevingsverband. Vooral in onze heterogene samenleving zijn posities en rollen minder scherp omschreven. Er is ook niet altijd eenstemmigheid over de verwachtingen van positiebekleders. In deze tijd en binnen onze samenleving vinden we individualiteit, persoonlijke ontplooiing en creativiteit belangrijk. Die waarden botsen vaak met de eis om te voldoen aan de verwachtingen van anderen. Maar vaak ook zijn die waarden niet wat ze pretenderen te zijn. Het zijn veeleer modieuze tendensen en persoonlijke illusies die slechts in schijn de roltheorie ontkrachten. Lekker zogenaamd vrij en los gekleed gaan in spijkerbroek en T-shirt kan net zo goed een verwachting van de groep zijn als een driedelig maatpak. En wat te denken van een menigte festivalbezoekers, die gezamenlijk op eenzelfde manier op Lowlands 'uit hun dak gaan'?

- **Neem één positie die je zelf hebt en zet daaromheen vijf andere posities waarmee je vanuit die ene positie te maken hebt.**
- **Welke verwachtingen hebben die vijf positiebekleders van jou?**

Rollen beperken ons in onze vrijheid, maar leveren ons ook voordelen op. Via rollen worden sociale gedragingen gereguleerd en zonder regulering is samenleven onmogelijk. Zo is bijvoorbeeld de rol van weggebruiker vooral gericht op de veiligheid van alle weggebruikers. Omdat we deze rol kennen, kunnen we op het gedrag van een medeweggebruiker anticiperen. We weten dat hij rechts zal rijden, bij rood licht zal stoppen en de voetgangers op een zebrapad voorrang zal geven. Stel je voor dat iedereen steeds weer opnieuw zelf zou moeten en mogen beslissen wat het beste rijgedrag is. Dat zou tot veel ongelukken leiden!

## 2.3.8 Kritiek op de roltheorie

Sommige bekritiseren de roltheorie omdat die zou suggereren dat de verwachtingen ten aanzien van de posities die iemand inneemt, altijd helder en eenduidig zouden zijn. Dat is niet terecht, want ook binnen de roltheorie is ruimte voor minder duidelijke of eenduidige verwachtingen. Verwachtingen kunnen door de tijd heen ook veranderen, waardoor dus ook de rol verandert. Die verwachtingen hebben te maken met waarden en normen in de samenleving. Als die veranderen, wijzigen ook de rollen.

Zo is er bijvoorbeeld de laatste jaren een maatschappelijke beweging op gang gekomen die de rol van cliënt meer definieert als 'zelfredzaam'. Meer en meer gaan zorgverleners cliënten aanspreken op hun eigen verantwoordelijkheid en eigen kracht. Voor de cliënt betekent dit een gedeeltelijke verandering van zijn rol want: andere verwachtingen. Overigens verandert er door het beleid van de overheid ook iets in de rol van de zorgverlener. Niet alle cliënten en ook niet alle zorgverleners zijn daar blij mee.

- **Wat vind jij van de rolverandering die voor cliënten betekent dat van hen meer zelfredzaamheid verwacht wordt?**
- **Wat betekent die verandering voor de rol van zorgverleners? Ben je daar blij mee?**

Sommige wetenschappers zeggen dat de mens niet zozeer een homo sociologicus is maar een *homo economicus*. Die zou zich vooral laten leiden door economische motieven. Hij is gericht op een bevrediging van eigen behoeften en denkt op de eerste plaats aan zichzelf. Zijn gedrag zou daar meer door gestuurd worden dan door de verwachtingen van anderen. In die visie is de mens vooral een *calculerende burger*. Dit mensbeeld wordt sterk geassocieerd met het neoliberalisme en kapitalisme.

## 2.4 Socialisatie

Elke groepering leert nieuwkomers hoe zich te gedragen. Dat geldt voor vriendengroepen, verenigingen, opleidingen, zorginstellingen, enzovoort. Nieuwkomers moeten leren om hun rollen te spelen.

**Definitie**

*Dat leren spelen van rollen noemen we socialisatie.*

Dit boek wil een bescheiden bijdrage leveren aan de socialisatie van studenten tot zorgverlener. Het leert hoe je bewust en kritisch vanuit een sociologische helikopter kunt kijken naar je denken en handelen. Het is natuurlijk maar de vraag of ik daar met dit boek in slaag. Daarvoor zijn de docenten, die dit boek gebruiken en jijzelf als lezer veel belangrijker.

In feite is er geen levensfase waarin we niet bezig zijn met het leren van rollen. Dat begint al in onze baby- en peutertijd en eindigt pas als we sterven. Het doel van socialisatie is dat we ons gaan gedragen in overeenstemming met de verwachtingen van de omgeving. Soms passen we ons alleen maar aan omdat de omgeving dat verwacht. Vaak ook internaliseren we die verwachtingen als 'iets van onszelf', als iets wat we zelf echt willen. De documentaire *Beperkt houdbaar* van Sunny Bergman (2007) geeft daarvan een illustratie. De film laat zien dat vrouwen zichzelf vaak niet meer normaal vinden, omdat ze in de media vrouwbeelden zien die gefotoshopt en gelift zijn. Rimpels, tailles, borsten, alles is opgepoetst. Vervolgens proberen vrouwen hun lichaam te vormen naar dat onbereikbare beeld. Voortdurend zijn vrouwen en ook mannen bezig om door de ogen van voor hen belangrijke anderen naar zichzelf te kijken. We noemen dat verschijnsel ook wel *the looking glass self-theorie*: we zien ons niet zoals we zijn maar zoals we denken (of willen) dat anderen ons zien. En vervolgens proberen we aan dat beeld te voldoen.

Maar we voldoen (gelukkig) niet altijd aan de verwachtingen van anderen. Individuen ontwikkelen in interactie met hun omgeving ook zelfgekozen gedrag, dat niet tegemoetkomt aan de verwachtingen. Als dat vaak gebeurt en de sancties minder worden, kunnen rollen veranderen. Dat maakt samenleven dynamisch.

Sommige rollen die je moet leren in dit leven zijn algemeen van aard. Als baby en peuter leren we lopen, zindelijk worden, zelf eten en pappa en mamma zeggen. We leren ook ons als jongen of meisje te gedragen. Dit socialisatieproces voltrekt zich vooral binnen het gezin, de vriendengroep en de buurt. Vaak gebeurt dit vanzelf en onbewust. We noemen dit *primaire socialisatie*.

> **Definitie**
>
> *Bij primaire socialisatie gaat het om het leren van algemene rollen.*
>
> *Bij secundaire socialisatie gaat het om het aanleren van meer specifieke rollen.*

In de opleiding die je volgt is sprake van secundaire socialisatie. Dat geldt ook voor het leren spelen van de rol van student of lid van een voetbalclub.
Socialisatie is een proces dat zich ontwikkelt in de tijd. Het begint al bij de kennismaking met een nieuwe positie. Nog voordat Mark op de opleiding zit, is hij al in gedachten bezig met zijn rol als student. Soms zelfs probeert hij zich al als zodanig te gedragen. We spreken in dit geval van *anticiperende socialisatie*.

> **Definitie**
>
> *Anticiperende socialisatie is het in gedrag en houding vooruitlopen op een toekomstige rol.*

Door anticiperende socialisatie kan het eigenlijke socialisatieproces gemakkelijker verlopen op het moment dat iemand werkelijk lid wordt van de nieuwe groep, dus een nieuwe positie krijgt. Vaak worden socialisatieprocessen of gedeelten daarvan afgesloten met ceremonies, waaraan leden van de groep of organisatie deelnemen, zoals rapporten uitdelen, diploma's en speldjes uitreiken, uniformering en afscheidsfeesten. We spreken dan van *collectieve rituelen*. Die rituelen zijn meer dan alleen maar een waardering voor geleverde prestaties. Zij hebben ook de functie om de eenheid in de groep te versterken en de naleving van de rol te bevorderen.

> **Definitie**
>
> *Collectieve rituelen zijn activiteiten die de functie hebben om de groepssolidariteit te versterken, de waarden en normen van de groep aan te scherpen en aldus het conformisme te vergroten.*

## 2.5 Sociale controle

Meerdere socialisatieprocessen zorgen ervoor dat Mark zich gaat gedragen zoals dat van hem verwacht wordt. Bij sommige rollen is hij zich hiervan niet of nauwelijks bewust. Het gaat vanzelf. Zijn rol aanvaardt hij als vanzelfsprekend. Wij zeggen dan dat Mark zijn rollen geïnternaliseerd of verinnerlijkt heeft. Hij ervaart ze niet als van buitenaf opgelegd of als 'eine ärgerliche Tatsache', zoals Dahrendorf zou zeggen.
Toch gaat het niet altijd vanzelf zoals de samenleving verwacht. Daarom maakt de samenleving of een groepering gebruik van *sociale controle*.

> **Definitie**
>
> *Onder sociale controle verstaan we het geheel van positieve en negatieve sancties dat dient om het sociaal gedrag van mensen te beheersen en in overeenstemming te brengen met de heersende waarden, normen en verwachtingen.*

Het begrip 'sociale controle' associëren mensen vaak met iets negatiefs of straf. Maar in de sociologie kan het ook verwijzen naar beloning. Samenlevingen en groeperingen verschillen overigens wel in de mate waarin ze positieve of negatieve sancties toepassen. Hoe toleranter en vrijer een samenleving, des te minder negatieve sancties. Dat zegt ook iets over de cultuur van de samenleving. Autoritaire samenlevingen of samenlevingen waarin de gedachte overheerst 'dat de mens tot het slechte geneigd is', zullen meer negatieve sancties toepassen.
Negatieve sancties zijn zwaarder naarmate de afwijking groter is of de afwijking betrekking heeft op belangrijkere waarden, normen, verwachtingen en doeleinden. Soms zelfs gaat de sociale controle zo ver dat individuen uit de groep gezet worden. De angst daarvoor alleen al kan leiden tot aangepast gedrag. Soms worden mensen zelfs werkelijk geëlimineerd of uitgestoten, zoals bij doodstraf of verbanning. Dat heeft dan zowel de functie van straf als van afschrikwekkend voorbeeld. Dat lot treft veel homoseksuelen in traditionele gemeenschappen.
De sociale controle is relatief sterk in streng religieuze gemeenschappen, autoritaire landen, kleine conservatieve dorpen, sektes, enzovoort. Pussy Riot, een Russische, feministische, politieke punkrockband, sneed tijdens haar optredens op provocerende wijze onderwerpen aan over de situatie van vrouwen in Rusland en de verkiezingscampagne van president Poetin. Drie leden van de band werden daarom later gearresteerd en beschuldigd van hooliganisme. Ze werden veroordeeld tot twee jaar strafkamp. De strenge straffen voor Pussy Riot passen in een autoritair geleid land als Rusland.
De laatste vijftig jaar is in onze Nederlandse samenleving de sociale controle afgenomen, zegt men. Dat zien sommige mensen als een probleem, terwijl anderen het zien als een verrijking. Het biedt mensen en groeperingen meer

mogelijkheden in hun functioneren en kan aanzetten tot grotere creativiteit. Het leidt ook tot grotere diversiteit in de samenleving. Tegenstanders beweren echter dat die vrijheid leidt tot grensoverschrijdend gedrag, wanorde en criminaliteit. Het lijkt erop dat de laatste jaren de roep om meer sociale controle weer toeneemt. Dat heeft mogelijk te maken met een toenemend gevoel van onveiligheid en angst als gevolg van criminaliteit, aanslagen en de toeloop van vluchtelingen. In de wijk waar Marks ouders wonen is dat gevoel sterk aanwezig.
Overigens wijzen cijfers uit dat van een toename van criminaliteit geen sprake is en dat veeleer de grotere aandacht voor criminaliteit in de media leidt tot meer angst.

Jongeren onttrekken zich vaak aan de sociale controle van ouderen of (andere) gezaghebbenden. Dat betekent niet dat zij niet aan sociale controle doen of erdoor bepaald worden. Integendeel, om mee te kunnen doen conformeren ook zij zich aan de waarden, normen, modetrends en gedragingen van belangrijke anderen in hun omgeving, zoals vrienden en studiegenoten.
De sociale controle verloopt bij jongeren vaak ook anders. Tegenwoordig vertellen de sociale media hun wie en wat je moet zijn. Via Facebook en Twitter presenteren veel jongeren een geflatteerd beeld van zichzelf op zoek naar erkenning. Ook voor Mark wegen de sancties van vrienden en medestudenten zwaar. In sommige situaties zelfs zwaarder dan die van zijn docenten. Dit soort groepen waarin Mark verkeert, worden ook wel *peer groups* genoemd.
Je kunt je daarom ook afvragen of die sociale controle wel echt is afgenomen. Misschien is zelfs het tegendeel waar en wordt in deze tijd en niet alleen bij jongeren, via de sociale media veel meer druk uitgeoefend op 'hoe je te gedragen' dan via positieve en negatieve sancties vanuit de directe omgeving.

## 2.6 Individualisering van problemen

Samenlevingen hebben de neiging om storend gedrag te elimineren. Ook wanneer dat gedrag verwijst naar het falen van de samenleving zelf. Het storende individu is dan 'ziek' of gedraagt zich 'onaangepast'. De sociale oorzaken van de problematiek worden ontkend en het individu krijgt de schuld. Sociologen noemen dit ook wel *individualisering van problemen* of *blaming the victim*.
*Blaming the victim* (Ryan, 1970) (het slachtoffer de schuld geven) is het proces waarbij daders of omstanders de schuld bij het slachtoffer leggen.
Bijvoorbeeld een verkrachter die zegt dat zijn slachtoffer 'er zelf om vroeg'. Of: 'pesten is uitgelokt door de gepeste persoon zelf'. Door de situatie zo voor te stellen dat het slachtoffer het aan zichzelf te wijten heeft, kan een dader zichzelf tot slachtoffer maken. Dat maakt het voor het echte slachtoffer nog erger. Soms gaat hij er zelf in geloven en wordt hij bang om de openbaarheid te zoeken.
We hebben al in het voorwoord gesignaleerd, naar aanleiding van een advies van de Raad voor Volksgezondheid en Samenleving, dat die individualisering diep verankerd is in de gezondheidszorg. De Raad spreekt over *medicalisering*. Daarbij is de veronderstelling dat problemen en ziekten te veel als individuele problemen gezien worden. Als gevolg van de individualisering van de samenleving bestaat de neiging om problemen te duiden als 'problemen van een persoon' in plaats van de oorzaak buiten de persoon te zoeken. De cliënt kan daardoor al snel en vaak ten onrechte het gevoel krijgen dat zijn probleem 'eigen schuld' is. Hij lijdt dan niet alleen door het probleem maar ook door de opdracht dat hij dat probleem zelf moet oplossen zonder dat hij schuld heeft aan het ontstaan ervan. Dat kan een reden zijn dat hij zich 'dubbel gepakt' voelt. Deze 'individualisering van problemen' vinden we ook terug in de veel gehanteerde definitie van gezondheid van Huber (2014): 'Het vermogen om je aan te passen en je eigen regie te voeren, in het licht van de sociale, fysieke en emotionele uitdagingen van het leven'. Gezondheid wordt hierin vooral gedefinieerd als een persoonlijke opgave. Medicalisering gaat gepaard met het opplakken van medische of psychiatrische individugebonden etiketten, waardoor de maatschappelijke oorzaken en oplossingen buiten beeld blijven.
De RVS (2017) stelt hierover:

> *Als gevolg van een strikt medisch perspectief blijven de maatschappelijke factoren die bijdragen aan de toename van somberheidsklachten onder jongvolwassenen onderbelicht. Jongvolwassenen krijgen te maken met veel vrijheid, onzekerheid en keuzedruk op alle terreinen van hun leven (werk, partner, kinderwens, ambities op carrièrevlak en doelen die zij naast hun werk willen behalen), terwijl hun identiteit en daarmee het vermogen om prioriteiten te stellen nog in ontwikkeling is. Op alle gebieden spelen hooggespannen verwachtingen, en dit wordt nog versterkt door sociale media. Niet kunnen voldoen aan de verwachtingen wordt vaak geduid als een psychologisch en medisch probleem: iemand maakt geen tijdelijke worsteling met levensvragen door, maar zit in een 'quarterlife-crisis', en wanneer iemand zijn hart uitstort*

*bij een vriend of vriendin volgt al snel de suggestie om professionele hulp in te schakelen. Dat roept de vraag op waarom we ons op het individu richten en niet op de verwachtingen die aan individuen gesteld worden.*

Zorgverleners richten zich in de spreekkamer vooral op het individuele probleem, ook als de oorzaken en de oplossing niet bij de cliënt liggen. Het individu is hun behandelobject en daar focussen ze zich op. Vaak kan en zal hulp wel soelaas of verlichting bieden, maar de structurele oorzaken blijven buiten schot. Die aanpak van structurele oorzaken is ook niet aantrekkelijk om te doen. De financiële prikkels daarvoor ontbreken in ons zorgstelsel. Individuele behandeling levert zorgverleners wel geld op.

## 2.7 De zichzelf waarmakende voorspelling

De houding van Mark ten aanzien van vluchtelingen verschilt van die van zijn ouders en vroegere buren. Mark vindt dat het voor vluchtelingen goed is dat zij contacten hebben met mensen uit de buurt. Veel buurtbewoners echter vertrouwen hen niet en zijn bang voor de veiligheid van hun kinderen. Sommigen beschouwen jonge alleenstaande mannelijke vluchtelingen zelfs als wandelende testosteronbommen, in navolging van Wilders. Mark en de buren oordelen dus anders over dezelfde werkelijkheid. Ze hebben verschillende referentiekaders. Een referentiekader, zo zagen we al, bestaat uit iemands kennis en verklaringen van en oordelen over de sociale werkelijkheid. Onze referentiekaders komen niet altijd overeen met de objectieve werkelijkheid, al beweren we anders. Meestal construeren we onze werkelijkheden zelf. Interessant is in dit verband het verschijnsel van de *zichzelf waarmakende voorspelling* ('self-fulfilling prophecy') (Merton, 1963). Bijvoorbeeld: stel dat iemand denkt dat hij van sociologie geen snars begrijpt en wel zal zakken voor zijn tentamen. En stel ook dat hiervoor objectief gezien geen enkele aanleiding is. Toch kan deze definitie van de situatie leiden tot gespannenheid en onzekerheid. Die belemmeren het studeren met als gevolg een onvoldoende voor het tentamen. Dit is een voorbeeld op individueel en vooral psychologisch niveau. Maar ook op maatschappelijk niveau zijn er tal van voorbeelden van de zichzelf waarmakende voorspelling. Denk aan een koersdaling op de beurs na een niet op feiten gebaseerd gerucht dat de koersen zullen dalen.

### Definitie

*Een zichzelf waarmakende voorspelling is een voorspelling die werkelijkheid wordt als gevolg van een verkeerde definitie van de situatie.*

Soms worden zelfs bewust verkeerde voorspellingen gelanceerd om bepaalde gebeurtenissen te laten plaatsvinden.

**Lees het volgende experiment met aandacht:**

**Onderzoekers verdeelden een groep leerlingen met hetzelfde IQ over twee klassen. Tegen de de leraar van de ene klas vertelden ze dat hij slimme leerlingen en tegen die van de andere dat hij domme leerlingen in de klas kreeg. Wat bleek na verloop van tijd?**
**De zogenaamde slimme leerlingen hadden veel meer geleerd, haalden betere resultaten en gingen liever naar school dan de zogeheten domme leerlingen waar zogenaamd toch niets van te verwachten viel.**

**Geef voordat je het antwoord hieronder leest zelf een verklaring voor de verschillen in prestatie.**

De onderzoekers uit de opdracht gaven achteraf de volgende verklaring voor het verschil. De eerste leerkracht had zich een positief beeld van zijn leerlingen gevormd. Als ze een fout maakten, ging hij op zoek naar de oorzaak. Ook kreeg deze groep uitdagender opdrachten. De andere leerkracht legde zich bij de situatie neer en interpreteerde een fout als 'zie je wel, ze leren het nooit'. Een voorbeeld dus van een zichzelf waarmakende voorspelling.
Mark is bang dat straks zoiets ook in zijn vroegere woonwijk gaat gebeuren. Misschien gaan vluchtelingen zich op de lange duur wel afwijkend gedragen juist omdat buurtbewoners hen van het begin af aan wantrouwen.
De self-fulfilling prophecy heeft ook een tegenhanger: de *self-defeating prophecy*, de zichzelf vernietigende voorspelling.

> **Definitie**
>
> *Een zichzelf vernietigende voorspelling is een aanvankelijk juiste definitie van de situatie die leidt tot gedrag dat voorkomt dat de aanvankelijke definitie waar wordt.*

Voorbeeld: Een politieke partij staat er goed voor in de peilingen en heeft grote kans om de verkiezingen te winnen. Die voorspelling leidt ertoe dat de partijleider overmoedig wordt en fouten maakt, waardoor hij de verkiezingen verliest.

- **Je hebt zelf waarschijnlijk al meerdere malen een 'zichzelf waarmakende' en een 'zichzelf vernietigende' voorspelling meegemaakt of zien gebeuren. Geef van beide een voorbeeld. Leg uit waarom er sprake is van een dergelijke voorspelling.**
- **Bedenk een voorbeeld van een self-fulfilling prophecy bij cliënten. Je kunt ook op zoek gaan op internet naar voorbeelden.**

## 2.8 Vooroordelen en stereotypen

Mensen *nemen selectief waar*. Ze zien vooral datgene wat ze willen zien. *Selectief waarnemen* kan gemakkelijk leiden tot vooroordelen en discriminatie. Zo blijkt uit onderzoek dat vooral rokers er moeilijk van te overtuigen zijn dat roken een belangrijke oorzaak is van longkanker.

**Definitie**

*Bij selectief waarnemen wordt de werkelijkheid vertekend, vervormd en in overeenstemming gebracht met de eigen opvattingen en belangen.*

Het is niet verwonderlijk dat de bezitters van eigen woningen het gevaarlijk vinden wanneer vluchtelingen zich in hun buurt vestigen. Zij zijn niet alleen bang voor hun veiligheid maar ook voor een waardedaling van hun huizen.
We nemen niet alleen selectief waar maar *we onthouden ook selectief*. Dat wil zeggen, we onthouden vooral datgene wat in onze kraam te pas komt. Zo onthouden veel buurtbewoners in tegenstelling tot Mark vooral de berichten over overlast van vluchtelingen elders in het land.

Mensen *reproduceren ook nog eens selectief*. Dat wil zeggen, ze vertellen niet alles wat ze waargenomen en onthouden hebben. Zo vertelt Mark zijn vader weinig over afwijkend en crimineel gedrag van vluchtelingen.

*Selectief waarnemen, selectief onthouden* en *selectief reproduceren* leiden vaak tot *vooroordelen* en *stereotypering*.

> **Definitie**
>
> Een vooroordeel is een bepaalde, min of meer vaste manier van denken, voelen en handelen die een gedeelte van de sociale werkelijkheid in behoorlijke mate vertekent.

Vaak richten vooroordelen zich op een groepering van mensen. We spreken dan van stereotypering.

> **Definitie**
>
> Stereotypering is een min of meer vaste manier van denken, voelen en handelen ten opzichte van een groepering, die de werkelijkheid sterk vertekent.

Zo bestaan er stereotiepe beelden van de bureaucratische ambtenaar, de hooligan, de homo, de stugge Fries, de kapitalist, de aso, de kakker, de drugsgebruiker, enzovoort. Marks vader ziet vluchtelingen als een bedreiging voor zijn veiligheid en de eigen cultuur. Bij stereotypering worden mensen niet als individuen gezien, maar als vertegenwoordigers van een groepering.

Stereotyperingen zijn het gevolg van ons referentiekader, persoonlijke ervaringen en belangen. Vaak denken we in stereotypen maar zijn we er ons niet van bewust. Of we willen niet weten dat het stereotypen zijn. 'Homo's zijn toch verwijfde mannen' en 'psychiatrische patiënten zijn toch gevaarlijk', wordt er dan gezegd. Wie tegen de vooroordelen en stereotyperingen van zijn eigen groep of omgeving ingaat, loopt de kans gestraft te worden. Mark, die ijvert voor het asielzoekerscentrum, ervaart dat regelmatig. Hij wordt geregeld onder druk gezet om van standpunt te veranderen. En er zijn zelfs buurtgenoten die hem negeren of vijandig benaderen.
Groeperingen hebben de neiging om de rijen gesloten te houden. Hun vooroordelen en stereotypen zijn dan ook moeilijk te bestrijden.

> **Kader 2.3**      Vooroordelen beïnvloeden de hulp
>
> Ook in de hulpverlening spelen vooroordelen een rol. Schofield (1964) onderzocht of de overeenkomst tussen cliënt en hulpverlener van invloed was op de hulp. Hij onderscheidde twee categorieën cliënten:
> - *Yavis-cliënten*: Dat zijn cliënten die Young (jong), Attractive (aantrekkelijk), Verbal (zich verbaal goed kunnen uiten), Intelligent (intelligent) en Successfull (succesvol) waren.
> - *Hound-cliënten*: Cliënten die Homely (gewoontjes), Old (oud), Unattractive (onaantrekkelijk), Non-verbal (zich verbaal moeilijk kunnen uiten) en Dumb (dom) waren.
>
> De Yavis-cliënten, die de grootste overeenkomst hadden met de hulpverlener, bleken de grootste kans op hulp te hebben. Yavis-cliënten kregen ook beduidend méér hulp, begeleiding en voorrechten dan Hound-cliënten.

- Wat vind je van de resultaten van dit onderzoek?
- Denk je dat in jouw toekomstige praktijk als zorgverlener rijke, knappe en intelligente cliënten meer kans hebben op goede zorg dan arme, domme en minder intelligente cliënten? Waarom wel of waarom niet?
- Zijn er nog andere eigenschappen of kenmerken van groeperingen die hen bevoordelen bij behandeling in de zorg, bij sollicitaties of in de politiek? Welke?

Schofield deed zijn onderzoek vijftig jaar geleden. Maar onderstaand bericht verwijst naar dezelfde tendens in deze tijd.

> **Kader 2.4**      Vooroordelen beïnvloeden de zorg
>
> Hoogopgeleide kankerpatiënten krijgen vaak een ingrijpender medische behandeling dan laagopgeleide patiënten. Ze krijgen bovendien vaker een behandeling die gericht is op genezing. Mede daardoor hebben hoogopgeleiden betere overlevingskansen. Dat blijkt uit onderzoek van epidemioloog Mieke Aarts van het Integraal Kankercentrum Zuid. Ze onderzocht de gegevens van ruim 250.000 patiënten die tussen 1990 en 2008 kanker kregen (Effting 2012).

Mark vraagt zich regelmatig af waarom vooroordelen een dergelijk hardnekkig leven leiden. Hij vindt in de sociologische literatuur de volgende antwoorden:
- *Vooroordelen voorkomen onzekerheid.*
  Dat geldt vooral voor personen en groeperingen die een bedreiging vormen. Vooroordelen voorkomen dat je begrip krijgt voor de vijand en dat je gaat twijfelen.
- *Vooroordelen versterken de eenheid in de groep.*
  Sommige groeperingen of zelfs volkeren koesteren bepaalde vooroordelen om de eenheid in het eigen kamp te bewaren. Zo hebben Israëli vooroordelen ten aanzien van Palestijnen en Palestijnen ten aanzien van Israëli.

Meestal zullen de betrokkenen ontkennen dat er sprake is van vooroordelen. Ze hebben beide talrijke 'feiten' bij de hand om hun oordeel te rechtvaardigen. Maar die feiten zijn vaak verzameld door selectief winkelen in tal van data.

- *Vooroordelen maken duidelijk welk gedrag verwacht wordt van iemand of een groep.*
Nog steeds bestaan er vooroordelen over vrouwen in onze samenleving. Er zijn bijvoorbeeld nogal wat mensen die vinden en laten blijken dat vrouwen minder of zelfs niet geschikt zijn voor leidinggevende posities. Soms nemen vrouwen dit vooroordeel over en solliciteren daarom niet naar een leidinggevende functie. Zo kan dus een vooroordeel leiden tot een self-fulfilling prophecy.

- Geef enkele voorbeelden van selectief waarnemen, selectief onthouden en selectief reproduceren. Vind je deze positief of negatief? Waarom?
- Meestal zullen mensen ontkennen dat ze vooroordelen hebben. Waarom eigenlijk? En hoe zit dat bij jou? Heb jij vooroordelen en vijandbeelden? Zo ja, welke? En welke functie vervullen ze?

## 2.9 Discriminatie

**Definitie**

*Discriminatie is het ongelijk behandelen van individuen of groeperingen op grond van bepaalde kenmerken.*

Discriminatie heeft in onze samenleving vooral een negatieve betekenis omdat het een handeling is die een fundamentele waarde, namelijk gelijke behandeling, aantast. Kenmerken die in de praktijk vaak leiden tot discriminatie zijn huidskleur, ras, geslacht, leeftijd, seksuele geaardheid, godsdienst en levenswijze.

Naast negatieve discriminatie is er ook positieve discriminatie. Dat is discriminatie die bedoeld is om ongelijkheid te voorkomen, te verminderen of op te heffen. Bijvoorbeeld: bij gelijke geschiktheid de voorkeur geven aan een allochtoon, een jongere, een gehandicapte of een vrouw. Of bijstandsmoeders tegemoetkomen in de kosten voor kinderopvang en ouderen boven de zestig korting geven op treinkaartjes.

Discriminatie komt uitgebreider aan bod in hoofdstuk 5, 6 en 8.

## 2.10 Conclusies

Mensen zijn sociale wezens, die niet zonder elkaar kunnen en voortdurend met elkaar in de weer zijn, zoals zorgverleners met hun cliënten. Hoewel vrijheid en eigen verantwoordelijkheid bij hen hoog in het vaandel staan, gedragen ze zich toch vaak als kuddedieren. Hun genen en sociale omstandigheden bepalen grotendeels hun doen en denken.

Hun wereld is als het ware een schouwtoneel waarop ieder zijn rollen speelt, zoals die door de samenleving worden verwacht. Doen mensen dat niet dan worden ze gestraft en bij goed gedrag volgt een beloning. Er is sprake van sociale controle.

Maar niet alle gedrag wordt bepaald door de samenleving. Mensen veranderen de samenleving ook voortdurend of voegen er iets aan toe.

Ook zorgverleners zijn rollenspelers. Zij leren die rollen spelen door middel van opleidingen, cursussen, inwerkperiodes, regels, protocollen, functioneringsgesprekken en sociale controle. Daarbij wordt, in de ene organisatie meer dan in de andere, een zekere mate van afwijkend gedrag toegestaan of zelfs gestimuleerd. Daardoor kan de inhoud van de rollen door de tijd heen veranderen. Rolconflicten komen regelmatig voor, omdat de rolverwachtingen in onze gedifferentieerde samenleving nogal eens verschillen.

Wij kijken door onze eigen bril, ons referentiekader, naar de wereld om ons heen. Dat maakt dat mensen dezelfde werkelijkheid vaak verschillend zien en verschillend waarderen. Ook zorgverleners nemen selectief waar en vertekenen de werkelijkheid. Dat kan leiden tot vooroordelen en stereotyperingen. Vaak zijn ze zich daarvan niet bewust en zien ze hun vooroordelen als de objectieve werkelijkheid. Dat kan soms leiden tot discriminatie van bepaalde groeperingen.

**Welke onderdelen uit dit hoofdstuk hebben het meest bijgedragen aan een vergroting van je sociaal bewustzijn? Indien die vergroting er niet is, wat is daarvan dan de reden?**

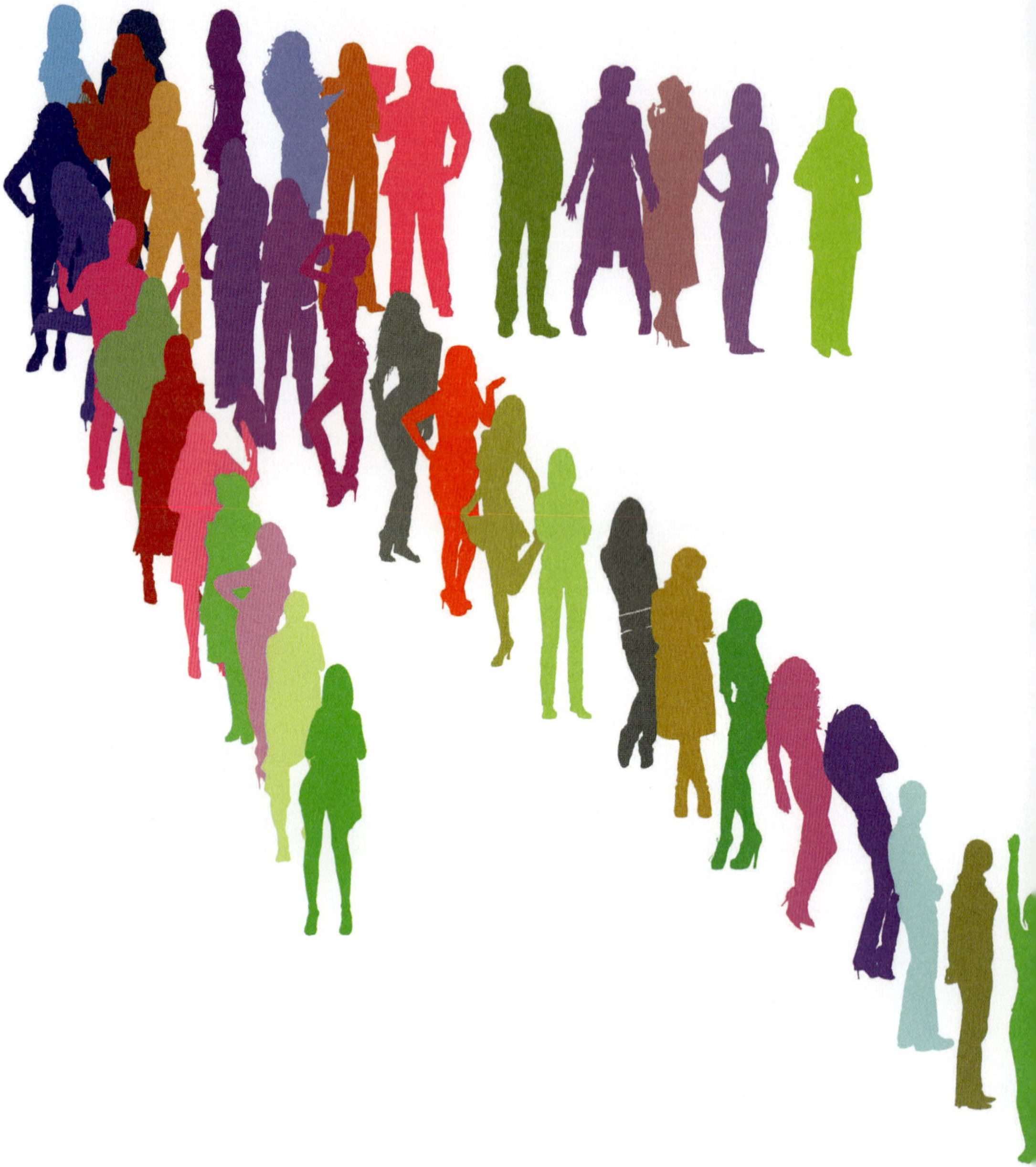

# Groeperingen 3

*Friends are your best medicine.*

## 3.1 Inleiding

We zagen het al en we weten het natuurlijk ook; we kunnen niet zonder elkaar. We verzamelen ons steeds weer in kleine en grotere groeperingen zoals gezin, schoolteam, politieke partij, voetbalclub, milieuvereniging, vakbond, muziekband en buurtvereniging. Waarom klonteren mensen, waar dan ook ter wereld, jong en oud, zwart en wit, mannen en vrouwen, samen in groeperingen? Kinderen doen dit al spontaan op vroege leeftijd. Op de speelplaats vormen zich hechte en minder hechte groepjes. Sommigen houden er zelfs 'vrienden voor het leven' aan over. Waarom doen ze dat; waarom zijn groeperingen zo belangrijk voor ons?
De belangrijkste reden is misschien wel dat mensen 'ergens bij willen horen'. Een groep geeft je een sociale identiteit, waardoor je laat zien wie je bent, hoe je denkt en wat je belangrijk vindt. Je vindt er ook een plek waar je gehoord wordt in moeilijke en slechte tijden en waar je bescherming vindt als dat nodig is. Het is ook een plek om 'samen sterk te zijn' als je iets wilt ondernemen. En niet onbelangrijk in deze turbulente tijd; groeperingen zijn veilige havens in tijden van onzekerheid.
En wat te denken van het belang van mensen om je heen die je af en toe complimenten of kritiek geven, informeren over belangrijke zaken en helpen in tijden van nood? Mensen zijn kuddedieren, ze willen ergens bij horen, bij een kerk, een partij, een dorp, een land, enzovoort. Misschien wel juist in deze tijd, waarin de voortschrijdende individualisering de gemeenschapszin en sociale cohesie heeft aangetast en veel mensen zich daardoor alleen voelen.
Voor jou zijn op dit moment naast familie en vrienden de school en daarbinnen jouw klas, werkgroepen en studievrienden wellicht belangrijke groeperingen. Straks, wanneer je aan het werk bent, komen daar weer andere groeperingen bij, zoals de organisatie waar je in dienst bent, het team waarin je werkt, een vakgroep of een supervisiegroep. En je krijgt zeker ook te maken met medewerkers van andere organisaties, waarmee je samenwerkt. Niet in de laatste plaats zijn daar straks cliënten, die ook allemaal lid zijn van verschillende groeperingen. Genoeg redenen dus om je verder te verdiepen in de betekenis van groeperingen voor jou en je toekomstige cliënten.

Ellen neemt je mee in haar zoektocht naar de betekenis van groeperingen in haar werk.

> **Casus** **Ellen**
>
> Ellen werkt als groepsleidster in een tehuis voor verstandelijk gehandicapten. Ze werkt er graag maar zou meer tijd willen hebben om bewoners persoonlijke aandacht te geven. Haar pleidooi daarvoor vindt echter geen gehoor bij de leiding.
> Gesprekken met haar ouders over de organisatie van het tehuis leiden nogal eens tot onenigheid. Haar ouders vinden dat een instelling bestuurd moet worden en dat veel inspraak ten koste gaat van het werk. Ellen ziet in het standpunt van haar ouders veel overeenkomsten met hoe het vroeger thuis ging. Haar ouders waren de baas en duldden weinig tegenspraak. Nu heeft ze daar minder last van omdat ze op kamers woont. Ellen is onder andere lid van een milieugroep, een volleybalclub en een leesgroep. Ze heeft veel vrienden met wie ze in de weekenden gaat stappen.
> De laatste tijd denkt Ellen veel na over haar ervaringen in de diverse groeperingen waartoe ze behoort. In sommige daarvan voelt ze zich meer thuis dan in andere. En ze ziet ook hoe de bewoners in het tehuis mensen om zich heen nodig hebben, die voor hen zorgen, hen stimuleren en hun veiligheid en een thuis bieden.

We nemen groepsleidster Ellen mee in dit hoofdstuk en laten haar regelmatig aan het woord. En natuurlijk kun jij ook meepraten en denken over jouw ervaringen in groepen. Graag zelfs, want dat zal je helpen om de theorie straks te gebruiken in je werk.

## 3.2  Groeperingen

> **Definitie**
>
> Een groepering is een verzameling van mensen die op een of andere manier is af te grenzen van andere mensen.

Groeperingen heb je in verschillende soorten en maten. Hieronder gaan we verkennen wat voor soorten en maten dat zijn. Aan bod komen groepen, collectiviteiten, sociale categorieën en organisaties.

## Groepen

> **Definitie**
> 
> *Een groep is een verzameling van mensen die:*
> - *regelmatig, veelvuldig en intensief contact met elkaar hebben;*
> - *gemeenschappelijke waarden en normen hebben;*
> - *gevoelens van saamhorigheid delen;*
> - *duidelijke posities ten opzichte van elkaar innemen en*
> - *tamelijk duurzame relaties met elkaar hebben.*

Voorbeelden van een groep zijn gezin, vriendengroep en voetbalclub. Veel tijd van ons leven brengen we door in dergelijke groepen. Ze zijn het warme bad waarin wij pijn en verdriet delen en waar we steun vinden in moeilijke tijden. Het is ook een plek voor liefde, delen van gevoelens, leren van elkaar en samen dingen doen. Maar leden van een groep zijn het niet altijd met elkaar eens en er is niet altijd sprake van saamhorigheid. Maar er is wel een speciale band. Ellen verschilt wel eens van mening met haar ouders, maar ze voelt zich wel 'thuis' in haar gezin. Dat geldt ook voor haar vriendinnengroep, de leesgroep en de volleybalclub.

In sommige groepen zijn de relaties persoonlijk en intiem. Voor Ellen zijn dat het gezin en haar vrienden. Ze heeft daarin direct contact met mensen en die reageren vaak spontaan. We noemen dat *primaire groepen*. In andere groepen zijn de relaties koeler, formeler, onpersoonlijker en rationeler. De afstand tussen de groepsleden is groter, bijvoorbeeld tussen teamleden op haar werk of binnen de milieugroep waar Ellen lid van is. Die groepen noemen we *secundaire groepen*.

## Collectiviteiten

> **Definitie**
>
> Een collectiviteit is een verzameling van mensen:
> - met gemeenschappelijke waarden en belangen,
> - die een zekere saamhorigheid tot gevolg hebben.

De leden van een collectiviteit onderhouden niet met alle leden contact, zoals bij een groep. De meesten nemen slechts één positie in, namelijk die van lid. Ellen is lid van enkele collectiviteiten, zoals die van natuurliefhebbers en die van vegetariërs. Collectiviteiten kunnen een belangrijke invloed hebben op ons doen en laten. We vinden er geestverwanten met wie we dezelfde waarden delen en met wie we samen optrekken om gemeenschappelijke belangen te realiseren. Het zijn zeer grote groeperingen zoals Nederlanders, studenten in het hbo, liberalen, enzovoort. Het gevoel tot die collectiviteit te horen is er meestal op bepaalde momenten. Dat geldt bijvoorbeeld voor Nederlanders als er een interland gespeeld wordt, voor studenten als er studieleningen aan de orde zijn en voor liberalen bij verkiezingen. En ook gedurende een Elfstedentocht of tijdens Koningsdag vormen Nederlanders een collectiviteit. Collectiviteiten zijn er ook als het gaat om het toelaten van asielzoekers in ons land. Veel landgenoten zijn tegen hun komst, anderen willen hen graag welkom heten. Met natuurlijk tal van tussenvarianten.

## Sociale categorieën

> **Definitie**
>
> Een sociale categorie is een verzameling van mensen die één eigenschap gemeen hebben.

Eigenlijk bestaat een sociale categorie vooral voor statistici en onderzoekers. Zo behoort Ellen onder andere tot de sociale categorieën vrouwen, alleenstaanden, brildragers, 20-30-jarigen en blanken. Bij een sociale categorie zijn er geen onderlinge contacten, gemeenschappelijke waarden en normen en saamhorigheid. Wanneer dit wel het geval is, gaat de sociale categorie over in een collectiviteit. Nederlanders waren voor veel landgenoten een sociale categorie maar ze werden in 2018 (tijdelijk) voor velen een collectiviteit toen Nederland succesvol presteerde op de Olympische Winterspelen.

Vooral voor sociologisch onderzoek zijn sociale categorieën van belang. Ten behoeve van de gezondheidszorg en het welzijnswerk bijvoorbeeld wordt veel onderzoek gedaan om te weten hoe ziektes en problemen gespreid zijn over leeftijd, sociale klasse, geslacht en ras. De uitkomsten van dergelijk onderzoek zijn vaak een belangrijk gegeven voor gerichte preventie en de aanpak van gezondheids- en welzijnsproblemen. Als je bijvoorbeeld weet dat onverantwoorde voeding en overgewicht vaker voorkomen bij jongeren in een bepaalde sociale klasse, kun je die jongeren speciale aandacht geven.

*Organisaties*

> **Definitie**
>
> *Een organisatie is een groepering die:*
> - *is opgericht om bepaalde doeleinden te bereiken;*
> - *gekenmerkt wordt door een duidelijke positieverdeling.*

Een organisatie is een groepering met een duidelijke structuur. De taken zijn verdeeld over meerdere posities en de gezagsverhoudingen tussen de posities zijn vastgelegd om de doelen van de organisatie zo goed mogelijk te kunnen realiseren. De instelling waar Ellen werkt, is in het leven geroepen om verstandelijk gehandicapten hulp te bieden en hun kwaliteit van leven te verbeteren. Binnen deze organisatie, op zich al een groepering, bestaan (sub)groeperingen en daaraan gekoppelde posities zoals verzorgende, directeur, teamleider, ergotherapeut en activiteitenbegeleider. Ellen werkt op afdeling B en is lid van de ondernemingsraad, waarin zij de belangen van het personeel van haar afdeling behartigt.

Het onderscheiden van verschillende soorten groeperingen is niet alleen theoretisch van belang. Het kan je ook helpen om de verschillen in de functie ervan voor jou of je cliënten te leren kennen en begrijpen. Zo heeft Ellen zich regelmatig afgevraagd welke betekenis de Vereniging Gehandicaptenzorg Nederland (VGN) voor haar cliënten heeft. De VGN is een organisatie die de belangen behartigt van de zorgaanbieders in de gehandicaptenzorg. Daarnaast hebben familieleden van gehandicapten zich aaneengesloten in organisaties die opkomen voor de belangen van hun familielid. En er zijn ook instellingen die de belangen van de gehandicapten behartigen, zoals BOSK, een kenniscentrum van ervaringsdeskundigen met een handicap. Ellen vraagt zich de laatste tijd steeds meer af waarom die verschillende organisaties bestaansrecht hebben. Want iedereen zou toch het beste voor moeten hebben met gehandicapten? Maar dat is niet altijd zo. Niet altijd liggen de belangen van de organisaties in het verlengde van de belangen van de gehandicapten aan wie ze een thuis bieden. Ook al prediken ze van wel. En ook niet altijd ligt het belang van de organisatie in het verlengde van het belang van de medewerkers. Niet voor niets zijn er ondernemingsraden, schoolraden en vakbonden.

## 3.3 Referentiegroepen

Als je iemands gedrag een tijdlang observeert, weet je al snel tot welke groeperingen hij of zij behoort. Omgekeerd is dit ook het geval: als je de belangrijkste groeperingen kent waar iemand lid van is (of wil zijn), kun je in grote lijnen zijn denken en handelen voorspellen. Zeker als je weet in welke mate een lid zich identificeert met een groepering. Als Ellen vertelt dat ze actief lid is van een milieugroepering, valt goed te voorspellen dat Ellen voor gescheiden inzameling van huisvuil is, zal protesteren tegen mestoverschot, met belangstelling de techniek volgt om plastic soep in de oceanen te lijf te gaan en zoveel mogelijk met het openbaar vervoer zal reizen. In haar gedrag verwijst (refereert) Ellen voortdurend naar groeperingen. We spreken daarom van referentiegroeperingen.

De reclame-industrie maakt intensief gebruik van de theorie over referentiegroepen. Via cookies op internet krijgen reclamemakers inzicht in het zoekgedrag van internetgebruikers. Dat zoekgedrag is voor marketingdoeleinden interessant, omdat het verwijst naar groeperingen en/of producten die voor de bezoekers interessant zijn.

### Definitie

*Referentiegroeperingen zijn groeperingen die van grote invloed zijn op iemands referentiekader.*

Een referentiekader bestaat, zo hebben we gezien, uit iemands kennis en verklaringen van en oordelen over de sociale werkelijkheid. Van een referentiegroepering kun je lid zijn, maar dat hoeft niet. Referentiegroeperingen zijn ook niet alleen groeperingen waar je positief tegenoverstaat. Soms zijn dat juist ook groepen die je tegenstaan. Wanneer we 'lid of niet-lid' en 'positief of negatief' combineren, levert dat een interessante matrix op met in de verschillende vakjes diverse referentiegroeperingen met bijbehorend gedrag.

Tabel 3.1    Overzicht van referentiegroeperingen

|  | Positief | Negatief |
|---|---|---|
| Lid | Identificatie (1) | Rebellie (2) of vlucht (3) |
| Niet-lid | Aspiratie (4) of voorbeeld (5) | Vijandschap (6) of tegenstelling (7) |

Laten we eens kijken wat de referentiegroeperingen uit tabel 3.1 betekenen voor Ellen:

1. *Identificatie*
   De milieubeweging is voor Ellen een groepering waarvan ze lid is en waar ze positief tegenoverstaan. Ze identificeert zich in sterke mate met deze groepering. Veel van de waarden en normen van de beweging en daarbij horend gedrag neemt ze over.
2. *Rebellie*
   Voor Ellen was de PvdA vroeger een groepering waarmee zij zich kon identificeren, en zij was er dan ook lid van. Tijdens haar hbo-opleiding kwam hierin verandering en nu heeft zij veel kritiek op deze partij in haar woonplaats. Zij heeft zich in die partij fel verzet tegen het povere armoedebeleid. Samen met enkele anderen vormde zij een protestgroep.
3. *Vlucht*
   Later is Ellen als het ware uit deze partij 'gevlucht'. Ze koos voor een lidmaatschap van de Socialistische Partij (SP).
4. *Aspiratiegroepering*
   Voor Ellen zijn creatief therapeuten een aspiratiegroepering. Zij volgt naast haar werk een cursus creatieve therapie en wil ooit eens bij die groepering horen.
5. *Voorbeeldgroepering*
   Groeperingen die zij positief waardeert maar waarvan zij geen lid wil of kan worden zijn de SP en Greenpeace. Zij zijn voor haar belangrijke voorbeeldgroeperingen.
6. *Vijandschap*
   Sommige groeperingen verafschuw je zo sterk dat je juist het omgekeerde gedrag gaat vertonen en hen bestrijdt. Het zijn als het ware vijanden. Voor Ellen zijn dat bijvoorbeeld de intensieve veehouderij en jagers.
7. *Tegenstelling*
   Sommige groeperingen zijn tegenhangers van identificatiegroeperingen. Juist omdat zij als tegengesteld ervaren worden, vormen zij belangrijke referentiegroeperingen. Je gedraagt je per se anders dan of tegenovergesteld aan de leden van die groeperingen. Voor Ellen zijn dit onder andere Telegraaflezers en rokers.

Jouw referentiegroepen vertellen anderen veel over hoe jij de sociale werkelijkheid om je heen verklaart en waardeert. Ze zijn dan ook een goede indicator voor jouw denken en handelen. Daar maakt bijvoorbeeld Facebook slim en brutaal gebruik van zonder dat je het in de gaten hebt.

- Noem twee positieve en twee negatieve referentiegroeperingen van jouzelf.
- Wat kunnen anderen daaruit concluderen voor wat betreft jouw gedrag en ideeën?

## 3.4 Sociale identiteit

Aan de groeperingen waartoe we behoren, ontlenen we onze sociale identiteit.

### Definitie

*Een sociale identiteit bestaat uit gemeenschappelijk ervaren overtuigingen, waarden en kenmerken van een groepering.*

Naast een eigen identiteit hebben we een sociale identiteit of beter gezegd meerdere sociale identiteiten. *Bij sociale identiteit gaat het om een (gewenst) zelfbeeld van een groepering.* Dat zelfbeeld hoeft niet overeen te komen met het beeld dat buitenstaanders hebben. Hun beeld is vaak een stereotype als gevolg van vooroordelen of onvoldoende informatie.

Onze sociale identiteit geeft antwoorden op vragen als: wie zijn we, waar komen we vandaan, waar gaan we naartoe? Die sociale identiteit kan op nationaal

niveau liggen: 'wij Nederlanders'. Zelfs ook op mondiaal niveau: 'wij blanken' of 'wij westerlingen' of 'wij vrouwen'. Of 'wij Turken', 'wij gematigde moslims' of 'wij Russen'.
Ook op regionaal of dorpsniveau is sprake van sociale identiteiten, zoals 'wij van de milieuvereniging', 'wij middenstanders' of 'wij skaters'.
Onze sociale identiteit(en) koesteren we, en we beschouwen die vaak als 'beter' of superieur aan die van anderen. Natuurlijk zijn wij van Ajax beter dan zij van Feyenoord. En natuurlijk zijn wij Limburgers hartelijker en gastvrijer dan die stugge Hollanders. En onze Belgenmoppen geven onderhuids toch duidelijk het beeld dat wij een 'beter volk' zijn. We 'leren' die identiteiten al vanaf onze vroegste jeugd via subtiele en vaak onbewuste socialisatieprocessen. Al vroeg leren witte kinderen dat ze anders zijn dan kinderen met een donkere huid, niet alleen qua uiterlijk maar ook in denken en doen. En niet alleen 'anders' maar al gauw ook 'beter'.
'Limburgers vinden nieuwkomers uit andere delen van Nederland, vaak Hollanders genoemd, bedreigender dan nieuwkomers uit het buitenland.' Dat is een van de uitkomsten van onderzoek van *Dagblad De Limburger* en het Limburgs Museum. Het onderzoek werd uitgevoerd in het kader van de tentoonstelling DNA van Limburg. 561 mensen werden ondervraagd (NOS, 2017). Uit het onderzoek komt ook naar voren dat Limburgers zichzelf als gastvrij en open beschouwen. Dat staat haaks op wat nieuwkomers ervaren: buitenstaanders zeggen juist dat het veel moeite kost om erbij te horen in Limburg. Vooral PVV-stemmers vinden dat Limburgers betrouwbaarder en vrijgeviger zijn dan andere Nederlanders. Van de geboren en getogen Limburgers voelt de helft zich op de eerste plaats Limburger, en dan pas Nederlander. Een op de vijf voelt zich vooral Nederlander. De Limburgse identiteit zit hem volgens de meeste ondervraagden in de eigen taal, het landschap, het carnaval en de vlaai. Van de ondervraagden vindt 60 procent de band Rowwen Hèze bepalender voor Limburg dan het katholieke geloof. Nieuwkomers waarderen vooral het Limburgse landschap. Volgens de onderzoekers zijn er weinig gebieden in Nederland waar de inwoners zich zo verbonden voelen met hun geboortegrond.

Zijn al die ware of vermoede 'kwaliteiten' nu zo belangrijk om je identiteit aan op te hangen? Zijn kinderen die het Wilhelmus van buiten kennen of een vlag in de Tweede Kamer wezenlijk voor de identiteit van de Nederlander? Eigenlijk zijn het niet meer dan uithangbordjes, die mensen tevoorschijn toveren als ze hun identiteit benoemen. Veel dieper zit het gevoel dat ze bij een groepering horen waar ze zich thuis voelen. Dat 'thuis voelen' en de behoefte daaraan is een van de belangrijkste functies van een sociale identiteit. Die behoefte is groter in tijden van onzekerheid en dreigend gevaar. Het is niet toevallig dat in deze tijd veel politici het belang van onze Nederlandse identiteit benadrukken, want veel Nederlanders voelen zich bedreigd door de massale intocht van asielzoekers met een andere identiteit. Niet zelden gaat dit gepaard met het toekennen van een sociale identiteit die niet klopt of vooral de negatieve kanten ervan uitvergroot. Zoals bij (Syrische) vluchtelingen: ze overspoelen ons land, ze komen ons werk en onze uitkeringen afpakken, ze pikken onze huizen in, ze passen zich niet aan, enzovoort.

Jouw sociale identiteit bestaat eigenlijk uit tal van sub-identiteiten die kenmerkend zijn voor de verschillende groeperingen waartoe jij behoort, zoals Nederlander, westerling, man of vrouw, protestant, liberaal, enzovoort. De leden van die groeperingen ervaren hun identiteit als 'eigen identiteit'. Als leden van de groepering falen, voelt dat als eigen falen; als ze succes hebben als eigen succes. Wielrennen en voetbal zijn bijvoorbeeld onderdelen van onze nationale identiteit. Als klein landje waren we in 2017 o zo trots toen Tom Dumoulin de ronde van Italië won. Dat straalde af op ons Nederlanders. Toen Oranje in 2017 roemloos werd uitgeschakeld voor de Europese Kampioenschappen voetbal waren we gekrenkt in onze nationale trots. Die klap was niet zomaar weg met de relativering: het is maar voetbal. De betekenis is groter. Nationale trots en het wij-gevoel dragen bij aan zelfvertrouwen en zetten aan tot nog grotere prestaties.

Sterke identiteitsgevoelens kunnen echter ook afleiden van maatschappelijke problemen, zoals armoede, sociale ongelijkheid, tirannie en discriminatie. Ze kunnen maatschappelijke of persoonlijke conflicten ook dempen of tijdelijk doen vergeten. Daarom worden identiteitsgevoelens door machthebbers niet zelden aangewakkerd. Denk bijvoorbeeld aan de grote nadruk van Erdogan enkele jaren geleden op de Turkse identiteit. Ook de Romeinen deden dat al door het volk 'Panem et circenses' ('brood en spelen') te geven. Voor Limburgers en Brabanders kan carnaval die functie hebben. Carnaval wordt door sociologen ook wel een *Ventilsitte* of *uitlaatklep* genoemd voor spanningen als gevolg van werkdruk, persoonlijke problemen of maatschappelijke problematiek.
Machthebbers gebruiken een door henzelf opgepimpte identiteit vaak ook om hun macht te vergroten en zelfs om oorlogen te rechtvaardigen, zoals Hitler, die sprak over de Duitse Übermensch en het superieure Arische ras.

Groeperingen gebruiken vaak symbolen om hun identiteit te versterken. Het kan een clublied zijn, een logo, een uniform, enzovoort. De vlag die nu een plaats gekregen heeft in de Tweede Kamer is een symbool van de Nederlandse identiteit. Ook het Wilhelmus, de canon van onze geschiedenis en zelfs onze molens en klompen zijn voor velen kenmerken van onze sociale identiteit. Sommige politieke partijen willen dat dit soort symbolen in ere hersteld worden om onze nationale identiteit te versterken.
Er zijn ook groeperingen die niet willen dat we onze nationale identiteit zo benadrukken. En dat we deze identiteit zeker niet als superieur aan andere identiteiten moeten beschouwen; zij vinden dat wij een multicultureel land zijn waar plaats moet zijn voor verschillende sociale identiteiten. Eigenlijk vinden ze dat tolerantie en acceptatie van andere identiteiten hoort bij onze nationale identiteit. Jarenlang waren Nederlanders daar immers trots op en werd Nederland door buitenlanders als een tolerante natie gezien.

- Welke sociale identiteit(en) heb jij?
- Welke symbolen horen daarbij?
- Hoe zien buitenstaanders volgens jou die sociale identiteit?

*Wij- en zijgroepen*
Verschillen in sociale identiteit en vooral ook de benadrukking daarvan leidt niet zelden tot strijd tussen wat sociologen *wij- en zij-groepen* of *in-groups en out-groups* noemen. Groeperingen benadrukken de identiteit ('wij-' of 'in-group') van de eigen groepering vooral in positieve termen en zetten zich af tegen de identiteit van een andere groepering ('zij-' of 'out-group'). Wij zijn tolerant, islamieten niet. Wij leven in een democratie, zij in een dictatuur. Wij zijn sociaal, zij handelen vooral uit eigen belang. Enzovoort. Sociale identiteiten worden door buitenstaanders vaak in negatieve termen geformuleerd, wat leidt tot intolerantie, verdachtmakingen, discriminatie en strijd.

Maar ze kunnen ook in positieve termen gewaardeerd worden. Denk bijvoorbeeld aan asielzoekers die Nederlander willen worden, ook al moeten ze daarvoor (gedeeltelijk) afstand nemen van een andere sociale identiteit. Misschien speelt zoiets ook wel bij jou. Nogal wat jongeren die gaan studeren en verhuizen naar de stad, ontwikkelen bewust of onbewust een andere sociale identiteit. Dat levert niet zelden problemen op in de thuissfeer. Het is goed om te beseffen dat sociale identiteiten vaak diep geworteld zijn in het denken en handelen van groeperingen, maar ook kunnen veranderen. Die veranderingen gaan vaak gepaard met weerstanden, onzekerheid en conflicten.

## Etnocentrisme
Het Griekse woord 'ethnos' betekent volk.

> **Definitie**
>
> *We spreken van etnocentrisme wanneer volkeren vanuit hun eigen set van waarden en normen andere volkeren beoordelen.*

Door de eigen waarden en normen als maatstaf te nemen ziet men die van andere volkeren automatisch als minderwaardig. Het is een denk- en gedragswijze die zich kenmerkt door onmacht of onwil om zich te verplaatsen in de normen, waarden, motieven, belangen, opvattingen, gewoonten, enzovoort van mensen uit een andere cultuur. Bij etnocentrisme spelen dezelfde mechanismen en processen een rol als bij wij- en zij-groep en in- en out-group. Voorbeelden van etnocentrisme zien we in de verhoudingen tussen Israëli en Palestijnen en tussen Bosniërs en Serviërs. Maar ook tussen Nederlanders en allochtonen. Of tussen allochtonengroepen onderling uit verschillende landen van herkomst.

Etnocentrisme ontstaat vaak wanneer volkeren zich bedreigd of onzeker voelen. De ervaren bedreiging hoeft niet reëel te zijn. Soms wordt die bewust gesuggereerd om een gemeenschappelijke vijand te creëren, die de aandacht afleidt van interne problemen of onenigheid. Dat deed Hitler met de Joden, Israël met de Palestijnen (en omgekeerd) en Wilders met moslims. Etnocentrisme lijkt op de sociaal-psychologische variant egocentrisme: anderen hebben ongelijk, zijn slechter, dommer, asocialer, enzovoort dan wijzelf.

De sociale identiteit van groeperingen speelt een belangrijke rol in debatten over sociale ongelijkheid, minderheidsgroepen en discriminatie. Minderheidsgroepen worden vaak sociale kenmerken toegedicht die vertekend zijn en een negatieve lading hebben. We spreken in dit verband ook wel van *negatieve stereotypen*. Minderheidsgroepen benadrukken op hun beurt vaak de positieve groepskenmerken van de eigen groepering en de negatieve van andere groeperingen.

> **Kader 3.1  Post-identiteit**
>
> Recentelijk verweet een vriendin me dat ik 'post-identiteit' was. Inderdaad wens ik mij niet te laten voorstaan op wie ik ben of zou zijn; Nederlander, Jood, man. Het gaat om wat je doet met de kaarten die je van de dealer hebt gekregen. Waarom zou je trots zijn op het toeval?
> Sommigen menen dat de mens nooit zijn identiteit kan of mag relativeren. Dat is geen analyse, veeleer een excuus voor eigen gemakzucht.
> Bron: Grunberg, 21 juni 2017.

## 3.5 Relatieve deprivatie en comparatieve referentiegroeperingen

Welk rapportcijfer we ons leven geven, wat we vinden van ons inkomen, hoe we onze gezondheid waarderen, hoe we denken over onze relatie, enzovoort wordt maar gedeeltelijk bepaald door objectieve maten of waarden. Die waardering is sterk afhankelijk van met wie we ons vergelijken. Armen in Nederland vergelijken hun inkomen niet met dat van sloppenwijkbewoners in Delhi, maar eerder met dat van andere mensen in hun buurt of met dat van familieleden.

Ellen ziet dat er in de instelling collega's zijn die beter af zijn dan zijzelf. In hun teams zijn meer mogelijkheden. Bovendien is de sfeer opener en zijn er meer mogelijkheden om therapeutisch met de bewoners bezig te zijn. Zij is jaloers op hen. Ellen voelt zich 'relatief gedepriveerd', al zal ze dat zo niet noemen. Een dure term voor een belangrijk sociologisch verschijnsel.

> **Definitie**
>
> *Relatieve deprivatie is het gevoel dat men iets tekortkomt vergeleken met anderen.*

Men wil dit 'iets' zelf ook hebben en men beschouwt deze wens als gerechtvaardigd en bereikbaar. Het gevoel dat je iets mist, kan verwijzen naar feitelijk iets missen maar ook naar een gemis 'vergeleken met anderen'. De tevredenheid is dan afhankelijk van de groeperingen waarmee je je vergelijkt. Zo kan een handjevol rijst per dag bij mensen in Centraal-Afrika een tevreden gevoel geven terwijl het gemis van een auto bij veel Europeanen ontevredenheid veroorzaakt.

Jongeren die verhuizen van een armere naar een rijkere buurt vertonen daarna vaker probleemgedrag, volgens onderzoeker Jaap Nieuwenhuis (Sahadad 2017). Die bevinding druist in tegen beleid om wijken te mengen. De beleidsmakers gingen ervan uit dat een meer gemengde omgeving emanciperend zou werken. Maar nu blijkt uit dit onderzoek dus dat dergelijk beleid helemaal niet succesvol hoeft te zijn. Een verklaring voor de bevindingen uit het onderzoek zou kunnen zijn dat kinderen van ouders met een laag inkomen zich minder thuis voelen naast buurkinderen met rijkere ouders. Zij voelen dat ze slechter af zijn dan die rijkeluiskinderen. Nieuwenhuis is geschrokken van zijn bevindingen. Hij verklaart ze aan de hand van het idee van relatieve deprivatie. Je bent slechts zo arm (of rijk) als je je voelt. Het contrast met de sociaal-economische situatie van de nieuwe buren (of buurkinderen) is te groot, vermoedt hij. De perceptie van welvaart is belangrijker dan de welvaart zelf, en sociale acceptatie is voor pubers van wezensbelang. Jongeren kunnen die ongelijkheid als oneerlijk ervaren en dat kan zich uiten in probleemgedrag (Sahadat, 2017).

Als mensen ons vragen of we tevreden zijn, zit in ons antwoord vaak bewust of onbewust een vergelijking met anderen verscholen. Als je leerkrachten van de basisschool vraagt of ze tevreden zijn met hun salaris, zal eventuele ontevredenheid voor een aanzienlijk deel gevoed worden door het hogere salaris van leerkrachten in het voortgezet onderwijs. Deze constatering ligt aan de basis van de theorie over comparatieve referentiegroeperingen.

### Definitie

*Van comparatieve referentiegroeperingen is sprake wanneer we ons lot vergelijken met dat van andere groeperingen.*

Als comparatieve referentiegroeperingen gebruiken we meestal groeperingen die dichtbij zijn. Of wij ons rijk of arm voelen, wordt vooral bepaald door het bezit en inkomen van mensen uit onze directe omgeving. Sloppenwijkbewoners in Rio de Janeiro of commissarissen van multinationals zijn voor ons geen comparatieve referentiegroeperingen. Ook specialisten in ziekenhuizen en raden van bestuur van zorginstellingen zijn voor uitvoerende zorgverleners meestal zo ver weg dat zij niet als comparatieve referentiegroepering functioneren. Maar andere zorgverleners met een iets hogere of lagere sociale status of een iets lager of hoger salaris wel. Of studenten met een mooiere en grotere kamer of juist een kleinere. Onderzoek naar tevredenheid van mensen in verschillende lagen van de samenleving laat vaak minder verschillen zien dan je zou verwachten gezien de omstandigheden waarin iemand zich bevindt. Rijkeren en beter opgeleiden zijn vaak niet meer tevreden dan mensen met minder geld en een lagere opleiding. Een verklaring hiervoor is dat groeperingen zich vooral vergelijken met groeperingen net boven en net onder hen.

## 3.6 Netwerken

Ieder mens, ook jij, hebt contacten met mensen uit meerdere groeperingen. Al die mensen samen vormen jouw netwerk en daarvan ben jij het middelpunt. Jouw moeder, jouw vriend en jouw leraar hebben ook een netwerk. Daarvan ben jij lid en zijn zij het middelpunt.

### Definitie

*Een netwerk is een groepering:*
- *die één persoon als centrum heeft en*
- *waarvan alle leden regelmatig contacten onderhouden met het centrum.*

**Neem een blanco vel papier. Zet je naam in het midden en teken daaromheen de mensen die je tot je netwerk rekent. De leden die meer voor je betekenen zet je dichterbij en die minder betekenen verderaf.**

Elk netwerk is uniek. Er bestaat er maar één van. Netwerken zijn belangrijk in goede en slechte tijden. Uit onderzoek blijkt dat netwerken vooral in slechte tijden over 'zorgkracht' beschikken (Steyaert & Kwekkeboom, 2012). In deze tijd met grote nadruk op zelfredzaamheid en eigen verantwoordelijkheid wordt de omgeving van de cliënt in de zorgsector nog te vaak op afstand gezet. We hebben een individuele zorgverzekering, er is grote nadruk op privacy en veel zorgverlening speelt zich in een-op-eensituaties af. Nu de zorgkosten te hoog oplopen wil de overheid dat we meer 'zelfredzaam' zijn. Dat is een belangrijk fundament onder de participatiesamenleving die de overheid al enkele jaren propageert. Redden we het zelf niet, dan moeten we eerst familie, buren, vrienden of vrijwilligers inschakelen. Maar in deze geïndividualiseerde samenleving met een grote nadruk op eigen kracht en individuele verantwoordelijkheid is hulp vragen en hulp geven niet vanzelfsprekend. Linders (2010) spreekt over eigentijdse 'vraagverlegenheid'. Bovendien is de sociale cohesie mede door die individualisering verzwakt en is de eenzaamheid toegenomen.

Talrijke onderzoeken laten zien dat netwerken een belangrijke bijdrage aan de gezondheid van mensen kunnen leveren. Van den Heuvel (2014) noemt onder andere de volgende effecten:

- Mensen met een stevig netwerk zijn minder vatbaar voor verkoudheid en genezen sneller (hun wonden genezen ook sneller).
- Mensen met stevige sociale banden leven langer. Het effect ervan op hun gezondheid is net zo groot als dat van niet roken en groter dan dat van niet drinken of weinig bewegen.
- Mensen met een stevig netwerk zijn minder eenzaam en gelukkiger.

Het aanbod van informele hulp in Nederland is veel groter dan dat van de professionele hulpverlening: de meerderheid van de zorgbehoevenden ontvangt hulp uit het eigen sociale netwerk.

> **Definitie**
>
> *Informele hulp is alle hulp aan mensen met uiteenlopende problemen die niet wordt gegeven in het kader van een beroep.*

Honderdduizenden mantelzorgers zijn in Nederland dagelijks in touw om een familielid of een goede vriend te ondersteunen en te verzorgen. Dat kan uit liefde zijn maar ook uit noodzaak. Volgens *Voor elkaar* (2017c) van het Sociaal en Cultureel Planbureau (SCP) gaf in 2016 één op de drie Nederlanders van boven de zestien mantelzorg, waarvan bijna 4 miljoen langer dan drie maanden. Ongeveer 865.000 daarvan gaven meer dan 8 uur per week hulp. 8,6 procent van de mantelzorgers voelde zich zwaar belast (380.000 mantelzorgers).

Veel zorginstellingen ondersteunen de ontwikkeling en kwaliteitsverbetering van netwerken in toenemende mate. In de instelling waar Ellen werkt, is veel aandacht voor het functioneren van netwerken van bewoners. Zijzelf heeft ook vaak te maken met familie, vrienden, buren en bekenden van haar cliënten. Zij ervaart dagelijks hoe belangrijk die voor de bewoners zijn.

*Netwerken in kaart*
Je kunt als zorgverlener het netwerk van je cliënten in kaart brengen. Daarvoor bestaan verschillende instrumenten, zoals dat van Interakt (te vinden op de website van dit praktijkboek). Netwerken worden daarin beschreven met behulp van structurele en functionele kenmerken.
*Structurele kenmerken* hebben betrekking op de uiterlijke verschijningsvorm van een netwerk:
- *samenstelling* van het netwerk;
- *onderlinge afhankelijkheid* tussen de netwerkleden;
- *bereikbaarheid* van de leden van het netwerk;
- *gevarieerdheid*, leden met verschillende kwaliteiten en eigenschappen;
- *dichtheid*, ofwel hechtheid van het netwerk.

Bij *functionele kenmerken* gaat het om de bijdragen die het netwerk levert aan het realiseren van belangrijke levensbehoeften:
- *emotionele steun* (in voor- en tegenspoed);
- *praktische hulp* (als die nodig is);
- *kennis en informatie* (over gezondheid, eten, reizen, enz.);
- *waardering* (complimenten, kritiek, feedback);
- *een referentiekader* (hoe zaken te beoordelen);
- *sociale identiteit* (bewustzijn ergens bij te horen).

Met behulp van deze structurele en functionele kenmerken kunnen zorgverleners zwakke en sterke kanten van het netwerk van een cliënt in kaart brengen. Dat doet Ellen regelmatig samen met de betreffende cliënt. Ze loopt samen met hem de structurele en functionele kenmerken langs. Daarbij worden niet alleen de feitelijkheden vastgelegd, maar wordt vooral ook gekeken naar hoe de cliënt die feitelijkheden waardeert:
- Is hij tevreden met de samenstelling en grootte van zijn netwerk?
- Wat vindt hij ervan dat hij zijn moeder zo weinig ziet?
- Krijgt hij genoeg waardering en emotionele steun als hij het moeilijk heeft?
- Enzovoort.

Ellen probeert zoveel mogelijk samen met de cliënt tot gedeelde conclusies te komen. Of dat lukt hangt mede af van de problematiek van de cliënt en zijn vermogen om zich een goed oordeel over zijn situatie te vormen. Niet alle cliënten zijn daartoe in staat. Tegelijkertijd beseft Ellen ook dat haar persoonlijk referentiekader kan leiden tot invullingen die niet aansluiten bij wat haar cliënt wil en nodig heeft. In de zorg- en begeleidingsplannen houdt Ellen rekening met de sterke en zwakke kanten van de netwerken. Zij ervaart hoe belangrijk het voor een cliënt is wanneer ook mensen uit zijn directe omgeving hem ondersteunen en helpen. Soms stimuleert zij haar cliënten om actief steun te vragen en de omgeving om steun te geven.

Een zorgverlener kan in netwerken verschillende posities innemen en rollen vervullen, zoals:
- *Netwerklid*: De zorgverlener is als professional aanwezig en vervult vanuit die optiek een bepaalde functie voor de cliënt, bijvoorbeeld als budgetbegeleider. Zo kan de hulpverlener gewoon lid zijn van het netwerk, naast de andere leden.
- *Netwerkcoach*: Dit is een meer ingrijpende rol. De zorgverlener neemt niet echt deel aan het netwerk, maar geeft vanaf de zijlijn gevraagd en ongevraagd adviezen.
- *Netwerkmonteur*: Die rol is nog ingrijpender. De zorgverlener grijpt directer in, bijvoorbeeld door extra leden te zoeken.
- *Netwerkbeheerder*: Die rol kan geschikt zijn in gevallen waarbij de zorgbehoefte erg groot is en het netwerk te klein en niet toereikend is om aan essentiële behoeften te voldoen.

In de praktijk zijn de verschillen tussen de rollen vaak klein of lopen rollen in elkaar over. Vanuit elke rol kan de zorgverlener helpen om de sterke en zwakke kanten in kaart te brengen en (meehelpen) zoeken naar sociale steun. Zo komt het regelmatig voor dat Ellen samen met de cliënt zoekt naar 'versterking' van zijn netwerk, bijvoorbeeld gericht op functionele kenmerken als emotionele en praktische steun. Bijvoorbeeld: iemand zoeken die regelmatig met haar cliënt gaat fietsen.

- Jij hebt een oudere vrouw als cliënt die een klein netwerk heeft en veel klaagt over dat ze zoveel alleen is en weinig aandacht krijgt.
  Bedenk eens enkele netwerkinterventies waarmee je haar zou kunnen helpen.

- Stel, jij hebt een probleem. Je zakt bijvoorbeeld voor je examen, je wordt ernstig ziek of je moeder overlijdt.
  Op wie in jouw netwerk kun je dan wel rekenen en op wie niet? En wat voor soort steun kun je van wie verwachten?

- Wat vind je van onderstaand idee van Grunberg (11 mei 2017)?
  'Mensen doorverwijzen naar eigen netwerken betekent onder andere het afdwingen van mediterrane cultuur: meerdere generaties in één huis. Daar zal niet iedereen op zitten te wachten.
  Je kunt de vraag naar zorg ook oplossen met relatief goedkope krachten uit andere landen. In Amerika kun je staatsburger worden door te dienen in het Amerikaanse leger. Je zou een 'zorgleger' kunnen beginnen. Vijf jaar zorgen voor een Nederlandse bejaarde, daarna heb je een paspoort.'

## 3.7 Samenwerkingsverbanden in de zorg

Samenwerkingsverbanden in de zorg zijn bijzondere netwerken, die bijvoorbeeld gevormd worden om cliënten met meervoudige en complexe problemen gepaste zorg te bieden. Die cliënten krijgen vaak zorg van meerdere zorgverleners met elk hun eigen deskundigheden. Zij werken in een dergelijk samenwerkingsverband samen om de zorg op elkaar af te stemmen. Of ze trekken gezamenlijk op om met gebruikmaking van elkaars kwaliteiten de zorg te verbeteren. Er zijn tal van voorbeelden van dit soort samenwerkingsvormen: gezondheidscentra, multidisciplinaire teams, gezamenlijke casuïstiekbesprekingen, intervisiebesprekingen, werkgroepen, enzovoort.

### Definitie

*Een samenwerkingsverband (in de zorg) is een verband van twee of meer organisaties of zorgverleners, die wederzijdse verplichtingen aangaan om tot resultaten te komen die ze afzonderlijk niet kunnen bereiken.*

Niet altijd zijn samenwerkingsverbanden succesvol, ondanks nobele bedoelingen. Tal van gevaren liggen op de loer. Vooral omdat de samenwerkingspartners verschillende belangen kunnen hebben die niet in elkaars verlengde liggen. Of ze zijn te zeer uit op eigen gewin. Die kans is groter in een marktge-

richte omgeving waar niet alleen het belang van de cliënt maar ook het belang van de zorginstelling of de individuele zorgverlener in het geding kan zijn. Belangrijk voor succes is dat:
- de partners een gemeenschappelijke visie delen;
- zij duidelijke en haalbare doelen hebben, die door allen gedeeld worden;
- er sprake is van interdependentie, dat wil zeggen dat ze elkaar nodig hebben;
- er over en weer vertrouwen is;
- de samenwerkingsstructuur losjes is;
- er voldoende middelen (tijd en geld) zijn om aan de doelen te werken;
- de partners niet te zeer uit zijn op eigen gewin maar ook oog hebben voor elkaars belangen;
- er regelmatig evaluaties plaatsvinden wat betreft doelen, investeringen en werkwijze (Bron: Interakt, zie ook de website bij dit boek).

## 3.8 Conclusies

De theorie in dit hoofdstuk over groeperingen kun jij, net als Ellen, gebruiken om te onderzoeken waarom je wel of niet lid bent van welke soort groepering dan ook. Daardoor kun je veel over je denken en handelen te weten komen. En wanneer je straks de groeperingen van je cliënten in kaart brengt, kun je in dit hoofdstuk wellicht aangrijpingspunten vinden voor het oplossen van problemen.

We onderscheiden de volgende groeperingen: groepen, collectiviteiten, sociale categorieën en organisaties. Deze groeperingen voorzien ons van een identiteit, zorgen voor steun en hulp in moeilijke tijden, enzovoort.

De theorie over referentiegroepen verheldert hoe ons doen en denken beïnvloed wordt door groeperingen waarmee we ons vergelijken. Het is zelfs zo dat we iemands denken en handelen kunnen voorspellen als we weten welke groeperingen hij positief of negatief waardeert.
We zagen ook dat groeperingen en volkeren de neiging hebben om hun eigen cultuur te idealiseren. Dat leidt niet zelden tot vooroordelen ten aanzien van andere groeperingen en volkeren. Ook zorgverleners en cliënten zijn niet vrij van vooroordelen, die goede zorgverlening belemmeren.

Of we gelukkig of tevreden zijn met ons leven of met een bepaalde situatie, hangt niet alleen af van de feitelijke omstandigheden maar ook van met wie we ons vergelijken. De theorie over relatieve deprivatie en comparatieve referentiegroepen geeft ons hier meer inzicht in.

Zorgverleners krijgen vaak ook te maken met het sociale netwerk van hun cliënten. Door die netwerken in kaart te brengen kunnen zij sterke en zwakke kanten traceren en op zoek gaan naar mogelijkheden om het netwerk te versterken. Zo krijgen netwerken nog meer zorgkracht.

Zorgverleners vormen ook onderling vaak samenwerkingsverbanden om hun zorg aan cliënten met meervoudige of complexe problemen te verbeteren. Een dergelijk samenwerkingsverband moet aan bepaalde kwaliteiten voldoen wil het succesvol zijn. Zo moet het bijvoorbeeld een gemeenschappelijke visie hebben en er moet sprake zijn van wederzijdse afhankelijkheid.

- **Neem een A4'tje en teken daarop jouw netwerk. Je bent zelf het middelpunt. Zet daaromheen de mensen die iets voor jou betekenen. De afstand tussen jou en elk netwerklid geeft aan hoeveel die persoon voor jou betekent. Dus van grote betekenis dichtbij en van weinig betekenis veraf. Je kunt ook sommige netwerkleden groeperen (omcirkelen), bijvoorbeeld een vriendengroep.**
- **Beschrijf vervolgens van vijf netwerkleden welke functies (zie functionele kenmerken hierboven) zij voor jou hebben.**
- **Neem iemand uit jouw netwerk die een probleem heeft en daarvoor hulp krijgt van een of meer zorgverleners. Probeer dat netwerk eens in kaart te brengen met behulp van de theorie uit de paragraaf netwerken.**
- **Ga op zoek naar de sterke en minder sterke kanten van dat netwerk. Levert dat aanknopingspunten op voor het versterken van dat netwerk? Welke?**

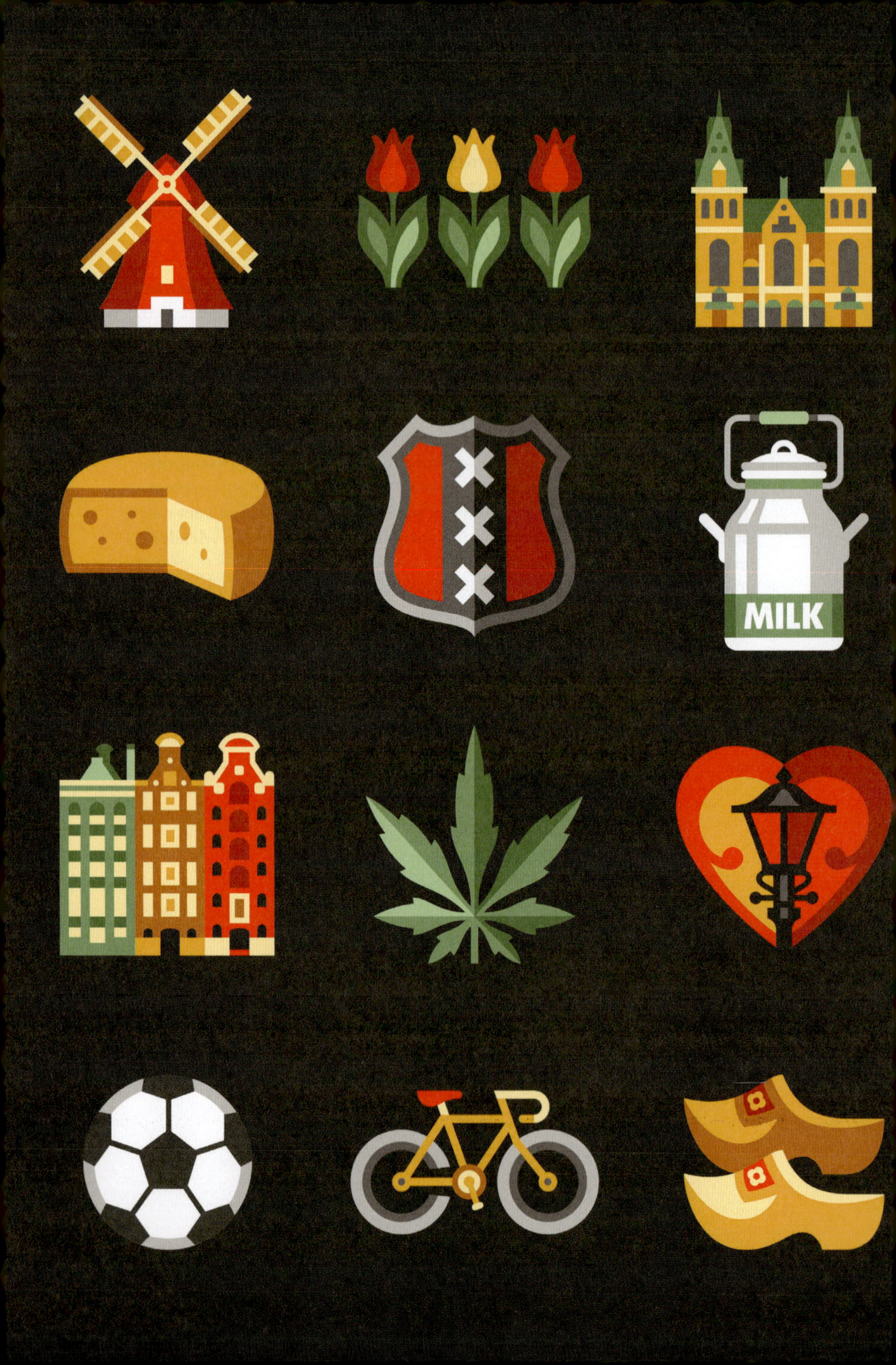
MILK

# Cultuur 4

*Wie alleen zijn eigen cultuur kent, kent ook die niet.*
De Jager en Mok, 1978

## 4.1 Inleiding

Onze cultuur is elke dag in ons denken en gedrag aanwezig. Alleen zien we dat niet als cultuur, omdat de dingen die we doen vanzelfsprekend lijken. We ervaren ze als 'natuurlijk'. Natuurlijk rijden we rechts in het verkeer en ontbijten we 's morgens met brood en thee of koffie. We staan er maar zelden bij stil dat dit gedrag cultuur is, dat wil zeggen: voortkomt uit waarden, normen, verwachtingen en doeleinden. Dat gedrag leren we via socialisatieprocessen (zie hoofdstuk 2). 'Natuurlijk' betalen we belasting, eten we met mes en vork en studeren we voor diploma's om straks een mooie en goedbetaalde baan te vinden. Als we dat niet doen, lopen we immers kans om daarvoor 'gestraft' te worden.
Jullie, lezers van dit boek, zijn voornamelijk Nederlanders en gedragen je meestal ook als zodanig. Maar jullie verschillen ook in doen en laten. Sommigen houden van heavy metal, anderen van funky music. Sommigen houden het nieuws bij op hun smartphone, anderen zweren bij krant of tv.
Er zijn autochtone en allochtone Nederlanders, die zich deels hetzelfde en deels verschillend gedragen. Dat kan samenhangen met geloof, politieke overtuiging, eetgewoonten, enzovoort. Sommigen zijn katholiek, anderen sjiiet en weer anderen soenniet. Sommigen eten gewoon de Hollandse pot terwijl anderen zweren bij halal bereide gerechten.
Nog niet zo lang geleden beperkte die verscheidenheid in culturen zich tot groeperingen binnen het eigen land. Vanaf de negentiende eeuw tot de jaren zestig van de vorige eeuw was Nederland een 'verzuild' land, waarin vier zuilen de dienst uitmaakten: de protestants-christelijke, de katholieke, de socialistische en de liberale of algemene zuil. Elke zuil had zijn eigen omroep, zorginstelling, omroepvereniging, politieke partij, scholen, enzovoort. Die zuilen hadden elk hun eigen cultuur, die voor de leden ervan 'vanzelfsprekend' beter was dan die van de andere. Botsingen tussen die culturen waren vaak heftig en ingrijpend. De sociale controle om trouw te blijven aan de eigen cultuur was groot. Er waren zelfs priesters en dominees die hel en verdoemenis preekten om afvallers te voorkomen.

Via de massamedia komt inmiddels dagelijks de hele wereld onze huiskamer binnen. We trekken eropuit naar verre landen met andere culturen. Scholen organiseren stages in het buitenland en bedrijven internationaliseren. Tegelijkertijd komen er ook 'vreemde' mensen uit andere landen naar ons land op zoek naar een veilige haven, om te werken, te studeren of als toerist. We genieten ervan, het levert meer economische welvaart op, we verbazen ons over de verschillen en leren van elkaar. Het is een verrijking, zo vinden velen. Toch is de wereld niet zo tolerant, maakbaar en solidair als sommigen denken. De acceptatie van en solidariteit met andere culturen ebben aan het eind van de vorige eeuw langzaam weg. De multiculturele samenleving wordt steeds minder beschouwd als een kans, en steeds meer als een probleem. De aanslagen van Al Qaida op de Twin Towers op 11 september 2001 doen daar nog een schepje bovenop. De weerstand tegen moslims groeit en wordt aangewakkerd door populistische leiders van extreemrechtse politieke partijen in diverse landen, zoals bij ons Wilders, in Frankrijk Le Pen en Trump in Amerika.

De vraag is waar dit toe leidt. In 2017 constateert het SCP dat we iets positiever zijn gaan denken over immigranten dan aan het begin van de jaren negentig. Toch staan de verhoudingen tussen moslims en Nederlanders op vele plaatsen in onze samenleving op scherp. Ons land is verdeeld over hoe om te gaan met deze nieuwe Nederlanders en vele anderen die aan de grenzen van Europa morrelen en vragen om een veilige haven.

In dit hoofdstuk gaan we op zoek naar wat cultuur en cultuurverschillen betekenen voor het gedrag en denken van mensen. We kijken daarbij niet alleen naar het macroniveau – cultuurverschillen tussen landen en volkeren – maar ook naar het alledaagse microniveau, bijvoorbeeld naar cultuurverschillen tussen beroepsgroepen binnen een organisatie of tussen zorgverleners en zorgvragers. Die verschillen maken het soms moeilijk om elkaar te begrijpen, te accepteren en met elkaar samen te werken.
Het leren kennen en begrijpen van de eigen cultuur is al niet gemakkelijk, laat staan de cultuur van anderen. Vaak denken we dat de eigen cultuur dé cultuur is. We leven erin en zijn ermee doordrenkt, zoals een vis in het water, die alleen het water kent. Maar mensen die alleen hun eigen cultuur kennen, kennen ook die niet. Contacten met andere culturen bieden kansen om het eigen gedrag en dat van anderen beter te leren begrijpen en waarderen. Die kansen biedt ook dit boek. Als je tenminste nieuwsgierig bent, ervoor openstaat en meer wilt leren dan alleen de theorie. En dat wil Burak, die de hoofdrol speelt in de volgende praktijksituatie.

### Casus    Burak

Burak (25 jaar) werkt als verpleegkundige in een groot ziekenhuis. Hij volgt een post hbo-opleiding verpleegkundig traumaspecialist. Zijn ouders wonen sinds 1980 in Nederland. Tot drie jaar geleden woonde hij thuis. Daar botste het vaak tussen hem en zijn ouders. Hij ging steeds meer Nederlandse gebruiken, waarden en normen overnemen tot groot verdriet van zijn vader, die hecht aan de Turkse cultuur. Burak heeft de laatste jaren steeds meer afstand van zijn ouders genomen. Hij ervaart hun cultuur als benauwend. Bovendien wijzen zijn ouders zijn relatie met zijn Nederlandse vriendin Tanja af. Burak gaat nog wel regelmatig naar de moskee. Hij drinkt geen alcohol en eet geen varkensvlees omdat dit niet 'halal' is. De laatste tijd merkt hij ook hoe sterk vrienden, docenten, collega's en de media hem beïnvloeden. Hij kan zich daar niet aan onttrekken. Zijn denken over de zorgverlening en de multiculturele samenleving komt steeds meer overeen met dat van zijn collega's. Met zijn Marokkaanse vriend Ahmed, die in de verslavingszorg werkt, kan hij hierover goed praten, ook al verschillen ze regelmatig van mening over culturele kwesties en de wijze van zorgverlening. Ze praten veel met elkaar over hun verschillen in waarden en normen, het belang van waarden en normen in het algemeen en het opdringen ervan aan anderen.

## 4.2 Wat is cultuur?

> **Definitie**
>
> *Cultuur is het geheel van waarden, normen, verwachtingen en doeleinden die leden van een groepering met elkaar delen* (Van Doorn & Lammers, 1976).

Cultuur bevat vier elementen die alle van groot belang zijn voor ons dagelijks denken en handelen: waarden, normen, verwachtingen en doeleinden. Maar ook de gedragingen die verwijzen naar die waarden, normen, verwachtingen en doeleinden rekenen we tot cultuur.

### Waarden

> **Definitie**
>
> *Waarden zijn centrale maatstaven met behulp waarvan we het eigen gedrag en dat van anderen beoordelen.*

Groeperingen in onze samenleving als katholieken, islamieten, socialisten, liberalen en vegetariërs hebben hun eigen waarden, die samen een waardesysteem vormen. Waarden zijn bijvoorbeeld democratie, gelijkheid, persoonlijke verantwoordelijkheid, recht op persoonlijk eigendom, solidariteit, enzovoort.
Vanuit ons waardesysteem beoordelen we of iets goed of slecht is, wel of niet mag, enzovoort. Die oordelen beïnvloeden ons gedrag. Als we solidariteit erg belangrijk vinden, zullen we voor het bestrijden van armoede zijn, geld aan goede doelen geven, links stemmen en zorg besteden aan hulpbehoevende vrienden en familieleden.
Waarden en de impact daarvan op ons denken en doen veranderen door de tijd heen. Zo zijn de waarden persoonlijke vrijheid en eigen verantwoordelijkheid de laatste vijftig jaar fors opgewaardeerd vergeleken met waarden als solidariteit en gelijkheid. Burak is een vrijzinniger moslim dan zijn ouders. Hij kiest voor meer eigen verantwoordelijkheid en meer vrijheid. Maar hij gaat daarin niet zo ver als sommigen van zijn collega's. Ook de waarden democratie en sociale gelijkheid worden door de tijd gekleurd. Zo zijn kinderen en werknemers de laatste vijftig jaar veel mondiger geworden.
'Nederland is veel te veelzijdig om in één cliché te vatten. "De" Nederlander bestaat niet. Als troost kan ik u zeggen dat "de" Argentijn ook niet bestaat.' Dat zei koningin Maxima in een toespraak op 27 september 2017. En zij had gelijk, want binnen Nederland functioneren tal van groeperingen, die qua waarden flink van elkaar verschillen. Zo hangen ouderen andere waarden aan dan jongeren, moslims andere dan katholieken, armen andere dan rijken, stedelingen andere dan provincialen, studenten andere dan leerkrachten, directeuren

andere dan arbeiders en VVD'ers andere dan PvdA'ers. Of we dat willen of niet, of we dat vervelend vinden of toejuichen: we zijn een multicultureel land. Dat leidt regelmatig tot conflicten. Daar kunnen we meestal redelijk goed mee omgaan. Maar het leidt ook regelmatig tot heftige ruzies en breuken in onze samenleving.

- Noem eens enkele waarden die kenmerkend zijn voor jouw cultuur.
- Welke waarden zijn dat volgens jou juist niet?
- Hoe ga je om met mensen met andere waarden?

## Normen

**Definitie**

*Normen zijn opvattingen en regels over hoe men zich moet gedragen of hoe men zich juist niet moet gedragen.*

Normen zijn concrete gedragsvoorschriften die voortkomen uit of verwijzen naar abstracte waarden. Normen zijn bijvoorbeeld de deur openhouden voor anderen, rekening houden met buren als je muziek luistert, rechts rijden en voetgangers voorrang geven op zebrapaden. In het ziekenhuis waar Burak werkt, is privacy een belangrijke waarde. Dat leidt tot regels als: gordijnen moeten dicht bij het wassen van patiënten, dossiers zijn persoonlijk en alleen toegankelijk voor de patiënt en de behandelaar, enzovoort. Houdt Burak zich niet aan de regels, dan volgen negatieve sancties (bijvoorbeeld een berisping) om hem terug te brengen op het 'goede' spoor. Met de privacyregels wordt in het ziekenhuis niet gesold! Een bescherming van de regels is ook dat patiënten een klacht kunnen indienen wanneer zij denken dat hun privacy geschonden wordt.

Maar niet altijd volgen negatieve sancties. Normen en regels zijn namelijk net als waarden aan verandering onderhevig. Zo worden soms afwijkingen van een regel steeds minder of niet meer bestraft. Soms volgen zelfs positieve reacties als een norm overtreden wordt. Dat is dan een teken dat de norm en mogelijk ook de daarachter liggende waarde veranderd is of in verandering is.

Zo zijn in ons land steeds meer kinderen hun ouders met je en jij gaan aanspreken, als gevolg van de veranderende gezagsverhoudingen in onze samenleving. Hoewel Burak anders over die gezagsverhoudingen denkt dan zijn vader, vindt hij dat Nederlanders daar wel wat al te vrij mee omgaan. Hij blijft zijn vader en moeder en ook zijn meerderen in het ziekenhuis met u aanspreken.

In de instelling waar Burak werkt, bestaan talrijke normen. Hij behoort 's morgens voor acht uur aanwezig te zijn, hij mag in het gebouw niet roken, hij hoort zich bij ziekte tijdig ziek te melden en hij mag de politie geen belastende mededelingen over cliënten verstrekken.

Bij normen gaat het niet alleen om regels voor gedrag van mensen. Ook innerlijke gevoelens, gedachten en neigingen kunnen het voorwerp van een norm zijn. Zo behoor je bij een begrafenis bedroefd en bij een bruiloft opgewekt te ogen. Burak behoort betrokken te zijn bij de problemen van zijn patiënten en serieus aan teamvergaderingen deel te nemen.

*Verwachtingen*

> **Definitie**
>
> Verwachtingen bestaan uit een complex van opvattingen dat de toekomstverwachtingen van een groot aantal personen vorm en inhoud geeft.

Verwachtingen die mensen hebben, gaan vaak over hoe de toekomst eruit zal zien en hoe ze die vorm en inhoud kunnen geven. Denk daarbij bijvoorbeeld aan geloof in de vooruitgang, het verdwijnen van de klassenmaatschappij en de ontwikkeling van de participatiesamenleving. Voor Burak zijn dat bijvoorbeeld het vertrouwen in een positieve ontwikkeling van de medische wetenschap en de verwachting dat de multiculturele integratie verder zal toenemen. Verwachtingen zijn voor de verklaring van de sociale dynamiek van groot belang. Het geloof in de vooruitgang heeft sinds de Verlichting de burgerij van het Westen in beweging gebracht. En het geloof in meer sociale gelijkheid en toenemende solidariteit is de collectieve verwachting van socialisten.

Verwachtingen worden niet altijd bewaarheid. Zo moeten we nog maar zien in hoeverre de hoop op een verdere multiculturele integratie werkelijkheid zal worden. Nederlanders denken daar verschillend over. Dat leidt tot een dynamiek die moeilijk voorspelbaar is en misschien wel uitmondt in een nieuwe verwachting: multiculturele integratie is onhaalbaar of onwenselijk.

*Doelen*
Waarden zijn maatstaven voor het beoordelen van gedrag. Ze zijn meestal abstract en vaag. Daarom worden ze vertaald in concrete doelen. Zo wordt de waarde solidariteit concreet gemaakt door het verkleinen van de inkomensverschillen, en wordt de waarde vrijheid voor ondernemers bevorderd door het versoepelen van het ontslagrecht.

> **Definitie**
>
> *Doelen zijn min of meer gestandaardiseerde opvattingen over wat wenselijk is.*

Andere voorbeelden van doelen zijn gelijke salarissen voor mannen en vrouwen, minder bureaucratische regels en meer ontwikkelingshulp. Doelen zijn concreter dan waarden. Zo kan de waarde gelijkheid tussen man en vrouw geconcretiseerd worden in het doel gelijke salarissen voor mannen en vrouwen in gelijke posities. Zo wordt de waarde van eigen verantwoordelijkheid in de instelling voor verslavingszorg waar Ahmed werkt onder andere geconcretiseerd in het doel liberalisering van het drugsbeleid. Daar is Ahmed het mee eens maar Burak niet. Hij zegt tegen Ahmed: 'Ik ben voor verbieden en strenger controleren, want ik zie bijna dagelijks de nare gevolgen van overmatig drugsgebruik bij patiënten op mijn afdeling.'

## 4.3 Andere culturen, subculturen en contraculturen

Ons land kent vele groeperingen met verschillende waardesystemen en daarvan afgeleide normen, verwachtingen en doeleinden. Turken in ons land hebben een andere cultuur dan autochtone Nederlanders, Marokkanen, Antillianen, enzovoort. De volgelingen van Wilders hebben een andere cultuur dan de aanhangers van Jesse Klaver. Maar ook binnen de Turkse samenleving in Nederland en tussen de GroenLinks-aanhangers bestaan er cultuurverschillen. Tegelijkertijd spreken we ook over dé Nederlandse cultuur. Er zijn immers ook veel waarden, normen, verwachtingen en doeleinden waar we het in grote lijnen en met een grote meerderheid over eens zijn.

Er bestaan in het buitenland talrijke stereotiepe beelden over Nederlanders zoals: ze dragen klompen, telen bloembollen, zijn tolerant en hanteren vaak het opgestoken vingertje van de zedenmeester. Maar die stereotypen zeggen vaak meer over de buitenstaander die ze hanteert dan over de Nederlander, al zijn ze niet altijd onwaar. Dat Nederlanders gierig zijn schijnt een vooroordeel te zijn maar we zijn wel spaarzaam. Zeker de oudere generatie. Echt Nederlands is het sinterklaasfeest en de discussie over Zwarte Piet, over wiens gewenste kleur wij Nederlanders het lang niet allemaal eens zijn.

Nederlanders bemoeien zich ook graag met van alles; niet alleen in eigen land maar ook daarbuiten. Ook ons gedoogbeleid en spreekwoordelijke tolerantie zijn typisch Nederlands. En wat te denken van schaatsen en voetbal?

Wij Nederlanders hebben, net als andere nationaliteiten, de neiging om eigen cultuurkenmerken hoger te waarderen dan die van andere volkeren. Elk vogeltje zingt zoals het gebekt is. Het is niet gemakkelijk om de ander alleen maar als 'anders' te zien zonder een negatieve kwalificatie erbij. Zou dat lukken dan zou intercultureel samenleven heel wat makkelijker zijn.

Niet alleen tussen landen maar ook binnen landen zijn er cultuurverschillen. We maken daarbij een onderscheid tussen 'andere culturen', 'subculturen' en 'contraculturen'.

*Andere cultuur*

**Definitie**

*Een andere cultuur is een cultuur die afwijkt van in onze samenleving algemeen aanvaarde, centrale waarden, normen, verwachtingen en doeleinden.*

Zo is de cultuur van veel Turken in ons land, zoals de ouders en familie van Burak, een andere cultuur. Een multiculturele samenleving kan vreedzaam omgaan met die verschillen. Maar het kan ook heftig botsen. We leren uit de geschiedenis dat de mate van tolerantie en acceptatie van de verschillen door de tijd heen variëren. Die tolerantie lijkt de laatste decennia minder geworden. De nadruk op de eigen identiteit en belangen van groeperingen lijkt tegenwoordig groter te zijn. Vele groeperingen voelen zich bedreigd door de toestroom van vluchtelingen met een heel andere cultuur en belangen. De vluchteling uit Syrië, die hier een veilige haven en eigen huis zoekt, wordt niet zelden gezien als een bedreiging voor de Nederlander die ook op zoek is naar een woonplek.

Binnen elke cultuur bestaan subculturen. We kennen allen de stereotypen van de Amsterdammers, de Friezen en de Limburgers. Hoewel het om stereotypen gaat, is het niet helemaal onwaar om te spreken over stugge Friezen, Amsterdamse lefgozers en bourgondische Maastrichtenaren.
Ook binnen de zorgsector is sprake van subculturen. Zo zijn B-verpleegkundigen 'anders' dan A-verpleegkundigen en bestaan er cultuurverschillen tussen specialisten en huisartsen. En binnen één hbo-opleiding zullen er zeker cultuurverschillen zijn tussen de verschillende studierichtingen.

### Definitie

*Een subcultuur is een cultuur die in zekere mate afwijkt van de algemeen aanvaarde cultuur maar wel de belangrijkste elementen van de algemene cultuur bevat.*

Die subculturen kunnen bestaan op nationaal niveau (bijvoorbeeld Nederlanders en allochtone nationaliteiten) maar ook regionaal of binnen organisaties of beroepsgroepen. Wat dat laatste betreft, daar zul je straks in je werk zeker mee te maken krijgen als je samenwerkt met andere beroepsgroepen. Zo is bijvoorbeeld de vergadercultuur van huisartsen anders dan die van sociaal agogische hulpverleners.

Burak ziet in het ziekenhuis waar hij werkt verschillende subculturen. Mensen die werken op de psychiatrische afdeling zijn toch 'ander volk' dan die op zijn eigen afdeling, zegt hij vaak tegen Ahmed. Ze lijken meer op de psychiatrische medewerkers in de verslavingszorg, vindt hij. Ze zijn minder strikt met regels en doen meer een beroep op de eigen verantwoordelijkheid van hun patiënten, die ze overigens cliënten noemen. Dit woordverschil op zich al is een zichtbaar verschil in subcultuur. Een subcultuur kan zonder al te veel spanning binnen de algemene cultuur bestaan. De culturele gemeenschap waarin Burak is opgevoed is een dergelijke subcultuur. Zijn ouders zijn redelijk geïntegreerd in Nederland maar hebben ook veel elementen van hun Turkse cultuur behouden. Nog een voorbeeld: allochtonen in Nederland fietsen beduidend minder vaak dan autochtonen en daar komt voorlopig ook geen einde aan. In Turkse, Marokkaanse, Surinaamse en Antilliaanse gezinnen heeft een kwart geen fiets ter beschikking, in autochtone huishoudens is dat slechts drie procent.

## Contracultuur

> **Definitie**
>
> Een contracultuur is een cultuur die elementen bevat die een protest inhouden tegen de dominante cultuur.

Punkers, krakers, Hell's Angels, Pegida, antiglobalisten, dierenactivisten, enzovoort zijn voorbeelden van groeperingen met een contracultuur. Door middel van hun ideeën, uiterlijk en gedrag protesteren de aanhangers van deze culturen tegen de algemeen aanvaarde cultuur. Een contracultuur is een gemeenschappelijke reactie van een groepering op situaties die als onrechtvaardig, onjuist of frustrerend ervaren worden. Burak kent groepen Marokkaanse jongeren met een contracultuur. Ze verzetten zich tegen veel Nederlandse gebruiken en gewoontes, spreken onderling bewust in hun eigen taal, gedragen zich arrogant, richten vernielingen aan of weigeren werk te zoeken.

Burak en Ahmed hebben allebei de indruk dat veel Nederlanders vreemde culturen en zeker de Marokkaanse cultuur al snel benoemen als een contracultuur door negatieve kenmerken uit te vergroten. Maar het ontgaat hen ook niet dat in bepaalde stadswijken groepjes Marokkaanse jongeren veel overlast veroorzaken.

## De jeugdcultuur als subcultuur en/of contracultuur

Leeftijdscategorieën hebben vaak eigen (sub)culturele kenmerken. In de welvarende jaren zestig van de vorige eeuw krijgen de jongeren meer geld te besteden en meer vrijheid als gevolg van de democratiseringsbeweging. Er groeit verzet tegen het establishment. Zo ontstaan jeugdsubculturen als vetkuiven, provo's, krakers, nozems en hippies. Sommige hiervan zijn subculturen zoals de vetkuiven, terwijl andere, zoals de nozems en krakers, vooral kenmerken hebben van een contracultuur. Er zijn vaak ook uiterlijke verschillen en verschillen in attributen zoals een bepaald soort brommer, of juist geen.

In de jaren zeventig zet het tijdperk van de individualisering in met een grote nadruk op individuele ontplooiing en eigen verantwoordelijkheid. Mede hierdoor ontstaat een klimaat waarin een variëteit aan subculturen kan gedijen, zoals hiphop en gothic en in de jaren tachtig skaters en gabbers. Waarden en normen worden in die tijden minder dwingend door ouders, leerkrachten, kerken en andere groeperingen overgedragen. Men doet meer een beroep op eigen verantwoordelijkheid. De laatste decennia heb je subculturen als alto's, techno's, kakkers, nerds enzovoort. Burak moet vaak lachen om Tanja en haar wat nerdy gedrag.

- Welke jeugdculturen zijn er nog meer?
- Behoor jij of behoorde jij ook tot een van die jeugdculturen? Waarom? Of waarom niet?

Jeugdculturen zijn voor jongeren vaak een middel om een (sociale) identiteit te ontwikkelen. Een cultuur ontwikkelt zich vooral binnen peer groups, groepen waar je veel mee optrekt. Bij de ontwikkeling en het overdragen van een eigen subcultuur spelen in deze tijd de sociale media (Facebook, Twitter, Instagram, Snapchat, enzovoort) een belangrijke rol. Muziek is daarbij een belangrijk identificatiemiddel voor jongeren. Elke jongerencultuur vindt zichzelf de beste en de culturen die daarvan afwijken zijn minder. Overigens zullen jongeren zich niet zo makkelijk expliciet bekennen tot een cultuur. Ze vinden een stijl wel leuk, gaan zich op een bepaalde manier kleden of nemen de taal van de groep over. Maar ze zullen zich niet snel lid noemen, want 'je hebt een eigen smaak en bent onafhankelijk'.

Jongeren hebben zo ook hun eigen opvattingen en meningen over de democratie en de politiek.

Uit recent onderzoek (Broer & Pleij, 2017) blijkt dat hun vertrouwen in de werking van de democratie de afgelopen tien jaar niet is gedaald. Gemiddeld geven de jongeren de democratie op een schaal van 10 een 6,2.

De opvallendste verschuiving in de politieke voorkeur van jongeren sinds 2007 zijn de tanende aanhang van de SP (van 26 naar 5%) en de grote steun voor de PVV (van 7 naar 27%). Ter vergelijking: van de 65-plussers zegt slechts 8% op de PVV te zullen stemmen. Jongeren vertonen vaak radicaler stemgedrag dan ouderen. De traditionele brede volkspartijen PvdA en CDA lijken hun steun onder jongeren bijna helemaal te zijn kwijtgeraakt. Na vier jaar regeren met Rutte is in de peilingen het aantal jongeren dat op de PvdA zou stemmen gezakt van 14 naar 4 procent. Het CDA, in 2007 nog de tweede partij onder jongeren, moet het doen met een magere 1 procent. Uit het onderzoek blijkt ook dat de kernwaarde van de democratie door jongeren nog steeds massaal wordt gedeeld. Er is wel een verschil tussen hoog- en laagopgeleiden. Van de hoogopgeleide jongeren zegt 99 procent het met ons democratisch systeem eens te zijn, van de laagopgeleide jongeren 87 procent.

Opvallend is ook dat jongeren vinden dat niet alleen politici tekortschieten maar ook de kiezers; dus ook zijzelf en hun leeftijdgenoten. Een flink percentage (31%) van de jongeren vindt de politiek te ingewikkeld om echt te kunnen begrijpen wat er aan de hand is. Veel jongeren vinden dat ze zélf onvoldoende zijn geëquipeerd om politieke kwesties goed te kunnen begrijpen. Een zeer groot deel van de jongeren vindt zelfs dat kiezers getoetst moeten worden voor ze mogen stemmen (41%). Ze moeten worden getest op hun kennis van wat er speelt in de samenleving en/of hun kennis van de democratie. Deze uitkomst is des te opvallender, omdat ouderen maar half zo vaak vinden dat jongeren eerst getoetst moeten worden voor ze mogen stemmen. Gemiddeld vinden hoogopgeleide jongeren een dergelijke toets vaker een goed idee dan laagopgeleide.

- Wat vind jij eigenlijk?
- Vind jij het goed dat jongeren voordat zij mogen stemmen getoetst worden op hun kennis van de samenleving of de democratie?
- Zou jij zelf bereid zijn om je te laten toetsen?
- Hoe zou het komen dat hoger opgeleiden vaker een dergelijke toets gewenst vinden dan lager opgeleiden?
- Waarom stemmen eigenlijk lager opgeleiden vaker op de PVV dan hoger opgeleiden?
- Denk je dat jij met de kennis van nu zou slagen? Waarom wel of waarom niet?

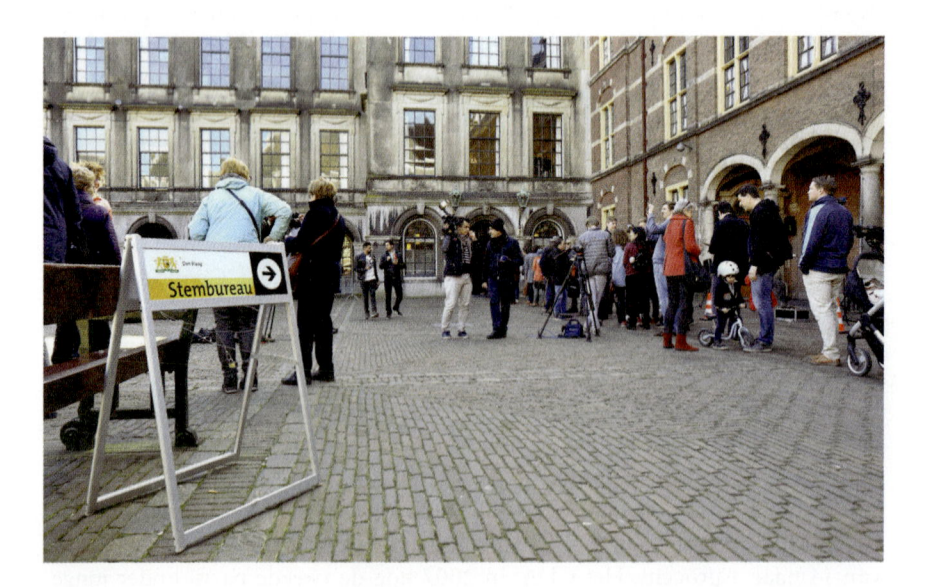

## 4.4 Cultuuroverdracht

Cultuur 'leren' we. Van onze geboorte af tot onze dood wordt ons voorgehouden aan welke waarden, normen, verwachtingen en doeleinden we moeten voldoen. We leren bijna dagelijks dingen van en aan elkaar. Cultuur wordt overgedragen van ouders op kinderen, van docenten op studenten, van bazen op ondergeschikten, van de ene groepering op de andere, enzovoort. Zo heeft de vrouwenbeweging grote invloed gehad op de waarden en normen in de samenleving met betrekking tot gelijkwaardigheid tussen de seksen.

Cultuuroverdracht is een vorm van socialisatie, zoals beschreven in hoofdstuk 2. Bij cultuuroverdracht spelen de moderne media een belangrijke rol door de keuze van onderwerpen en de duiding van gebeurtenissen. Mediamakers kiezen er volgens vele mediadeskundigen vooral voor om rampen, ellende, misdaad, falende politici, enzovoort te belichten. Daarin laten ze zich leiden door de wensen van hun lezers en kijkers. De slachtoffers van de orkaan die Sint Maarten trof in 2017 kregen vele malen meer aandacht dan de duizenden slachtoffers van overstromingen in Bangladesh in dezelfde tijd. De selectieve aandacht van de media was in september 2017 aanleiding tot 'een manifest voor verantwoordelijke journalistiek'. Een van de constateringen daarbij was dat er te weinig aandacht is voor positieve ontwikkelingen zoals het feit dat de afgelopen decennia het aantal slachtoffers van klimaatrampen sterk is afgenomen en dat de criminaliteitscijfers een dalende trend vertonen. Door de grote nadruk op rampen en oorlogen blijven positieve ontwikkelingen uit het zicht en gaan mensen meer somberen over de wereld om hen heen dan feitelijk nodig zou zijn. De ondertekenaars van het manifest kregen steun van Charles Groenhuijsen (2017) met zijn boek *Optimisten hebben de hele wereld*. Hij behandelt daarin honderd 'tipping points': dingen die goed gaan in de wereld en onomkeerbaar lijken. 'Lijken', want over de afloop van vier van die punten is Groenhuijsen openlijk onzeker: klimaat, banen, ongelijkheid en immigratie. Daarmee is ook de ondertitel van zijn boek verklaard: '96 redenen om opgewekt naar de toekomst te kijken'. De vraag is overigens of de negatieve invloed van die media wel zo groot is. Want ooit vroeg Obama zijn gehoor in welke tijd ze het liefst geboren zouden willen zijn. Een grote meerderheid koos voor deze tijd!

Ook vonden de ondertekenaars van het eerder genoemde manifest dat het nieuws door journalisten meer in een bredere historische en maatschappelijke context moet worden bekeken. Dat is ook wat sociologen graag doen, namelijk relativeren en relateren. Bijvoorbeeld ten aanzien van het probleem van het aantal verkeersdoden in Nederland. Het jaarlijkse aantal dodelijke verkeersslachtoffers is terecht een ernstig probleem. Het is goed om dat te problematiseren maar tegelijkertijd is er ook goed nieuws. Als we terugkijken, zien we een spectaculaire daling van het aantal verkeersslachtoffers sinds midden jaren zeventig zoals te zien is in figuur 4.1.

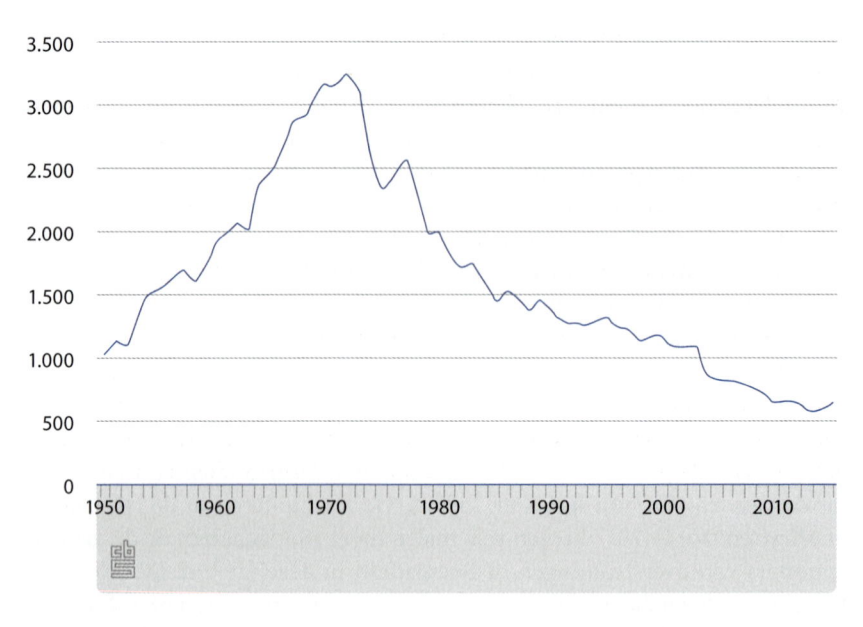

Bron: CBS, Rijkswaterstaat

Figuur 4.1   Aantal verkeersdoden in Nederland per jaar sinds 1950

Deze daling is nog spectaculairder als we daarbij het aantal auto's betrekken. In 1970 waren dat er 2,5 miljoen, nu meer dan 8 miljoen. Overigens zal het leed van de familie van een dodelijk slachtoffer er door de wetenschap van deze ontwikkeling niet minder door worden. Wel kunnen we constateren dat het totale leed en de maatschappelijke schade als gevolg van dodelijke verkeersslachtoffers spectaculair is gedaald.

Ook in de zorg is sprake van cultuuroverdracht. Elke beroepsgroep heeft haar eigen cultuur. Zorgverleners dragen delen van hun cultuur vaak ongemerkt, onbedoeld en soms ook bedoeld, over op hun cliënten. Die praten vervolgens ook over 'assertief zijn', 'feedback geven', iets 'bespreekbaar maken' en 'in je eigen kracht komen'. De Swaan (1989) noemt dat protoprofessionalisering:

> Artsen, maatschappelijk werkers, psychologen en dergelijke zijn gestadig vormend en informerend bezig. Ze bieden hun patiënten en cliënten uitleg en advies. Sommigen van hen publiceren ook in kranten of populaire tijdschriften, schrijven boeken voor een algemeen publiek of verschijnen op radio en televisie. De kern van hun boodschap – die in de beslotenheid van de spreekkamer of de openbaarheid van de media is doorgegeven – wordt in persoonlijke gesprekken tussen leken herhaald, tot in details besproken, en verwerkt tot een ongeschreven handleiding voor gebruikers van hulpverlenende beroepen. Patiënten en cliënten zijn de eersten die die professionele begrippen en houdingen overnemen en doorgeven aan hun gezinsleden en kennissen.

Cultuuroverdracht vindt meestal ongemerkt plaats. Mensen veranderen in hun denken en gedrag vaak zonder dat ze zich daar echt van bewust zijn. Maar zorgverleners beïnvloeden hun cliënten vaak ook bewust omdat ze vinden dat dit goed is voor hun lichamelijke of geestelijke gezondheid. Op de golven van de tijdgeest en passend binnen hun beroep dragen zij waarden over als zelfredzaamheid, eigen verantwoordelijkheid en voor jezelf opkomen. Dat betekent nog niet altijd dat die waarden ook vanzelfsprekend 'goed' of 'heilzaam' zijn voor hun cliënten, ook al geloven die zorgverleners daar zelf wel in. Niet zelden is bij 'promotie' van de eigen discipline of organisatie sprake van cultuuroverdracht. De natuurgenezer zal bijvoorbeeld het gebruik van kruiden promoten. De farmaceutische bedrijven steken veel geld in het aanprijzen van de positieve werking van hun producten, zoals antidepressiva en maagzuurremmers.

Ook de overheid doet aan cultuuroverdracht via wetten, voorlichting en campagnes voor bijvoorbeeld zelfredzaamheid en de participatiesamenleving. En ook dit boek is een vorm van cultuuroverdracht. Het is een manier om een deel van het sociologisch gedachtegoed over te brengen op jou, de lezer.

Onderzoek laat zien dat cliënten met een cultuur die afwijkt van die van de zorgverlener, nogal eens zorg krijgen die niet past bij hun cultuur. De cultuur van de zorgverlener is vaak een witte middle class-cultuur. De taal daarvan is niet zelden te moeilijk of te abstract voor cliënten uit de lagere sociale klasse of cliënten van allochtone afkomst. Ook passen de redelijk lijkende doelen en de manier om daaraan te werken niet bij wat de cliënt wil, begrijpt of aankan. En zo hebben zorgverleners (en ook beleidsmakers) vaak andere verwachtingen van wat zij 'eigen verantwoordelijkheid' en 'zelfredzaamheid' noemen dan cliënten.

- **Wat vind je van de volgende stelling:**

  **Als je weinig macht en aanzien hebt, tot een lage sociale klasse behoort, weinig opleiding genoten hebt en arm bent, heb je minder kans op goede en passende zorg dan anderen.**

- **Wat vind je ervan dat cliënten zelf hun zorgverlener kunnen kiezen? Waarom vind je dat goed of niet goed?**

Burak is er zich steeds meer van bewust dat ook collega's cultuur op hem overdragen. Hij dacht nog wel dat hij onafhankelijk was en vooral zelfstandig keuzes maakte. Hij is echter niet de enige. Vrienden, collega's en patiënten overkomt hetzelfde. Vaak onttrekt die cultuuroverdracht zich aan hun eigen waarneming. Bovendien merkt Burak dat hij zelf als verpleegkundige ook een radertje is in die cultuuroverdracht. Ook hij 'protoprofessionaliseert' en hoort regelmatig hoe cliënten hem 'napraten'.

Ook hoort hij soms dat collega's moslims adviezen geven die haaks staan op hun cultuur, bijvoorbeeld omdat ze weinig weten van de ramadan en wat die betekent voor moslims.

## 4.5 Institutie

In onze samenleving zijn bepaalde levensgebieden geïnstitutionaliseerd. Dat wil zeggen dat er voor deze levensgebieden een geheel van met elkaar samenhangende gedragsregels is vastgelegd. Dat gebeurt op talrijke terreinen: de gezondheidszorg, het huwelijk, scholing, de verslavingszorg, wetgeving, defensie, enzovoort. Zo bestaan er instituties als het leger, een ziekenhuis, een verslavingszorginstelling, een EHBO-dienst, een crisisdienst, enzovoort.

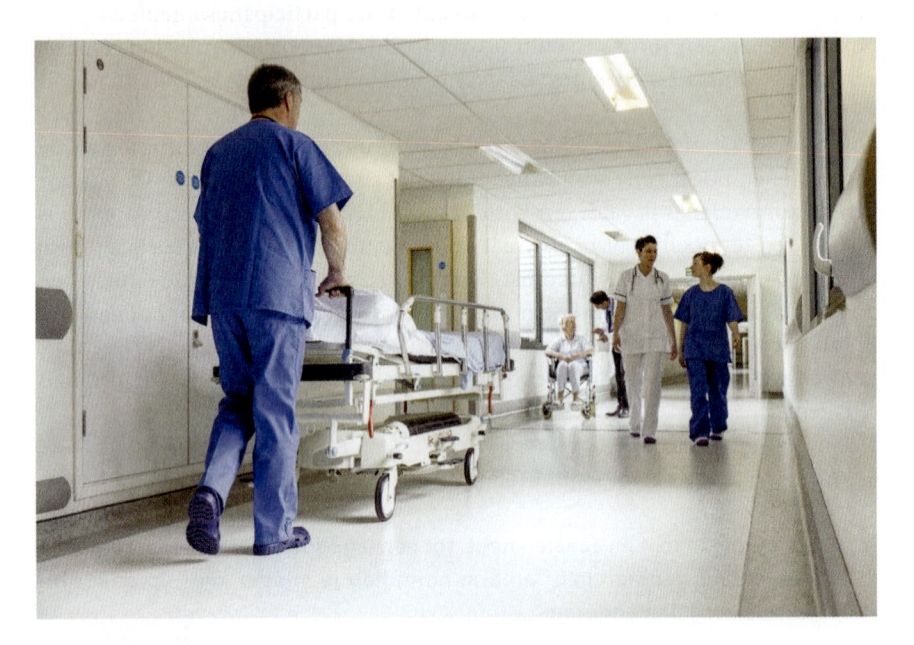

### Definitie

*Een institutie is een levensgebied dat een systeem van erkende normen en gedragspatronen kent die het gedrag van de mensen en hun onderlinge relaties regelen.*

Ook het ziekenhuis waar Burak werkt, is een institutie. Daarin geldt een 36-urige werkweek en de verplichting om onregelmatigheidsdiensten te draaien. Hij moet voor zijn functie in het bezit zijn van een hbo-diploma verpleegkunde en moet bereid zijn om regelmatig bijscholingen te volgen. Enzovoort.

Zo bestaan er op talrijke levensgebieden spelregels om het samenleven te reguleren en ordelijk te laten verlopen. Want stel je voor dat we elke keer weer moeten vaststellen wat wel en wat niet onder de privacy van een patiënt valt. Dan zou het enorm ingewikkeld worden om snelle en effectieve zorg te verlenen.

Meer voorbeelden van instituties zijn: gezin, onderwijs, taal, rechtspraak en kerk. De institutie 'gezin' kent bijvoorbeeld min of meer bindende regels over de (seksuele) omgang tussen man en vrouw, het krijgen van kinderen, opvoeding, echtscheiding, enzovoort.

Ook de gezondheidszorg is 'geïnstitutionaliseerd'. Je moet je verplicht verzekeren, als je ziek bent moet je dat binnen een bepaalde tijd melden bij je werkgever, voor verwijzing naar een specialist moet je een verwijsbrief van de huisarts hebben, medicijnen moeten vergezeld gaan van een bijsluiter, enzovoort. Verder zijn er regels om te bepalen of je in aanmerking komt voor behandeling in de eerste- of de tweedelijnsgezondheidszorg. Het complex van al deze regels noemen we de institutie 'gezondheidszorg'. Burak werkt in de institutie 'ziekenhuis' die deel uitmaakt van de grotere institutie 'gezondheidszorg'. De instelling waar Ahmed werkt is ook een dergelijke institutie en maakt deel uit van de landelijke institutie 'verslavingszorg'. En Tanja werkt op een basisschool, die deel uitmaakt van de institutie 'onderwijs'.

Instituties zorgen voor regelmaat in ons handelen en voorkomen wanorde. Bovendien maken instituties het mogelijk om het gedrag van anderen te voorspellen en ons daarop in te stellen. Als Burak voor zijn patiënt medicatie moet verzorgen, gelden daarvoor vaste regels. Hij hoeft deze niet zelf te bedenken. Voor contacten van ziekenhuispersoneel met de huisarts over een patiënt gelden weer andere regels. Meestal hebben we ons de regels van een institutie zo eigen gemaakt dat ons handelen bijna automatisch of vanzelfsprekend volgens deze regels verloopt. Een institutie maakt zo energie vrij, die voor andere dingen benut kan worden. Instituties kun je dus zien als een beperking van de vrijheid, maar ook als een bijdrage aan méér vrijheid. Wanneer regels wringen, steeds meer mensen erover klagen of wanneer zij niet effectief zijn, is verandering mogelijk. En dat gebeurt ook regelmatig.

Soms veranderen instituties ook omdat technologische ontwikkelingen dat mogelijk maken. Zo zijn onderwijsinstellingen als instituties ingrijpend veranderd door de opmars van ICT. Denk bijvoorbeeld aan de universitaire bibliotheken, waar vroeger lange wachtlijsten waren voor het lenen van boeken, terwijl nu veel studiestof via internet beschikbaar is.

- Beschrijf enkele waarden, normen, verwachtingen en doeleinden van de institutie 'hogere beroepsopleiding' die je volgt.
- Zie je die als een beperking van jouw vrijheid of vooral als een bijdrage daaraan?
- Welke regels zouden volgens jou veranderd moeten worden en waarom?

## 4.6 Bureaucratie

Een van de aartsvaders van de sociologie, Max Weber (1864-1920), heeft zich diepgaand beziggehouden met het verschijnsel bureaucratie.

> **Definitie**
>
> *Bureaucratie is volgens Weber een manier van organiseren waarbij activiteiten volgens bepaalde algemeen geldende principes en regels worden uitgevoerd.*

Een gedifferentieerd stelsel van bevoegdheden en uitvoeringsregels moet leiden tot een efficiënt en effectief functionerende organisatie. De regels en bevoegdheden zijn duidelijk omschreven en openbaar. Personeelsleden en klanten kunnen bezwaar aantekenen of in beroep gaan bij hogere instanties als zij zich onjuist behandeld voelen. Max Weber zou zich in zijn graf omdraaien als hij zou kunnen zien hoe in deze tijd het begrip bureaucratie vooral negatief wordt ingekleurd, met aanduidingen als 'onpersoonlijk', star en ondoorzichtig.

Voor Weber zijn regels vooral bedoeld om afhandeling van verzoeken of werkprocedures gecontroleerd te laten verlopen zodat de efficiency en de effectiviteit worden verhoogd. Ook moeten ze misbruik, corruptie of oneigenlijk gebruik van geld en andere middelen voorkomen. En ze moeten ervoor zorgen dat machthebbers geen misbruik maken van hun positie.

Tegenstanders van bureaucratische systemen verwijzen naar landen als Griekenland en Indonesië, waar bureaucratie juist corruptie in de hand werkt. Maar, zeggen anderen, misschien komt dat vooral doordat de regels daar onvoldoende worden gecontroleerd. Of doordat de controle in handen is van de partijen die uit zijn op misbruik.

Soms bestaan er ook ongeschreven regels waardoor sommige groeperingen, vaak de machthebbers, aan de controles kunnen ontsnappen. Dat kan zo ver gaan dat dit ontsnappen aan en het ontwijken van die controle deel wordt van een cultuur. En dat gebeurt niet alleen in als corrupt bekend staande landen. In Nederland zijn bijvoorbeeld belastingontduiking of belastingontwijking cultuurkenmerken van sommige groeperingen. Dat wordt als minder erg ervaren omdat 'iedereen eraan meedoet'. Het heet dan voor sommigen ook geen belastingontduiking maar 'creatief boekhouden'.

De weerstand tegen bureaucratie staat haaks op het feit dat wij op tal van terreinen de bureaucratie omarmen. We wensen bijvoorbeeld een perfect werkend (bureaucratisch) systeem voor het openbaar vervoer: de treinen moeten stipt op tijd rijden en abonnementen moeten snel en digitaal geregeld kunnen worden. En we willen ook graag een verfijnd belastingstelsel dat ons in staat stelt om jaarlijks ons belastingformulier in te vullen. En zouden we ook eigenlijk niet allemaal graag zien dat de mazen in de belastingwet via wat bureaucratische regels gedicht worden? Ook de gezondheidszorg kent talrijke bureaucratische regels die het mogelijk maken dat ziektes vroegtijdig worden opgespoord, wachtlijsten worden voorkomen en medicijnen direct beschikbaar zijn.

De bureaucratie staat vooral onder druk omdat het onpersoonlijke en rationele karakter ervan niet zo goed past bij onze hedendaagse cultuur, waarvan individualisme, vrijheid en eigen verantwoordelijkheid belangrijke kenmerken zijn. We willen niet als een nummer behandeld worden, willen graag persoonlijke aandacht en autonoom zijn. Voor veel geïndividualiseerde burgers is bureaucratie een 'Fremdkörper', dat ze liever kwijt dan rijk zijn.

Een andere reden voor de weerstand tegen bureaucratie is dat veel regels niet werken zoals bedoeld. Of omdat het volgen ervan zoveel tijd kost dat de kosten niet opwegen tegen de baten. 'De administratieve verrichtingen kosten te veel handen aan het bed', klinkt het al jaren in de politiek, zonder dat er overigens veel verandert. Ook het in 2017 aangetreden kabinet-Rutte III heeft beloofd daar iets aan te doen. Net als Kok II in 1998 en Balkenende I in 2002. De vraag is of het nu zal lukken, want in onze zorgcultuur is er weinig tolerantie voor fouten. Als er een incident is geweest, is meestal de eerste vraag: 'Zijn de regels of is het protocol wel gevolgd?' Soms lukt versoepeling en daar putten veranderaars hoop uit. Zo hebben de huisartsen in 2016 in overleg met de minister van VWS in één klap een regeldrukvermindering van 25% doorgevoerd. Dat kon zonder dat de patiënt daar schade van ondervindt, zo was de verwachting.

Volgens filosoof Ben Kuiken (2012) worden regels vaak gemaakt op basis van incidenten, terwijl het in 99 procent van de gevallen goed gaat. Achter deze reflex gaat het geloof schuil dat we alle fouten kunnen voorkomen. Een verandering van de regelcultuur betekent dat we meer fouten moeten tolereren en meer vertrouwen moeten geven, bijvoorbeeld in de zorg- en welzijnssector, aan de professional. Maar een cultuur verander je niet zo maar, want die wordt ingeslepen op opleidingen en nascholingen van professionals en managers.

Vaak wordt als argument voor al die regels en protocollen niet helemaal ten onrechte ook de toenemende claimcultuur aangevoerd. Fouten in de zorg als gevolg van het niet volgen van de regels geven patiënten en cliënten het recht om financiële claims in te dienen. Dat gebeurt in toenemende mate. Daarbij komt nog dat de zorgverleners veel zekerheid en vertrouwen kunnen putten uit de regels en protocollen. Ze voorkomen dat zorgverleners twijfelen over de juiste aanpak of steeds moeten overleggen.

Bureaucratische regels zijn vaak te ingewikkeld voor mensen die hier niet dagelijks mee omgaan. Door die ingewikkeldheid blijven persoonlijke subsidies of aanmaningen vaak liggen. Mensen begrijpen de procedures niet of de taal is simpelweg te ingewikkeld, ze komen in geldnood of betalen rekeningen maar niet, waardoor de problemen zich opstapelen. Controleurs en incassobedrijven hebben daar niet altijd begrip voor en handelen 'strikt volgens de regels', met veel ellende als gevolg.

De toename van regels heeft ook te maken met de het feit dat het management, de zorgverzekeraar, de inspectie en de overheid willen dat professionals verantwoording afleggen over hun handelen. En dat botst met de cultuur van vooral hoogopgeleide professionals, die vrijheid en eigen verantwoordelijkheid als een hoog goed zien. Als je minder regels wilt, moet je de teugels laten vieren, fouten tolereren en verantwoordelijkheid delegeren. Het voordeel daarvan kan zijn dat professionals hun werk met meer motivatie en betrokkenheid zullen doen dan wanneer zij hun verantwoordelijkheid vooral definiëren als regeltrouw.

Overigens is het wantrouwen van managers, verzekeraars, inspectie en overheid niet helemaal onterecht. Er zijn tal van voorbeelden waarbij onjuiste of onzorgvuldige administratie van professionals de werkgever veel geld kost. De laatste jaren zijn er ook nogal wat berichten over zelfstandige professionals of werkgevers die knoeien met administratieve gegevens en bij de verzekeraar of de overheid meer geld claimen dan waarop ze recht hebben. In het kader van het persoonsgebonden budget (pgb) zijn daarvan tal van voorbeelden te noemen. Je zou je ook kunnen afvragen of de marktwerking in zorg en welzijn creatief boekhouden niet bevordert. Deregulering, of zo men wil debureaucratisering, is dus geen gemakkelijke opgave, omdat verschillende partijen er zowel baat bij hebben als last van hebben.

**Wat vind je van de stelling: 'Zonder bureaucratie is noch politieke, noch economische vrijheid mogelijk.'**

## 4.7 Ideologie

Samenlevingen en groeperingen ontstaan en bestaan omdat de leden gemeenschappelijke opvattingen en overtuigingen hebben. Zij steken vaak veel energie in de rechtvaardiging van die waarden om intern sterk te staan en naar buiten kracht te tonen. Zo maken de Catalanen zich sterk voor een zelfstandig Catalonië en roept Trump alsmaar 'USA first'. Die standpunten hebben een sterke ideologische basis.

**Definitie**

*Een ideologie is het geheel van opvattingen en overtuigingen dat het streven van een groepering zin geeft en rechtvaardigt en dat voor de aanhangers ervan boven iedere twijfel verheven is.*

Net als andere sociologische begrippen gebruiken we de term 'ideologie' neutraal. Dat wil zeggen dat we ideologieën niet goed- of afkeuren maar zien als feiten. Ideologieën hebben de pretentie om een verklaring van dé werkelijkheid te geven. Organisaties, instellingen, politieke partijen en andere groeperingen gebruiken hun ideologie om hun handelen te legitimeren en om mensen te mobiliseren. Een ideologie biedt houvast. Ideologieën verschillen in de mate waarin de aanhangers ervan hun opvattingen en overtuigingen uitdragen of die van anderen bekritiseren of aanvallen. Conflicten tussen fervente aanhangers van verschillende ideologieën zijn vaak moeilijk op te lossen. Denk bijvoorbeeld aan het conflict tussen de Palestijnen en de Israëliërs, die fundamenteel verschillen over wie het grondgebied van het vroegere Britse mandaatgebied Palestina toebehoort: aan de Palestijnen of aan de Israëliërs.

Voorbeelden van ideologieën op mondiaal niveau zijn het communisme, het socialisme, het moslimfundamentalisme en de democratie. Ook organisaties, verenigingen, actiegroepen en politieke partijen op nationaal of regionaal niveau hebben ideologieën. Niet altijd zijn leden van groeperingen zich bewust van hun ideologie. Ze zijn er zo mee verbonden dat ze niet beseffen dat ze een ideologie aanhangen. 'Het is goed zo, vanzelfsprekend ook en altijd zo geweest. En ieder die daar anders over denkt, zit fout.'

Een ideologie verschaft morele zekerheid over wat goed en fout is en vergroot de eensgezindheid en solidariteit binnen een groepering. Ideologieën leiden vaak tot bestrijding van groeperingen met andere ideologieën. Hierbij zullen de strijdende partijen zelden onderkennen en/of toegeven dat de strijd vanuit een ideologie plaatsvindt. Elke partij denkt 'de waarheid' in pacht te hebben en zal ontkennen dat het gaat om een ideologie die vooral eigen doelen en belangen rechtvaardigt.

## 4.8 Organisatiecultuur

Elke organisatie heeft een eigen cultuur. Over het algemeen zijn er veel overeenkomsten in cultuur tussen organisaties in Nederland. Maar er zijn ook verschillen. Harrison (1972) onderscheidt vier cultuurtypen, die inzicht geven in het functioneren van organisaties. Dit onderscheid is nog steeds waardevol en nuttig bij het leren begrijpen van cultuurverschillen tussen organisaties. Hij maakt een onderscheid tussen de machts-, rol-, taak- en individucultuur.

### *Machtscultuur*

In een organisatie met een machtscultuur is er een centraal machtscentrum van waaruit de bevelen worden gegeven. Er is weinig bureaucratie. Op vitale plaatsen zitten sleutelfiguren aan wie macht is gedelegeerd. Resultaten bepalen het succes en individuele prestaties zijn belangrijk. Gehoorzaamheid aan de baas is een belangrijke waarde in deze cultuur.

Burak ziet dat de cultuur van het ICT-bedrijf waar Klaas, een vriend van hem, werkt duidelijke kenmerken heeft van een machtscultuur. De directeur is een sterke, slagvaardige en ambitieuze man. Medewerkers die zich loyaal ten opzichte van hem gedragen en hard werken in overeenstemming met zijn aanwijzingen, maken snel promotie. Onderlinge competitie wordt gestimuleerd. Er is hoge waardering voor overwerken in eigen tijd. Geldelijke beloning en persoonlijke macht zijn belangrijke motieven om zich voor het bedrijf in te zetten.

### *Rolcultuur*

In een rolcultuur overheerst de bureaucratie. De organisatie bestaat uit functionele afdelingen die vanuit de top worden gecoördineerd. Het in stand houden en perfectioneren van het systeem is vaak belangrijker dan de slagvaardigheid of flexibiliteit. Taken, functies en procedures zijn gedetailleerd uitgewerkt. Orde is belangrijk en normen worden strikt nageleefd.

In het gemeentehuis, waar Buraks vriend Ahmed nogal eens komt, is volgens hem sprake van een dergelijke rolcultuur. De 'bazen' gedragen zich zakelijk, onpersoonlijk en correct. De werkers zijn betrouwbaar en voldoen aan hun verplichtingen. Mensen die zich het meest houden aan de voorschriften en de prestatienormen hebben de beste promotiekansen.

### *Taakcultuur*

Bij een taakcultuur ligt de nadruk op de taken die een organisatie uitvoert om haar doelen te bereiken. Die taken moeten zo goed mogelijk worden gedaan. De werknemers zijn pragmatisch en voegen zich naar de eisen die het werk stelt. Deskundigheid is belangrijk en vaak wordt er in teams gewerkt. Belangrijke waarden in deze cultuur zijn: de organisatie komt op de eerste plaats, medewerkers zijn deskundig en ze krijgen veel verantwoordelijkheid.

Het architectenbureau waar Buraks vriend Zahid werkt heeft een taakcultuur. Mensen en middelen worden op een doelmatige manier ingezet om de doelstelling van de organisatie te bereiken. Het verband waarin gewerkt wordt, thuis of op het bureau, is minder belangrijk dan het werk dat gedaan moet worden. Er wordt veel waarde gehecht aan vakkennis en de medewerkers moeten bereid zijn deze vakkennis gemotiveerd in te zetten ten behoeve van de organisatie. De kwaliteit van het werk bepaalt de promotie van de medewerkers.

*Individucultuur*
Deze cultuur treffen we aan in organisaties waarin mensen vooral gericht zijn op het realiseren van individuele doelstellingen. Meestal is er een minimum aan structuur en voorschriften. Eigen ontplooiing en vrijheid van de medewerkers zijn belangrijke waarden. Er bestaan weinig normen en de normen die er zijn, worden nogal eens overtreden zonder dat er een sanctie volgt.

Ahmeds vriend Burak vindt dat de instelling voor verslavingszorg waar hij werkt, veel kenmerken heeft van een individucultuur. Er is veel belangstelling voor de persoonlijke belangen en waarden van de leden. De eigen ontplooiing staat centraal. Zo zijn de bijscholingen die de hulpverleners volgen vaak meer gericht op de eigen carrière en ontplooiing dan op de eisen van het werk. Er wordt veel tijd en energie besteed aan het bevredigend onderling functioneren. Belangstelling voor en plezier in het werk zijn belangrijk. Ahmed heeft veel moeite met deze cultuur. Hij zou liever zien dat de regels wat strakker waren en er ook meer eisen aan de medewerkers gesteld werden.

De vier typen organisatieculturen zijn ideaaltypen. In de praktijk zullen veel organisaties kenmerken vertonen van meerdere types.

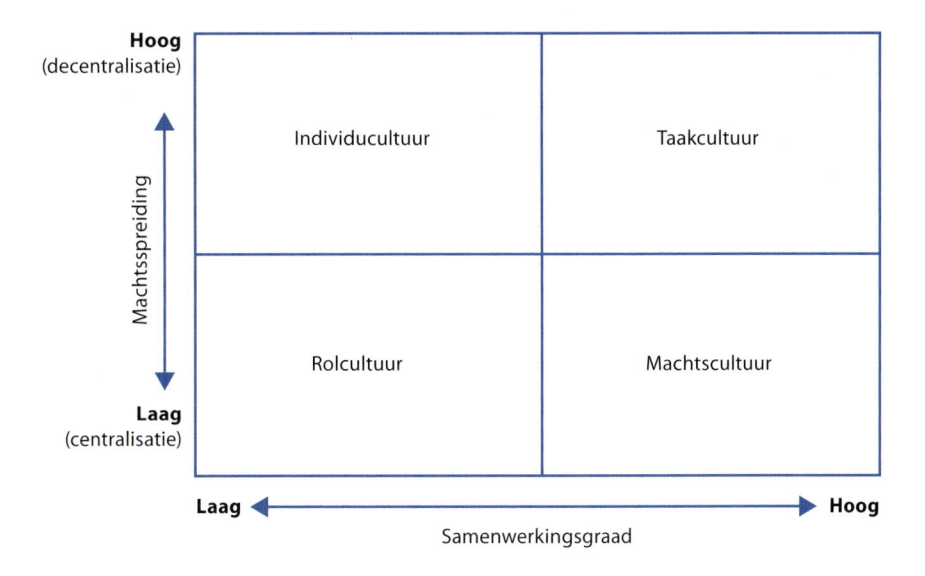

|  | Laag (Samenwerkingsgraad) | Hoog (Samenwerkingsgraad) |
|---|---|---|
| **Hoog (decentralisatie)** | Individucultuur | Taakcultuur |
| **Laag (centralisatie)** | Rolcultuur | Machtscultuur |

Figuur 4.2   Organisatiecultuur volgens Harrison

Alle vier de organisatieculturen hebben een specifieke invloed op het reilen en zeilen van de organisatie en het welbevinden van medewerkers. Zo bieden organisaties met een rolcultuur en een individucultuur medewerkers veel zekerheid. Bij de taakgerichte en individugerichte organisaties zullen de leden zich eerder vrijwillig inzetten voor waardevolle doelstellingen. Dit zal minder het geval zijn bij de andere twee typen. Het vermogen om snel en adequaat te reageren op dreiging en gevaarlijke situaties is het grootst in een machtscultuur (bijvoorbeeld het leger of de politie) en het kleinst in individugerichte organisaties. Dreiging wordt daar laat ontdekt en de mobilisatie komt traag op gang. Welke cultuur binnen welke organisatie ontstaat, hangt ook af van de doelstellingen van de organisatie. Zo past een machtscultuur beter bij de brandweer of het leger dan bij een voetbalvereniging of een politieke partij.

- In welk soort organisatiecultuur zou jij het liefst werken? Waarom?
- Wat voor type organisatiecultuur heeft de opleiding die jij volgt?

## 4.9 Cultuurverschillen

Burak en Ahmed vinden het belangrijk dat mensen uit verschillende culturen met elkaar leren omgaan. Cultuurverschillen kunnen zo een verrijking voor de samenleving betekenen. Ze hebben de indruk dat na de moord op Theo van Gogh en de aanslagen op de Twin Towers de acceptatie en tolerantie in de samenleving zijn afgenomen. Ook de toestroom van vluchtelingen en de verharding van standpunten van sommige politieke partijen hebben daar geen goed aan gedaan. Allochtonen en dan vooral de moslims onder hen, worden nu meer als een probleem gezien en over één kam geschoren.

Allochtonen die geconfronteerd worden met onze Nederlandse cultuur ervaren regelmatig problemen. Vaak zien we die niet omdat we onvoldoende in staat zijn om vanuit hun perspectief naar hun ervaringen en belevingen te kijken. Burak herinnert zich nog twee Antilliaanse studenten in zijn klas. Aanvankelijk zijn klasgenoten nieuwsgierig naar hoe het eraan toegaat op de Antillen. Later blijkt dat deze Antillianen niet zo veel op hebben met waarden als eigen verantwoordelijkheid en opkomen voor jezelf, die kenmerkend zijn voor de Nederlandse cultuur. Ook is de taal voor hen een probleem. En de druk die ze voelen om altijd eerlijk te zijn en een eigen mening te hebben. Na enkele maanden slaat bij sommige klasgenoten de aanvankelijke nieuwsgierigheid om in medelijden, ergernis en pesterijen. De twee studenten trekken zich meer en meer terug en na een half jaar verdwijnt één van hen van school. Slechte studieprestaties van de ander zorgen ervoor dat hij het eerste jaar moet overdoen. Ook sommige leerkrachten hebben weinig begrip voor deze studenten, want ook zij hebben de norm dat studenten assertief moeten zijn en dat leren een persoonlijke verantwoordelijkheid is van elke student. En als ze dat nog niet weten, moeten ze het maar leren.

Burak heeft met de twee studenten te doen, omdat hij uit eigen ervaring weet hoe het is om als enkeling te moeten overleven in een dominante cultuur. Hij heeft zich uiteindelijk redelijk aangepast zonder zijn identiteit geweld aan te doen. Maar dat lukt niet iedereen.

---

**Kader 4.1**  Geloofsovertuigingen

Geloofsovertuigingen kunnen een belangrijke rol spelen in de wijze waarop met eten wordt omgegaan.
Zo verbiedt de islam expliciet om bepaalde producten te consumeren, zoals bloed, varkensvlees, aas, alcohol en andere verslavende stoffen. Ook moeten de islamieten vasten tijdens de ramadan.
De joden verdelen de levensmiddelen in koosjer (toegestaan) of niet koosjer (niet toegestaan).
Boeddhisten mogen geen vlees eten en ook geen groenten uit de uienfamilie.
Mormonen drinken geen cafeïnehoudende dranken zoals koffie en thee.
Vanwege hun geloof in reïncarnatie zijn de hindoes uit de hoogste kasten vegetariërs.
Andere hindoes eten geen rundvlees vanwege de heiligheid van het vee.

---

Vaak gebruiken we onze eigen cultuur als maatstaf voor de beoordeling van mensen met een andere cultuur. Daarbij beschouwen we onze eigen normen en waarden als superieur. Amerikanen zijn agressors, Grieken zijn corrupt, fundamentalistische moslims zijn terroristen, hoeren zijn zedeloos en Marokkaanse jongeren crimineel. Dikwijls spreken we deze oordelen uit zonder dat we ons bewust zijn van onze eigen cultuur. En juist daardoor zijn wij de gevangenen van die cultuur. Wie alleen zijn eigen cultuur kent, kent ook die niet. We zijn vrijer naarmate wij ons meer bewust zijn van onze culturele gebondenheid. Hoe minder we ons bewust zijn van de culturele bindingen, hoe eerder we ertoe komen de eigen cultuur als superieur aan andere culturen te beschouwen. Dit leidt tot vooroordelen en etnocentrisme, zoals we al zagen in hoofdstuk 2 en 3. De eigen cultuur wordt superieur geacht en andersdenkenden worden verketterd. Dat gebeurde met de Antilliaanse studenten. Enkele groepsgenoten drukten dat zo uit: 'Als ze zich niet willen aanpassen, moeten ze maar teruggaan naar waar ze vandaan komen.'

Hofstede (2010) heeft een prachtig boek geschreven over cultuurverschillen tussen landen en volkeren. Hij onderscheidt vijf cultuurdimensies:
1. machtsafstand;
2. collectivisme tegenover individualisme;
3. masculiniteit tegenover feminiteit;
4. onzekerheidsvermijding;
5. lange- en kortetermijngerichtheid.

## Machtsafstand

Met machtsafstand bedoelt Hofstede de mate waarin de minder machtige leden van instituties of organisaties in een land verwachten en accepteren dat de macht ongelijk verdeeld is. Latijns-Amerikaanse en Arabische landen scoren hier vrij hoog. België scoort hoger dan Nederland en Denemarken en Oostenrijk scoren erg laag. De machtsafstand is in de landen van herkomst van de meeste allochtonen in ons land meestal veel groter dan in Nederland. Tanja is minder gezagsgetrouw dan Burak. Hij heeft bijvoorbeeld grote waardering voor Erdogan, die in de ogen van Tanja een dictator is. De machtsafstand is in Turkije veel groter dan in Nederland. Voor veel Turken in Nederland is dat geen probleem, want Erdogan is hun held.

## Collectivisme en individualisme

In de praktijk verschillen culturen in de mate waarin ze collectivistisch of individualistisch zijn. De meeste allochtonen in Nederland hebben een collectivistische cultuur. De Nederlandse cultuur heeft vooral individualistische kenmerken. Hofstede spreekt van collectivisme wanneer individuen vanaf hun geboorte opgenomen zijn in sterke, hechte groepen, die hun bescherming bieden in ruil voor onvoorwaardelijke loyaliteit. In collectivistische culturen is het zoeken naar harmonie met de sociale omgeving een belangrijke deugd. Het wordt bijvoorbeeld als onbeschoft en onwenselijk beschouwd om een directe confrontatie aan te gaan.

Er is sprake van individualisme als de onderlinge banden tussen de individuen los zijn. In eerste instantie moeten mensen vooral voor zichzelf en hun naaste familie zorgen. Ook een eigen mening geven en de nadruk op eigen verantwoordelijkheid zijn kenmerken. Je status verdien je door eigen prestaties. De omgang met elkaar is direct, zakelijk en eerlijk.

Nederlanders zeggen eerder wat ze denken. In het gezin van Burak heerste vroeger vooral rust en harmonie. Er was een sterk wij-gevoel en zijn vader, trouw ondersteund door zijn moeder, was de baas. Toen Burak mede onder invloed van Tanja, de opleiding en zijn (Nederlandse) vrienden en vriendinnen 'verwesterde', ontstonden spanningen en ruzies. Toen zijn vader hem ten slotte verbood om met Tanja om te gaan, is hij het huis uit gegaan.

De mate van individualisme is hoog in de Verenigde Staten en bijvoorbeeld laag in Guatemala. Rijke landen zijn over het algemeen individualistischer dan arme landen.

Individualistische samenlevingen, zoals de Nederlandse, zijn ook meer 'schuldculturen'. Als je je niet houdt aan de regels van de samenleving, voel je je schuldig. Je laat je leiden door je geweten, dat functioneert als een innerlijke gids.

Collectivistische samenlevingen zijn meer 'schaamteculturen'. Als je de regels van de samenleving hebt overtreden, zullen de leden van de groep zich schamen, op grond van een gevoel van collectieve verplichting. Schaamte is vooral sociaal van aard, schuld is meer individueel. De schaamte berust vooral op het bekend worden van de overtreding en niet zozeer op de overtreding zelf. Er is dan sprake van gezichtsverlies. Dit geldt niet voor schuld; die voel je ook onafhankelijk van de vraag of anderen van de misstap op de hoogte zijn. De ouders van Burak schamen zich voor de Turkse gemeenschap omdat hun zoon het huis uit gegaan is en nu samenwoont met Tanja.

Ahmed heeft met Burak regelmatig diepgaande gesprekken over drugsgebruik van specifieke groepen allochtonen. Zij denken dat dit vooral te maken heeft met verminderde sociale controle en het onvermogen om zelf de verantwoordelijkheid te dragen. Het zet hen ook aan het denken over de hulpverlening aan deze mensen. Een individualistische benadering zou wel eens gedoemd kunnen zijn te mislukken voor mensen met een collectivistische cultuur, denken ze.

### Masculiniteit en feminiteit

In een masculiene samenleving zijn mannen competitief, assertief en ambitieus; vrouwen zijn bescheiden, dienstbaar en solidair. In meer feminiene samenlevingen zijn die verschillen minder groot en kunnen of mogen mannen ook bescheiden, dienstbaar en sociaal zijn. Hofstede bestempelt Japan als de meest masculiene samenleving en Zweden als de meest feminiene. Ook de Nederlandse samenleving noemt hij feminien. In meer masculiene culturen wordt van de jongens machogedrag verwacht, terwijl dit juist wordt afgekeurd in meer feminiene culturen, zoals de Nederlandse. In de Turkse cultuur ziet Burak veel van dat machogedrag terug.

Seksegebonden waarden en gedragspatronen worden vanaf de vroege jeugd op tal van subtiele manieren ingeslepen. De personen zelf ervaren ze als 'natuurlijk' en vanzelfsprekend. Cultuurconfrontaties leiden daarom vaak tot conflicten en desoriëntatie. Wij Nederlanders, althans een groot gedeelte daarvan, vinden machogedrag niet acceptabel, ook al is het een kenmerk van verschillende autochtone groepen. Voor allochtonen met een sterk masculiene cultuur is het erg wennen aan zelfverzekerde Nederlandse vrouwen.

### Onzekerheidsvermijding

Culturen verschillen in de mate waarin zij trachten onzekerheid te vermijden. Onzekerheid veroorzaakt spanning en iedere samenleving heeft manieren ontwikkeld om spanningen te voorkomen of te verlichten. Dit gebeurt via techniek, taal, wetgeving, religie, de politiek, enzovoort. Gevoelens van onzekerheid en hoe men ermee omgaat zijn aangeleerd. Bij onzekerheidsvermijding gaat het om het vermijden van bedreigende, onzekere en onbekende situaties. Mensen in hoog scorende landen hebben de neiging veel onder controle te willen houden terwijl in laagscorende landen mensen alles makkelijker op zich af laten komen. Mediterrane landen, Japan en België scoren hoog, Nederland en Duitsland scoren middelmatig en Engeland scoort laag. De meeste allochtonen in Nederland komen uit een cultuur die een hogere mate van onzekerheidsvermijding heeft dan de Nederlandse. Het gaat daarbij niet zozeer om het beperken van risico's als wel om het verminderen van onduidelijkheid.

In landen met weinig onzekerheidsvermijding laten normen meer ruimte voor persoonlijke interpretaties in concrete situaties. Afwijkend gedrag wordt in deze landen ook niet zo gauw als bedreigend ervaren. Studenten en werknemers uit landen met een sterke onzekerheidsvermijding verwachten van hun docenten en bazen dat zij deskundig zijn, de leiding nemen en de antwoorden weten op gestelde vragen. Zij zullen niet openlijk met hun docenten of bazen van mening verschillen. Studenten uit landen met een lage onzekerheidsvermijding gaan vaker met een docent in discussie en ze accepteren eerder docenten die zeggen dat zij iets niet weten.

### *Lange- en kortetermijngerichtheid*

Langetermijngerichtheid kenmerkt zich door spaarzaamheid, zuinigheid, volharding en uitstel van onmiddellijke behoeften. De beloning komt in de toekomst. Veel Oost-Aziatische landen scoren het hoogst op langetermijngerichtheid.

Bij kortetermijngerichtheid ligt de nadruk meer op onmiddellijke behoeftebevrediging en consumptie. Vooral Afrikaanse en Midden-Amerikaanse landen scoren hoog op kortetermijngerichtheid.

Vergeleken met andere westerse samenlevingen scoort Nederland vrij hoog op langetermijngerichtheid. Niet voor niets zegt men dat Nederlanders een calvinistische inslag hebben en zuinig zijn. Ze worden ook wel de Chinezen van Europa genoemd. Opvallend voor landen met een langetermijngerichtheid is ook een relatief grote economische groei. De kortetermijngerichtheid vind je ook vaak in ontwikkelingslanden. Heel begrijpelijk ook omdat in die landen op de toekomst vaak geen peil te trekken valt.

Burak merkt dat hij meer een kind is van het kortetermijndenken. Hij vindt het maar niks dat Tanja wil sparen voor een huis en niet zo gemakkelijk geld uitgeeft aan leuke gadgets, buitenshuis eten en feestjes.

De typologie van Hofstede geeft ons inzicht in cultuurverschillen tussen landen en volkeren. Maar er zit ook een gevaar in. Het benadrukken van deze verschillen kan gemakkelijk leiden tot stereotypering. Bovendien bestaat de kans dat we te weinig oog hebben voor het individuele gedrag binnen een cultuur. In alle culturen wijken mensen af van het overheersende cultuurpatroon en in alle culturen bestaan gevarieerde subculturen. Zo zijn er in Nederland groeperingen die zich macho-achtig gedragen en op de Antillen groeperingen met een meer feminiene inslag.

**Maak een afspraak met iemand van een andere cultuur (van herkomst) dan jij. Onderwerp van dat gesprek is 'onze cultuurverschillen'. Gebruik daarbij de cultuurdimensies van Hofstede om te achterhalen op welke punten jullie culturen verschillen.**

## 4.10 Multicultureel Nederland

Nederland is een multicultureel land maar we hebben ook een eigen cultuur. Of niet soms? De uitspraak 'Dé Nederlander bestaat niet' van koningin Máxima viel enkele jaren geleden niet goed bij veel landgenoten. Kennelijk bestaat dé Nederlander wel of willen we dat die bestaat. Vooral in deze tijd van globalisering. De wereld wordt steeds kleiner. Nederlanders bereizen de hele wereld. En die wereld komt onze huiskamer binnen via de moderne massamedia. Stromen immigranten, vluchtelingen en asielzoekers vestigden zich de laatste decennia in Nederland. Er komen meer en meer buitenlandse studenten en internationaal opererende bedrijven trekken medewerkers uit andere landen aan.
Onze cultuur heeft zich in de loop der jaren meer en meer vermengd met andere culturen. Dit leidt tot een reactie die ook wel 'glocalisering' wordt genoemd: de behoefte aan integratie van het globale met het lokale.
Door de 'multiculturalisering' vervaagt de nationale identiteit. Die vervaging leidt op haar beurt weer tot het verlangen naar een eigen identiteit. Sommige groeperingen bepleiten daarom versterking van het nationalisme. Bijvoorbeeld door een beroep op onze heldendaden in het verleden. We moeten trots zijn op onze Gouden Eeuw en 'onze' Verenigde Oost-Indische Compagnie (VOC). Kinderen op school moeten onze zeehelden bewonderen en films over die helden doen daar nog eens een schepje bovenop. De misdaden van de VOC en die zeehelden zijn echter eeuwenlang onder het tapijt geveegd en de mensen die in deze tijd dat tapijt willen oplichten, kunnen niet op veel bijval rekenen. De nationale vlag wappert sinds kort in de Tweede Kamer en het Wilhelmus wordt verplichte leerstof op school. En we hebben de canon van onze geschiedenis.

Het Sociaal en Cultureel Planbureau verwacht in *De toekomst tegemoet* (2016a) dat Nederlanders zich in de toekomst meer zullen begeven tussen soortgenoten en gelijkdenkenden. Het overbruggen van tegenstellingen zal er daardoor niet gemakkelijker op worden. De gemiddelde Nederlander voelt zich meer verbonden met zijn land dan met Europa. Een uitzondering vormen de 'wereldburgers' wier leefpatroon zich afspeelt op internationale schaal. Voorlopig lijkt dit leefpatroon echter voorbehouden aan een elite, die hiervoor de middelen heeft en zich hiertoe aangetrokken voelt.

De belangrijkste opgave voor de komende tijd is misschien wel om een gezonde mate van diversiteit te laten bestaan. Zal onze samenleving willen meebewegen met de culturele identiteit van migranten? Zullen hun kinderen op school vooral moeten leren over de Gouden Eeuw, Willem van Oranje en de Europese Unie of komt ook de wereldgeschiedenis aan bod vanuit verschillende perspectieven? En moeten zij ook het Wilhelmus leren zingen, waarvoor Buma van het CDA al een voorzet gegeven heeft tijdens de Tweede Kamerverkiezingen in 2017? En gaat Rutte dezelfde kant op als Trump met de oproep 'Nederland eerst'?
Kortom: staan uitsluitend de westerse waarden centraal of worden die bijvoorbeeld in het onderwijs gerelativeerd door ook andere perspectieven aan bod te laten komen?
Multicultureel Nederland komt ook nog aan de orde in de hoofdstukken 5, 6 en 7.

## 4.11 Sociaal bewustzijn

Hoe bewust zijn we ons eigenlijk van de cultuur waarin we leven? Meestal voelt het aan als een warm bad, waarin we ons geborgen en veilig voelen. Zoals een vis in het water. Die ervaart het water als de enige cultuur waarin te leven valt. Voor de mens is cultuur wat het water is voor de vis. Zonder de vertrouwde cultuur snakken we naar adem.
Maar buiten dat water ligt een andere wereld waar veel te leren valt. Daarvoor zijn nieuwsgierigheid en een behoorlijke dosis lef nodig. En ook enig besef dat jij niet in het paradijs leeft of in het centrum van de wereld. Vaak vinden we onszelf sociaal bewuster dan we in feite zijn. Er zijn ideologieën, sektes en godsdiensten die hun 'geloof' beschouwen als het summum van sociaal bewustzijn. En sommigen voelen zich na het gebruik van geestverruimende middelen in een hogere bewustzijnshemel.
Freire (1972) maakte al lang geleden een verhelderend onderscheid tussen drie vormen van bewustzijn: het fatalistisch, naïef en kritisch bewustzijn.
Het fatalistisch bewustzijn wordt door de werkelijkheid beheerst. De mens ondergaat zijn lot als noodzakelijk: 'zo is het nu eenmaal', 'er is altijd oorlog geweest' en 'een dubbeltje wordt nooit een kwartje'.

Bij een naïef bewustzijn is de mens blind voor de werkelijkheid en zoekt hij naar willekeurige oorzaken voor gebeurtenissen. Zo wil hij gebeurtenissen naar zijn hand zetten. Hij probeert voor zichzelf een bevredigende verklaring te zoeken en dat geeft een gevoel van veiligheid. 'Omdat leerlingen niet hard genoeg studeren, zijn hun resultaten slecht.' 'Bankdirecteuren zijn zakkenvullers.' En mensen in de bijstand zijn 'profiteurs'.

Het kritisch bewustzijn is een manier van denken en voelen die de mens bewust maakt van zijn eigen situatie, van de historische, culturele en sociale bepaaldheid hiervan en van de onverbrekelijke verbondenheid tussen mens en wereld. Het 'kritisch bewustzijn' van Freire komt overeen met wat wij eerder 'sociaal bewustzijn' noemden. En ook de oproep van Martinez om op zoek te gaan naar de grenzen van onze vrijheid kun je zien als een oproep tot het vergroten van ons sociaal bewustzijn.

**Geef eens een voorbeeld uit jouw eigen omgeving van elke vorm van bewustzijn die Freire noemt.**

Tijdens zijn jeugd overheerst bij Burak vooral een fatalistisch bewustzijn. Zijn ouders geven hier blijk van als ze tegen zijn zussen zeggen: 'Meisjes hoeven niet te gaan werken, ze gaan toch trouwen.' Later, tijdens Buraks opleiding, is ook vaak sprake van naïef bewustzijn bij hem en andere studenten. Zoals: 'dat soort patiënten zal het nooit leren om verstandig en gezond eten'. Of: 'ik ga niet stemmen want al die politici maken er toch een zootje van'.

De laatste tijd is er bij Burak sprake van een toenemend kritisch bewustzijn. 'De lessen sociologie hebben daartoe de aanzet gegeven', schrijft hij in een evaluatieverslag.

Fatalistisch en naïef bewustzijn zijn beide vormen van 'vals bewustzijn'. Dat is een bewustzijn dat een vertekend beeld heeft van de werkelijkheid. Soms proberen groeperingen via cultuuroverdracht bewust een vals bewustzijn over te dragen. Zo kunnen kerstgeschenken, feestjes en de viering van jubilea door een werkgever gebruikt worden om trouw aan het bedrijf te bewerkstelligen en de aandacht af te leiden van slechte werkomstandigheden of lage salariëring.

Ook dit hoofdstuk biedt kansen om je sociaal bewustzijn te vergroten. De theorie, de voorbeelden en de vragen kunnen je helpen ontdekken hoe jouw denken en handelen verschillen van mensen met een andere cultuur. Zie het vooral als een avontuur wanneer je met nieuwsgierige ogen en open oren andere mensen met een andere cultuur benadert. En onderzoek ook eens je eigen cultuur zonder die gekleurde bril, waar je zo aan hecht. Eigenlijk is dat ook je plicht als zorgverlener: je verdiepen in de cultuur van je cliënten. Want vaak is die anders dan die van jou. En als je dat verschil niet kent, zal echt contact moeilijk zijn.

## 4.12 Conclusies

De cultuur waarin we leven, de waarden, normen, verwachtingen en doeleinden, zijn van grote invloed op ons denken en handelen. Cultuur is voor de mens wat het water is voor de vis. Er zijn vele groeperingen en volkeren die in hun eigen water zwemmen. Hun eigen water, zo vinden ze, heeft de beste kwaliteit. In sommige andere wateren valt nog wel te leven, maar er is ook water waarin ze vrezen dood te gaan.
Toch krijgen we in toenemende mate met andere culturen te maken. Soms ervaren we die als een verrijking. Maar die kans is kleiner naarmate de verschillen groter en indringender zijn.
Overwaardering van de eigen cultuur kan leiden tot onbegrip voor iemand met een andere cultuur, bijvoorbeeld jouw cliënt, waardoor het moeilijker wordt om de zorg goed op die persoon af te stemmen. Daarom is het belangrijk dat zorgverleners zich bewust zijn van hun eigen cultuur en die van hun cliënten.

Zorgorganisaties hebben een eigen cultuur. Inzicht in die cultuur is van groot belang voor de ontwikkeling van die organisatie en samenwerking met andere organisaties met een andere cultuur.
Cultuur kent volgens Harrison en Hofstede verschillende dimensies. Inzicht in die dimensies helpt om gedrag van mensen in concrete situaties beter te begrijpen.
Cultuur krijg je van kinds af aan met de paplepel ingegoten. Veel van die cultuur ervaren we als vanzelfsprekend goed en vaak zelfs als heilzaam voor iedereen. Dat leidt niet zelden tot blindheid voor andere culturen, overwaardering van de eigen cultuur en een beperkt sociaal bewustzijn. En juist dat sociaal bewustzijn is een belangrijke voorwaarde om anderen goed te kunnen helpen.

- Ben je het eens met de volgende uitspraken? Waarom wel en/of waarom niet?
  'Wij zijn gevangenen van onze cultuur.'
  'Wie alleen zijn eigen cultuur kent, kent ook die niet.'
  'Wij zijn vrijer naarmate we ons meer bewust zijn van onze culturele gebondenheid.'
  'Hoe minder men de eigen cultuur kent, des te eerder zal men geneigd zijn deze cultuur als superieur te beschouwen.'

- Vind jij de multiculturele samenleving vooral een probleem of meer een kans? Licht je antwoord toe.

- Er zijn deskundigen die menen dat de status van de zorgverlener en zijn relatie met de cliënt belangrijker is voor het resultaat van de zorgverlening dan zijn professionele interventies. Wat vind jij hiervan?

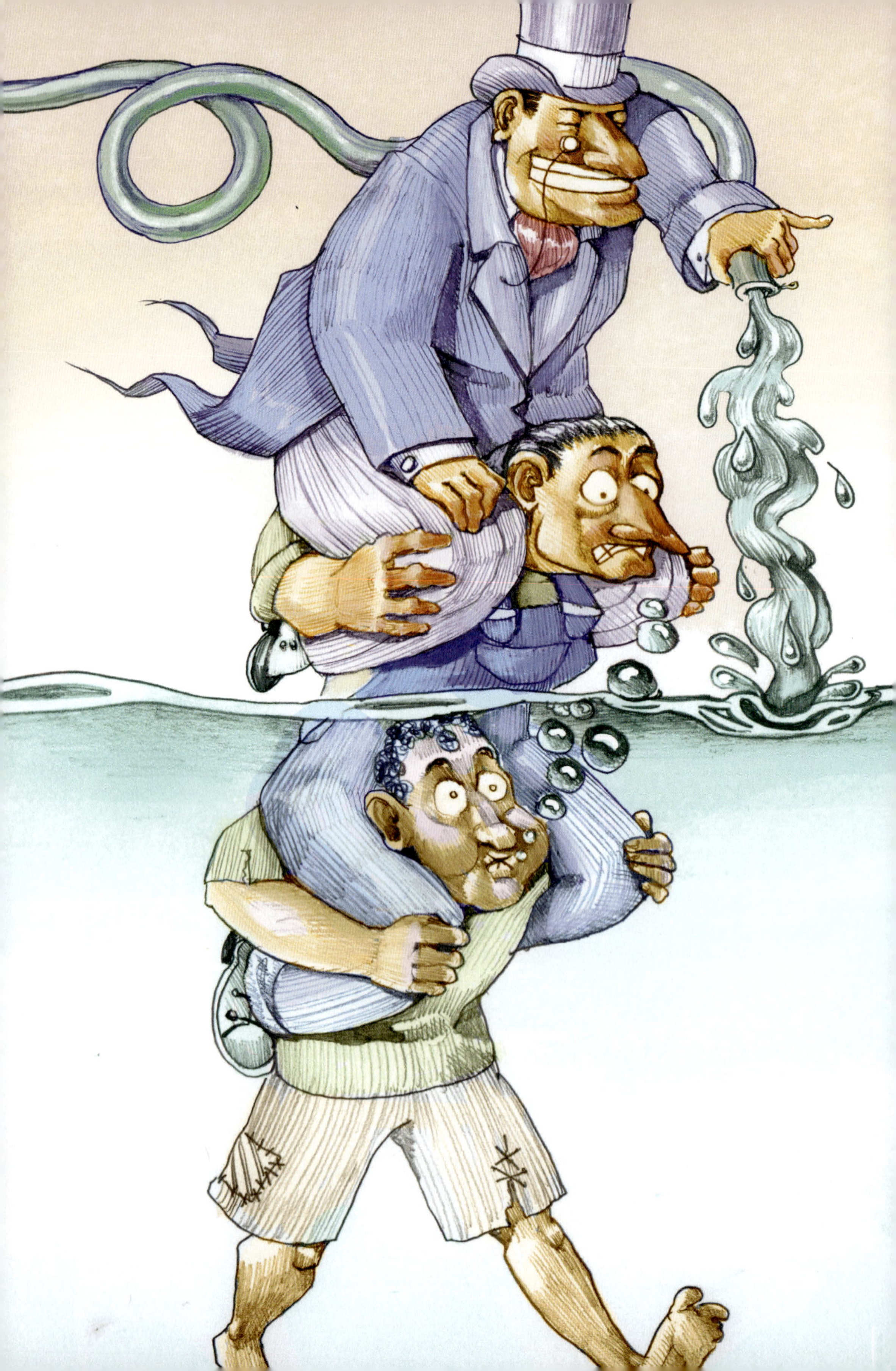

# Sociale ongelijkheid  5

*Het volk, reeds gewend aan afhankelijkheid, rust en luxe en al niet meer bij machte zijn ketenen te verbreken, stemde erin toe dat zijn slavernij vergroot werd om zijn rust te behouden.*
Jean-Jacques Rousseau, 1755

## 5.1 Inleiding

Sinds de Franse Revolutie aan het eind van de achttiende eeuw predikt onze samenleving 'vrijheid, gelijkheid en broederschap'. Dat zijn kernwaarden die we ook nu nog belijden. Maar zetten we die ook om in daden?
Fons Jansen, een populaire cabaretier in de jaren zeventig van de vorige eeuw, had daar toen al zo zijn twijfels over, getuige het lied in kader 5.1 dat hij zong.

---

**Kader 5.1**  Vrijheid, gelijkheid en broederschap

Er waren eens drie gebroeders, 't is daarvan dat ik zing.
Ik wil u gaan verhalen hoe dat 't met ze verging.
Ooit hadden zij geleden onder hetzelfde juk.
Nu waren zij gedrieën op weg naar het geluk.

Vrijheid, Gelijkheid en Broederschap

De Vrijheid die was het rijkste, zoals dat meestal gaat.
Die ging uit angst voor rovers gekleed als een soldaat.
Gelijkheid, daarentegen, die had het niet zo breed.
Die ging dan ook eenvoudig als een werkman gekleed.

Maar hoe ging 't nou verder, met de Broederschap?

De Vrijheid zei tot Gelijkheid: ik ben nu erg rijk,
en daarom ben ik machtig, dus zijn we niet meer gelijk.
Gelijkheid zei tot Vrijheid: ik wil niet zijn als jij,
want geldzucht voert tot onrecht; dan liever niet meer vrij.

Maar hoe ging het nou verder, met die Broederschap?

> Twee broeders gingen twisten, 't werd een handgemeen.
> Maar geen van twee kon winnen, toen gingen ze uiteen.
> De Vrijheid koos het Westen en heeft het ver gebracht.
> En de Gelijkheid koos het Oosten en werd een wereldmacht.
>
> En wie heeft er nog iets vernomen van die Broederschap?
>
> Fons Jansen (1975)

Vrijheid voert al decennia lang het hoogste woord. Broederschap, ook wel solidariteit genoemd, heeft fors terrein moeten inleveren omdat vrijheid alle aandacht opeiste. En gelijkheid dan, het broertje van solidariteit? Hoe is het daarmee gesteld?

Wereldwijd zijn er veel positieve ontwikkelingen te melden. De armoede in de wereld is de afgelopen decennia fors afgenomen, de overgrote meerderheid van de kinderen krijgt onderwijs, de misdaadcijfers dalen fors, het aantal vrouwen in hogere posities is gestegen, enzovoort.

Toch zijn er nog steeds dramatische verschillen tussen arme en rijke landen. De gelijke behandeling van mannen en vrouwen overal ter wereld laat nog veel te wensen over. Discriminatie van allochtonen in ons land is geen uitzondering en het verschil tussen de kleine groep allerrijksten in de wereld en de grote groep allerarmsten is toegenomen.

In ons land zijn de meningen verdeeld over de vraag of sociale ongelijkheid een ernstig probleem is of niet. Liberalen maken zich daar minder zorgen om dan socialisten. De trend lijkt te zijn dat sociale ongelijkheid steeds meer geaccepteerd en minder geproblematiseerd wordt. In het kabinet-Rutte III is dan ook geen enkele linkse partij vertegenwoordigd. Ook bevat het relatief weinig vrouwen en geen minister of staatssecretaris van allochtone afkomst. En op ontwikkelingshulp is al lang geleden bezuinigd.

We gaan in dit hoofdstuk op zoek naar hoe die sociale ongelijkheid in ons land eruitziet en hoe die het denken en handelen van mensen beïnvloedt. Voor zorgverleners is dit belangrijk, omdat zij in hun werk dagelijks met diverse aspecten van sociale ongelijkheid geconfronteerd worden.

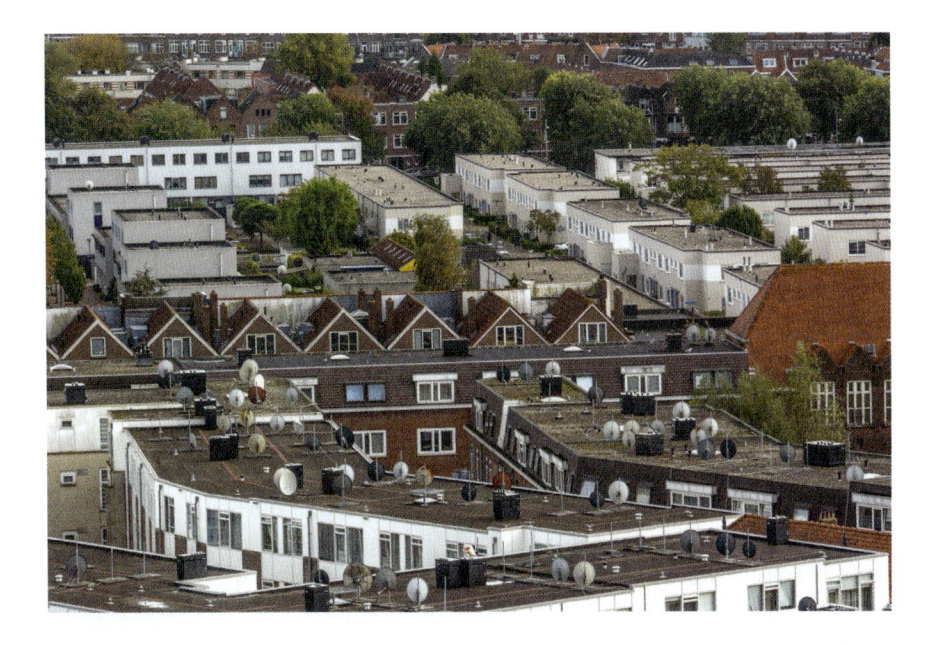

## Casus — Het gezin Fransen

Het gezin Fransen woont in een oude wijk in Rotterdam. Er staan goedkope woningen en de huren zijn laag. Vanwege een bedrijfssanering is de heer Fransen (50 jaar) een jaar geleden ontslagen. Sindsdien is hij werkloos. Mevrouw Fransen (45 jaar), afkomstig uit een arbeidersgezin, is huisvrouw.

Zoon Peter (21 jaar) is op zestienjarige leeftijd in de haven gaan werken, omdat het gezin een extra inkomen goed kon gebruiken en hij zo snel mogelijk een auto wilde kopen. Daarna ging hij in een fabriek aan de slag en sinds een jaar werkt hij in de bouw.

Dochter Floor (19 jaar) is na de havo hbo-verpleegkunde gaan studeren. Zij woont op kamers. Op het ogenblik loopt zij stage in een ziekenhuis in Utrecht.

De laatste jaren ervaart Floor regelmatig de ingrijpende invloed van sociale ongelijkheid in haar leven en de samenleving om haar heen. Het ontslag van haar vader heeft haar diep geraakt. Ze maakt zich ook zorgen over de gezondheidssituatie van asielzoekers en de schrijnende situatie van vele ouderen die zij in het ziekenhuis dagelijks ontmoet.

## 5.2 Kasten, standen, klassen en sociale klassen

Sociale ongelijkheid is van alle tijden en plaatsen. Maar de verschijningsvorm verschilt naar tijd en plaats. Vroeger spraken we in Nederland over standen en nu over sociale klassen. In India is er het kastenstelsel dat ongelijkheid laat zien. We zullen hier verschillende verschijningsvormen van sociale ongelijkheid de revue laten passeren. Daarbij komen ook het verleden en andere landen aan bod om te laten zien hoezeer sociale ongelijkheid tijd- en cultuurgebonden is.

*Kasten*

India, een overwegend hindoeïstisch land, heeft nog veel kenmerken van een kastenmaatschappij.

> **Definitie**
>
> *Een kastenmaatschappij is een maatschappij die bestaat uit hiërarchisch gerangschikte en gesloten groeperingen van mensen. De basis voor deze indeling is de afkomst van mensen.*

Mensen worden in een bepaalde kaste geboren en blijven daar. Regels zorgen ervoor dat de verschillende kasten van elkaar gescheiden blijven. De maatschappij is ingedeeld in 'hogere' en 'lagere' Indiërs. De naam van iemand in India vertelt veel over zijn kaste en achtergrond. Bij de verschillende kasten horen verschillende achternamen. Wanneer een persoon zijn naam vertelt, weet iedereen meteen waar die persoon vandaan komt, tot welke kaste hij behoort en welk beroep hij waarschijnlijk zal uitoefenen. Het belangrijkste is dat de persoon die het vraagt weet of de ander hoger of lager is dan hij. Dat bepaalt namelijk zijn gedrag.

Er zijn vier hoofdkasten: Brahmanen (priesters en leraren), Kshatriyas (soldaten en heersers), Vaishiyas (boeren en handelaren) en Shudras (werkers en vaklieden). Naast deze vier kasten is er nog een grote groep mensen die tot geen enkele kaste behoren: de kastelozen of onaanraakbaren. Zij worden ook wel paria's genoemd. Zelf noemen zij zich dalits. De dalits, meer dan 100 miljoen in India, zijn vooral slagers en leerlooiers. Dit soort werk kan alleen maar door kastelozen worden gedaan; een hindoe mag dat niet doen omdat het leer van de heilige koe komt. De andere kasten vermijden contacten met dalits, omdat zij als onrein beschouwd worden.

In het alledaagse leven heeft iedere kaste eigen regels over bijvoorbeeld welk voedsel men wel en niet mag eten, over de manier van kleden, over de wijze van haardracht en zelfs over de frequentie van geslachtsgemeenschap.

Het kastenstelsel brokkelt langzaam af. De sociale onrust erover groeit en de onaanraakbaren trachten de laatste jaren steeds meer door de strenge regels heen te breken. Zij krijgen daarbij steun van politieke partijen uit westerse landen, die het kastenstelsel zien als een belangrijke oorzaak van discriminatie.

5 Sociale ongelijkheid

```
         Brahmanen          priesters en leraren

         Kshatriyas          soldaten en heersers

         Vaishiyas           boeren en handelaren

         Shudras             werkers en vaklieden

         Dalits              kastelozen, paria's
```

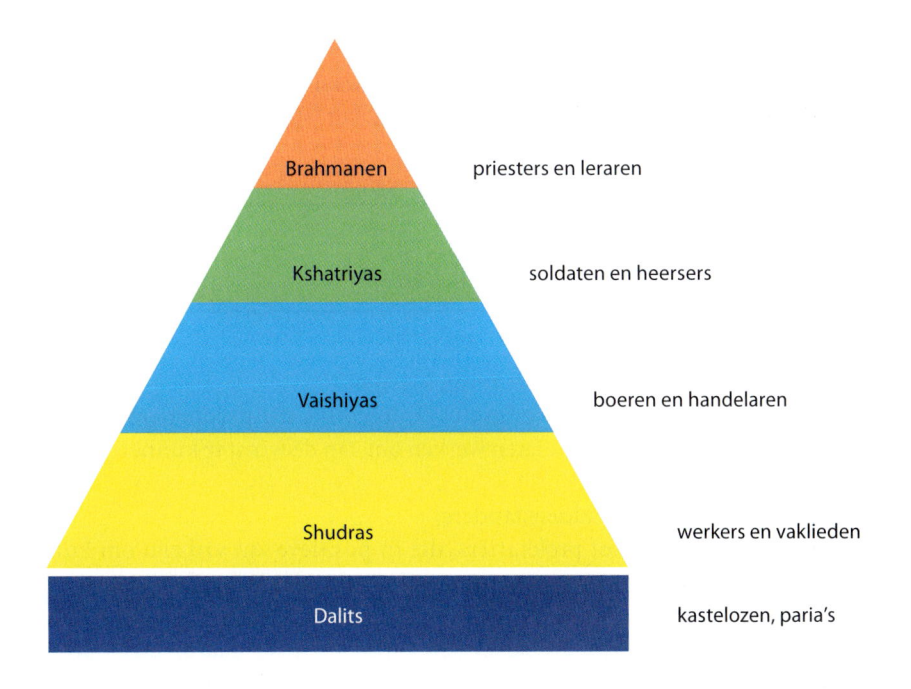

Figuur 5.1    Het kastenstelsel

*Standen*
Vanaf de middeleeuwen tot aan de Franse Revolutie overheerst in het Westen een standenmaatschappij.

**Definitie**

*Een standenmaatschappij is een maatschappij waarin de hiërarchische ordening van sociale lagen vooral bepaald wordt door sociaal aanzien, maatschappelijke positie en afkomst.*

De standenstructuur gold in vroeger eeuwen als een door God gewilde orde. De geestelijkheid staat aan de top, dan komt de adel en vervolgens komen de boeren en de burgerij. Het zijn de bidders, de strijders en de werkers. Men beschouwt de deugden binnen een stand, zoals rechtvaardigheid en leiderschap, als aangeboren en dus erfelijk. Naast deze drie standen bestaat er nog een vierde groepering. Maar die wordt niet als een stand gezien. Die bestaat uit soldaten, bedelaars en horigen. Onder invloed van de Franse Revolutie, de Verlichting en de industrialisatie heeft het Westen langzaam het karakter van een standensamenleving verloren.

## Klassen

Volgens Marx ontstond na de Franse Revolutie een nieuwe leidende klasse: die van de kapitalist-ondernemers. Hiertegenover stond een grote andere klasse: het arbeidersproletariaat.

> **Definitie**
>
> *Een klasse is een groepering met een gelijke economische positie.*

Karl Marx (1818-1883) onderscheidt zeven klassen:
1 de industriëlen, kapitalisten of (grote) bourgeoisie, die productiemiddelen bezitten en anderen daarmee laten werken om van de winst te kunnen leven;
2 de grootgrondbezitters;
3 de kleinburgers, zoals middenstanders;
4 de vrije loonarbeiders of proletariërs, die in positieve zin vrij zijn om hun arbeidskracht te verkopen, maar in negatieve zin niet in het bezit zijn van productiemiddelen;
5 de zelfstandigen, die hun arbeidskracht verkopen maar daarbij eigen productiemiddelen gebruiken;
6 de slaven, die geen productiemiddelen bezitten, en niet de baas zijn over hun eigen arbeidskracht;
7 het lompenproletariaat, de restcategorie (Van der Linden, 2008).

De kapitalisten en de loonarbeiders waren in die tijd de twee belangrijkste klassen omdat zij samen de industrialisering en daarmee de vooruitgang mogelijk maakten. Volgens de klassentheorie van Marx bestaat tussen de arbeiders en de kapitalisten een klassenconflict dat gaat om de verdeling van de winsten. Het marxisme wil dat bij loonarbeiders een klassenbewustzijn ontstaat. Zij moeten zich ontwikkelen van een 'Klasse-an-Sich' tot een 'Klasse-für-sich'. Tijdens deze politieke bewustwording zullen zij ontdekken dat ze onderdrukt worden. Daarna zullen zij via een revolutie het juk van de hogere klassen afwerpen.

De arbeiders (het arbeidersproletariaat) hebben volgens Marx geen eigen bezit en zijn economisch afhankelijk van de kapitalist. Hun arbeid levert meer op dan zij ervoor krijgen. Die zogenoemde 'meerwaarde' komt in de zakken van de bazen terecht. Marx spreekt daarom van 'uitbuiting'.

De klassentheorie werd en wordt vooral gebruikt door communistische en socialistische partijen en staten om sociale ongelijkheid te beschrijven en vooral ook te bestrijden.

## Sociale klassen

Sociale ongelijkheid in onze hedendaagse westerse samenleving wordt meestal beschreven in termen van sociale klasse.

> **Definitie**
>
> *Een sociale klasse is een groepering mensen die posities bekleden met ongeveer gelijke sociale status.*

Die sociale status wordt vooral bepaald door inkomen (inclusief vermogen), opleiding, beroep en woonsituatie. Maar ook ras, afkomst, gezondheid en sekse spelen een rol. Met behulp hiervan kun je de samenleving beschrijven als een stapeling van sociale lagen van hoog tot laag. Onderaan treffen we mensen met een laag inkomen, weinig opleiding, een laag gewaardeerd beroep en een povere woonsituatie. Bovenaan staan de hoogopgeleide rijkelui met zeer gewaardeerde beroepen en riante huisvesting. En daartussen bevinden zich diverse lagen gerangschikt naar inkomen, opleiding, beroepsstatus en woonsituatie.

De heer Fransen heeft weinig inkomen en opleiding. Zijn (vroegere) beroep heeft een lage sociale status en hij woont in een arbeiderswijk met vooral oude en goedkope woningen. Hij behoort daardoor tot een van de laagste sociale klassen. Zijn dochter Floor beweegt zich in een hogere klasse, omdat zij meer opleiding heeft en een beroep gaat uitoefenen met een hogere sociale status dan dat van haar vader. De directeur van het bedrijf waar de heer Fransen werkte, behoort tot een van de hoogste sociale klassen omdat hij hoog scoort op alle karakteristieken, behalve opleiding. Hij is een 'self-made man'.

## 5.3 Sociale ongelijkheid

Verschillen in inkomen zijn erg bepalend voor sociale ongelijkheid. De 'Parade van Pen' (CBS, 2015), genoemd naar de econoom Jan Pen, maakt inzichtelijk hoe het met die ongelijkheid in ons land is gesteld. Hij brengt de inkomensverdeling in Nederland in beeld via een parade van dwergen en reuzen. In een optocht komt de hele bevolking van bijna 17 miljoen mensen in één uur voorbij in volgorde van hun lengte. Daarbij gaat het er niet om hoe lang mensen in werkelijkheid zijn, maar is de lengte van personen evenredig gemaakt aan de hoogte van het inkomen van het huishouden. Personen met een inkomen dat gelijk is aan het gemiddeld inkomen krijgen de lengte van de doorsnee Nederlander: 1,74 meter.

Praktijkboek sociologie

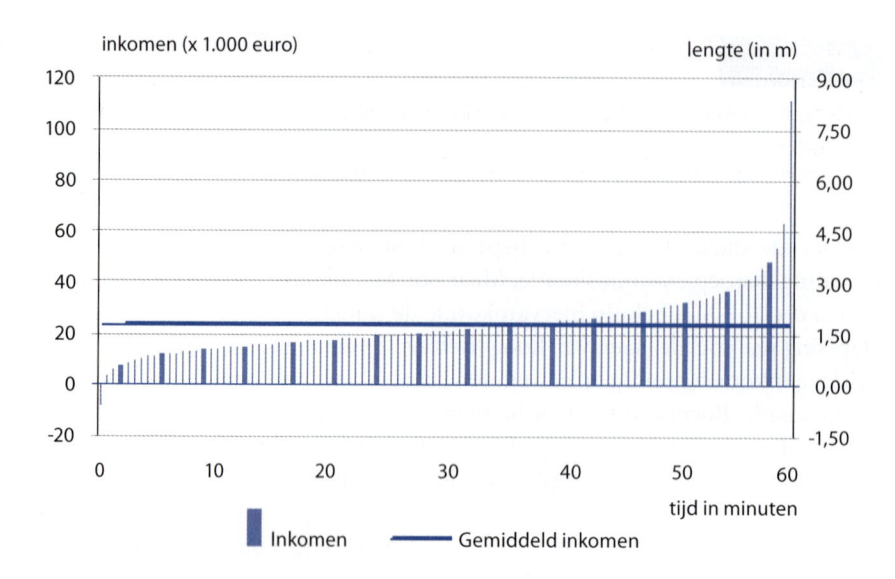

Figuur 5.2    CBS: Parade van Pen (2015a) naar inkomen

### 5.3.1   Inkomen

*De dwergen lopen voorop*
Als de stoet van 7,5 miljoen huishoudens zich in beweging zet, lijkt er in de eerste minuut aanvankelijk niets te zien. De (vertegenwoordigers van de) huishoudens die in de parade voorop lopen, hebben een negatief inkomen en daardoor ook een negatieve lengte. Ze steken dus niet eens boven de grond uit. In 2015 trof dit 34 duizend huishoudens. Het zijn relatief vaak ondernemershuishoudens die in 2015 verlies leden. Vervolgens lopen langere tijd dwergen voorbij: huishoudens met een laag inkomen, dikwijls bestaande uit een uitkering of pensioen. Zo komt een alleenstaande bijstandsontvanger die geen huurtoeslag ontvangt, in de vijfde minuut voorbij. AOW-ontvangers zonder aanvullende inkomsten zijn in de zevende minuut te zien. Daarna passeren de gepensioneerden die naast hun AOW wel extra inkomsten als huurtoeslag en een aanvullend pensioen hebben.

*Het gemiddelde Nederlandse gezin passeert in de 37e minuut*
Als de helft van de huishoudens na een half uur voorbijgekomen is, is het gemiddelde Nederlandse huishouden nog niet te zien geweest. Dit verschijnt pas in de 37e minuut op het toneel. In 2015 bedroeg dit gemiddeld inkomen 27,5 duizend euro. De meeste huishoudens die nu langskomen, zijn overwegend werknemers- of ondernemershuishoudens.

*Reuzen met gemiddeld een lengte van 9 meter*
In de staart van de optocht neemt de lengte van de deelnemers reusachtig snel toe. Bijna 425 duizend huishoudens hebben een inkomen van meer dan 50 duizend euro. Zij komen in de laatste drie minuten van de optocht voorbij en zijn al

gauw 3 meter lang. In de laatste minuut passeren ware reuzen met in doorsnee een lengte van 9 meter: hun inkomen bedraagt gemiddeld bijna anderhalve ton. Het zijn naar verhouding vaak pensioenontvangers met hoge inkomsten uit vermogen naast hun pensioen.

## Ongelijkheid in 2014 toegenomen

Iemand die de stoet van ongelijke inkomens elk jaar voorbij ziet komen, zal zich afvragen hoe deze ongelijkheid van jaar tot jaar verandert. Om daarover iets te kunnen zeggen, moet de ongelijkheid in één getal uitgedrukt worden. Hiervoor zijn verschillende maatstaven ontwikkeld; de internationaal meest gebruikte maatstaf is de zogenoemde Gini-coëfficiënt. De waarde hiervan varieert tussen 0 (iedereen heeft een gelijk inkomen) en 1 (één huishouden beschikt over het volledige inkomen, de rest heeft niets). Voor de optocht van huishoudens in 2015 bedroeg de Gini-coëfficiënt 0,30. Gedurende de laatste vijf jaar is alleen in 2014 de ongelijkheid toegenomen. Dit was het gevolg van een fiscale maatregel die het voor directeuren-grootaandeelhouders aantrekkelijk maakte zichzelf in dat jaar veel dividend uit te keren. In de laatste vijftien jaar is de inkomensongelijkheid volgens deze maatstaf vrijwel stabiel gebleven.

### 5.3.2 Vermogen

De Gini-coëfficiënt is wat inkomen betreft in Nederland relatief klein, namelijk 0,30. Kijken we naar het vermogen van Nederlanders, dan is die in 2015 maar liefst 0,92. Dit betekent een extreem hoge mate van vermogensongelijkheid, zoals figuur 5.3 laat zien.

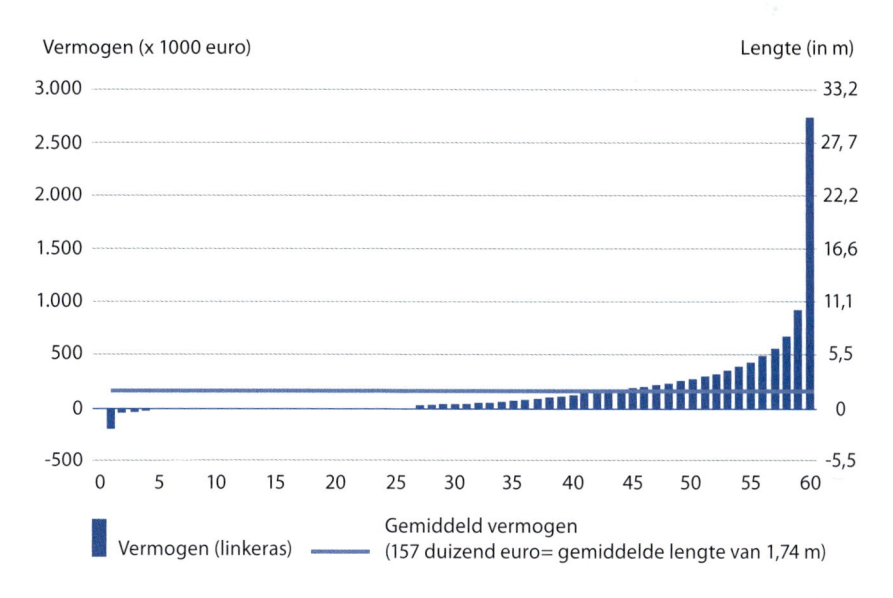

Figuur 5.3  CBS: Parade van Pen (2015b) naar vermogen

### 5.3.3 Armoede

Zie verder in dit hoofdstuk wat Piketty zegt over de betekenis van de grote ongelijkheid in inkomens en vermogens.

De armoede is in de jaren tussen 2010 en 2015 toegenomen. Bevond in 2010 nog 6% van de bevolking zich onder de 'niet veel maar toereikend'-grens, in 2014 is dit aandeel gestegen naar bijna 8%. Bij alle groepen is de kans op armoede in 2014 weer op het peil van 2000. Uitkeringsgerechtigden blijven de groep met het hoogste armoederisico: 35% van deze groep is, volgens dit criterium, in dat jaar arm. Andere risicovolle bevolkingscategorieën zijn eenoudergezinnen en niet-westerse immigranten. Van de eerste moet in 2014 een kwart het doen met een inkomen onder de armoedegrens. Van de tweede categorie bevindt ruim één op de vijf huishoudens zich onder het gehanteerde armoedecriterium (SCP, 2017a). De laatste jaren, nu de economische dip voorbij is, zijn de armoedecijfers weer gedaald.

Sociale ongelijkheid wordt echter door meer factoren bepaald dan inkomen en vermogen. Ook opleiding, beroep en woonsituatie zijn belangrijke indicatoren. Meestal gaan deze hand in hand met de hoogte van het inkomen. Dat wil zeggen: hoe hoger de opleiding, hoe hoger gekwalificeerd het beroep en hoe beter de woonsituatie, des te hoger zal het inkomen zijn. Maar ook ras, afkomst, gezondheid en sekse spelen een rol. Het inkomen van de gekleurde Nederlander is gemiddeld lager dan dat van de witte landgenoot; vrouwen verdienen gemiddeld minder dan mannen en als je het slecht getroffen hebt met je gezondheid, zal je inkomen lager zijn dan dat van gezonde mensen.

Ook Floor ziet die sociale ongelijkheid om zich heen. Haar ouders hebben het financieel slechter dan vele anderen. Sinds het ontslag van haar vader moet het gezin rondkomen van niet veel meer dan een minimuminkomen. Zij zouden in de parade van Pen als dwergen vooroplopen.
Ook in het ziekenhuis waar ze stage loopt, ziet ze de effecten van sociale ongelijkheid. Rijke mensen uit de hogere sociale klassen genieten voordelen zoals een aantrekkelijke kamer, soepeler bezoektijden en meer aandacht van artsen. Ook onder het personeel is sprake van sociale ongelijkheid. Er is een kloof tussen de medisch specialisten en de verpleegkundigen; tussen afdelingshoofden en verpleegkundigen; tussen gediplomeerden en stagiairs, enzovoort.

**Definitie**

*Sociale ongelijkheid verwijst naar een situatie in de samenleving waarin (groeperingen van) posities ongelijk gewaardeerd worden.*

Er is sprake van een hiërarchische opeenstapeling van lagen. De onderste laag bevat de posities die de laagste sociale status hebben, de bovenste laag de hoogste. De sociale laag waarin mensen zich bevinden is van grote invloed op hun denken, handelen en toekomstperspectieven. Mensen uit de laagste sociale klassen, zo zullen we straks zien, leven gemiddeld aanzienlijk korter dan die uit de hoogste sociale klassen.

## 5.4 Sociale ongelijkheid in cijfers

Veel mensen aanvaarden de sociale ongelijkheid in de samenleving als vanzelfsprekend of als een 'natuurlijk gegeven'. Anderen zien haar als een probleem. De heer Fransen bijvoorbeeld vindt onze samenleving rechtvaardig omdat ze de zwakkeren beschermt. 'Mijn uitkering is daar een bewijs van', zegt hij tegen zijn dochter. Zij is het daar echter niet mee eens. Ze maakt zich niet alleen kwaad over het ontslag van haar vader maar ook over de ongelijke behandeling van patiënten in het ziekenhuis.

De hoofdverpleegkundige op de afdeling waar Floor stage loopt, kijkt er weer anders tegenaan. Voor haar is sociale ongelijkheid geen probleem. Deze ongelijkheid hoort volgens haar bij een maatschappij waarin verschillende taken verdeeld moeten worden. Iedere taak gaat gepaard met andere rechten, plichten en verantwoordelijkheden. Daarom worden ze ook verschillend beloond. Zij vindt wel dat in principe iedereen gelijke mogelijkheden moet hebben om tot de verschillende functies door te dringen. Maar Floor vindt dat niet iedereen dezelfde mogelijkheden en kansen heeft. Vrouwen bijvoorbeeld hebben minder kans op een hoge leidinggevende functie en allochtonen hebben minder kans op een baan, ondanks gelijke bekwaamheid.

In 2017 bracht een internationale groep onderzoeksjournalisten *The Paradise Papers* naar buiten: een pak documenten over de trucs van de superrijken en multinationale ondernemingen om belasting te omzeilen. Daarover hebben kranten verschillende meningen. Lees hieronder twee commentaren uit Britse kranten.
In de Britse krant *The Guardian* schreef Aditya Chakrabortty:

> '… juist de elites blijken een loopgravenoorlog te voeren tegen hun burgers, door hun de inkomsten te onthouden die ze nodig hebben om hun ziekenhuizen en scholen te bouwen. Die oorlog is een van de oorzaken van de huidige anti-elitestemming. We moeten aanvaarden dat Big Finance en een op hol geslagen ongelijkheid onverenigbaar zijn met een gezonde democratie of een duurzame economie.'

In een eveneens Britse krant, *The Daily Telegraph*, stond het volgende commentaar:

> 'Het meeste wat nu wordt onthuld, valt niet onder onethische en al helemaal niet onder illegale activiteit. Sterker: miljoenen personen hebben geld geïnvesteerd in offshorefondsen via hun pensioenfondsen. Net als bij de *Panama Papers* wordt dit verhaal gegijzeld door antikapitalistische activisten die bezwaar maken tegen het feit dat sommige mensen rijker zijn dan andere. Wat we nu zien gebeuren, in de vermomming van een morele kruistocht, is een poging legitieme belastingroutes te sluiten opdat de beslissingen die mensen nemen over waar ze hun geld laten in het vervolg door de staat kunnen worden genomen.'

- Wat vind je van deze commentaren?
- Met wie ben je het eens of oneens en waarom?

Sociale ongelijkheid speelt op veel terreinen in de samenleving een indringende rol. Vaak zijn we aan die ongelijkheid zo gewend dat we deze nauwelijks nog problematiseren of ons ervan bewust zijn. Neem bijvoorbeeld de AOW. Mensen met een lagere opleiding beginnen vaak veel eerder met werken dan hoger opgeleiden. Ze zijn vaak al op hun 16$^{de}$ aan het werk terwijl hoogopgeleiden daarmee pas rond hun 25$^{ste}$ beginnen. Laagopgeleiden betalen daardoor soms wel 10 jaar langer AOW-premie. Bovendien profiteren ze vaak veel korter van hun AOW omdat ze gemiddeld een stuk korter leven. Hoogopgeleide mannen leven gemiddeld 6 jaar langer dan laagopgeleide mannen en hoogopgeleide vrouwen 6,7 jaar langer dan laagopgeleide. In feite betekent dit dat de laag opgeleiden de pensioenen van de hoog opgeleiden subsidiëren, zegt accountantsorganisatie KPMG (Troost, 2017).

Opvallend is, volgens het Sociaal en Cultureel Planbureau (2014), dat de actuele discussies over arm en rijk minder ideologisch geladen zijn dan enkele decennia geleden. 'In de jaren zeventig en tachtig botsten vooral ideologische opvattingen; nu ligt het accent veel meer op de kwestie of "te grote" economische verschillen op collectief niveau tot ongewenste effecten leiden. Zodoende draait het huidige debat minder om de rechtvaardigheid of wenselijkheid van financiële verschillen, maar eerder om de aard en omvang van economische ongelijkheid die een samenleving zich kan permitteren.' Daarom is belangrijk om te weten wat de effecten van sociale ongelijkheid zijn. Dit is door verschillende wetenschappers onderzocht. Wat zijn hun bevindingen?

## Wilkinson en Pickett

De Britse epidemiologen Richard Wilkinson en Kate Pickett (2009) veroorzaakten tien jaar geleden met hun boek *The Spirit Level* veel rumoer. Vier jaar later lichtten zij hun enigszins bijgestelde visie toe in het tijdschrift *Medisch Contact*. Voor de gezondheid van de bevolking is de mate waarin de welvaart gelijkelijk is verdeeld over die bevolking belangrijk, constateren zij. Naarmate de welvaartsverdeling ongelijker is, zijn meer mensen slechter af. In populaties met de grootste inkomensverschillen vinden Wilkinson en Pickett dat over de hele linie psychische ziekten vijf maal en obesitas zes maal vaker voorkomen dan in de minst ongelijke populaties. Getallen in dezelfde orde van grootte vinden ze voor onder meer criminaliteit en het aantal mensen dat zijn dagen slijt in gevangenschap.

In landen met grote inkomensverschillen zijn gezondheids- en sociale problemen groter. Wilkinson en Pickett zien inkomensongelijkheid als een van de belangrijkste determinanten van cultuur. Dit zou gevolgen moeten hebben voor de manier waarop overheden preventie aanpakken, zegt Kate Pickett in *Medisch Contact*. In Engeland is *public health* – het beleid voor de volksgezondheid – individueel georiënteerd. Dat betekent dat mensen het belang wordt uitgelegd van gezonder eten, stoppen met roken en meer bewegen. Kortom: arme mensen moeten verstandiger worden. Dit beleid houdt er geen rekening mee dat het ongewenste, want ongezonde, gedrag mensen met een lage maatschappelijke status een gevoel van comfort kan geven, van verbondenheid met hun eigen groep. Het houdt ook geen rekening met het feit dat gedragsverandering makkelijker is voor mensen die het gevoel hebben dat ze controle hebben over hun leven. En de mensen die controle hebben over hun leven zijn talrijker in een samenleving waar de inkomensgelijkheid groter is.

## Piketty

De vermogensongelijkheid leidt de laatste jaren tot een heftig maatschappelijk debat als gevolg van de bestseller *Kapitaal in de 21e eeuw* van Thomas Piketty (2016). Die voorspelt dat de verschillen tussen arm en rijk steeds groter zullen worden omdat de arbeid van de eerste groep minder rendement oplevert dan het vermogen van de laatste groep. Volgens Piketty is de belangrijkste oorzaak van de ongelijkheid de tendens dat de opbrengst op kapitaal groter is dan de economische groei. Dat dreigt tot extreme ongelijkheid te leiden. Het wakkert de onvrede aan en ondermijnt democratische verworvenheden.

In 2017 verschenen nieuwe uitgebreide onderzoeksresultaten van Piketty en anderen. Ruim honderd onderzoekers verrichtten een monsterstudie, waarvoor ze gegevens verzamelden op alle continenten (World Inequality Lab, 2017).
Enkele resultaten:
1  De mondiale economie is sinds 1980 fors gegroeid. Van dat extra inkomen heeft de rijkste 0,1 procent van de wereldbevolking net zo'n groot deel naar zich toe weten te trekken als de armste 50 procent. Daarmee wordt de vrees bevestigd dat vooral een kleine groep de vruchten plukt van de globalisering.
2  Economische ongelijkheid wordt vooral veroorzaakt door de ongelijkheid in privaat vermogen, waardoor regeringen maar beperkte mogelijkheden hebben om ongelijkheid te bestrijden.
3  De combinatie van grote privatiseringen en groeiende inkomensongelijkheid in landen heeft geleid tot een grotere ongelijkheid. Vooral in Amerika en Rusland zijn de verschillen extreem. Die in Europa zijn gematigd.
4  Als er in het beleid niets verandert, zal de ongelijkheid tot 2050 toenemen. Als alle landen in de komende decennia het beleid van Europa van de laatste decennia volgen, zal de ongelijkheid wereldwijd afnemen en zal een substantiële bijdrage geleverd worden aan de oplossing van het wereldwijde armoedevraagstuk. Het inkomen van de armste helft van de wereldbevolking zal dan in 2050 verdriedubbeld zijn van gemiddeld 3.100 euro nu naar 9.100 euro. Imiteren ze echter de VS, dan valt het eindresultaat heel veel kariger uit: gemiddeld 4.500 euro.

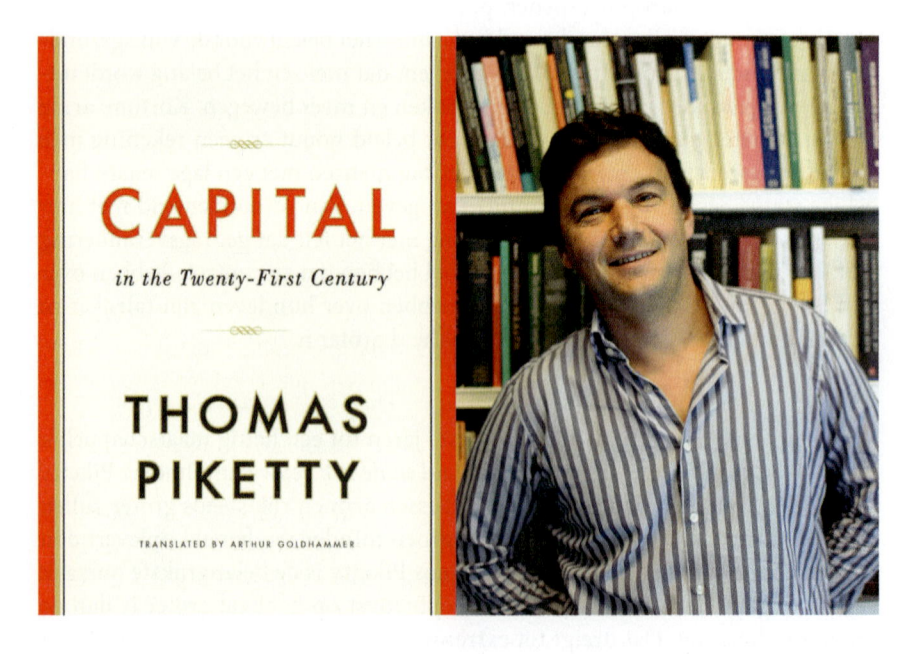

Nederland komt er goed af. Qua inkomensgelijkheid is het volgens een van de grafieken in het rapport zelfs koploper, nipt vóór de Scandinavische landen. Dit wil overigens niet zeggen dat de Nederlander in het Pikettyparadijs leeft. Ook in ons land zijn de vermogens ongelijk verdeeld. Hij waarschuwt voor de dalende winstbelasting in Europese landen in een verwoede poging het internationale bedrijfsleven binnen hun grenzen te lokken. Zij troeven elkaar af met steeds lagere tarieven, waardoor zij zelf steeds minder instrumenten in handen hebben om de welvaart te herverdelen.

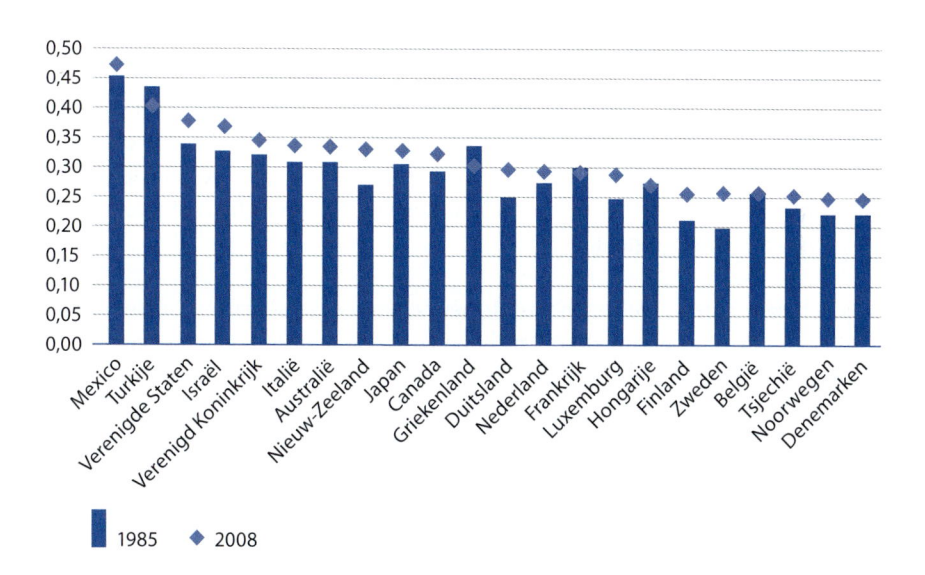

Figuur 5.4  Gini-coëfficiënten van inkomensongelijkheid, opgesteld in 1985 en 2008. De inkomensongelijkheid is toegenomen in de meeste, maar niet in alle OECD-landen

Economisch historicus Bas van Bavel (Haegens 2018) zegt hierover:

> *Het publieke debat draait vooral om inkomensongelijkheid. Om bonussen en salarissen aan de top. Dat is vooral een symptoom. Vermogensongelijkheid is veel fundamenteler. Niet omdat het oneerlijk of immoreel is dat de een rijk is en de ander arm. Dat interesseert mij niet. Waar het om gaat, is dat grote vermogens kunnen worden omgezet in maatschappelijke invloed, en uiteindelijk in politieke macht. En dan heb ik het niet over die 10- of 20 duizend euro die lezers van de Volkskrant op hun spaarrekening hebben staan. Het gaat om miljarden euro's. Als je dan weet dat de vermogensongelijkheid in onze westerse markteconomieën niet minder groot is dan in, pak hem beet, de eerste de beste Afrikaanse dictatuur, moeten er toch alarmbellen afgaan. Dat botst met het idee van de markt als een neutraal mechanisme, waaraan iedereen kan deelnemen en rijkdom kan verwerven. Bovendien wordt uit economisch onderzoek steeds duidelijker dat grote vermogensongelijkheid kan leiden tot stagnatie.*

## Martinez

Volgens Martinez (2017) laten statistieken zien dat in meer egalitaire samenlevingen de deelname aan het maatschappelijk leven groter is, er meer vertrouwen is, minder geweld voorkomt, minder moorden gepleegd worden, de lichamelijke en geestelijke gezondheid beter is en de levensverwachting hoger is. Ook de gevangenispopulatie is kleiner, er zijn minder tienermoeders, kinderen op school hebben hogere rapportcijfers, er is minder obesitas en meer sociale mobiliteit. Psychische ziektes komen drie keer zo vaak voor in de minst egalitaire landen dan in de meest egalitaire landen.

## Therborn

De socioloog Göran Therborn (SCP, 2014) gaat nog een stap verder en stelt dat economische ongelijkheid niet alleen op mondiaal niveau maar ook binnen westerse samenlevingen leidt tot 'killing fields'. Als je tot de laagste sociale klasse behoort, ga je eerder dood. Ook doodgaan is volgens hem dus een kwestie van sociale ongelijkheid.

Nog een paar cijfers. De bazen van de beursgenoteerde bedrijven in Nederland verdienen per jaar gemiddeld 6,9 miljoen euro. Zij behoren daarmee tot de top vijf van best betaalde bestuurders in de wereld, zo berekent financieel persbureau Bloomberg in 2017. Nederlandse bestuursvoorzitters verdienen 171 keer het gemiddeld inkomen van het land. Ook daarin behoren ze tot de top vijf van de wereld. In Frankrijk is dat 70 keer, in Zweden 66 keer, in Oostenrijk 49 keer en in Noorwegen 20 keer.

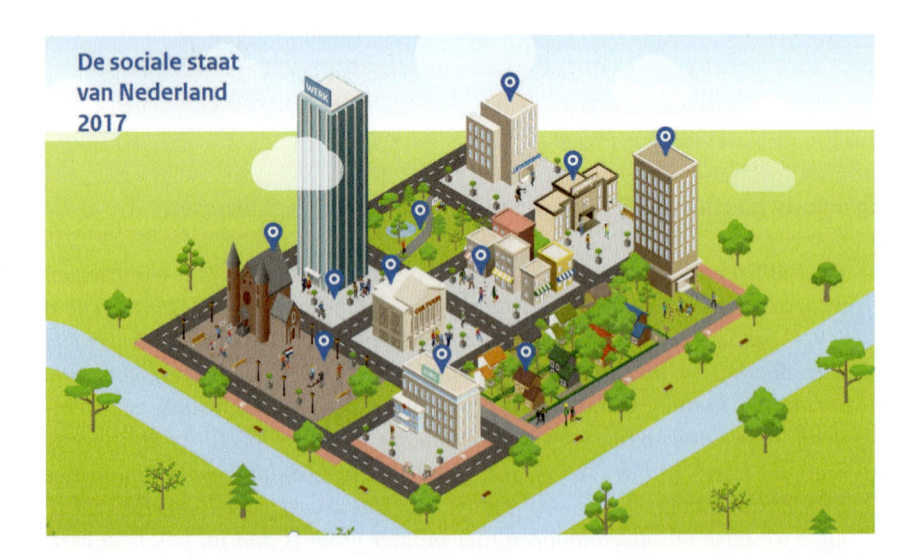

In *De sociale staat van Nederland 2017* constateert het Sociaal en Cultureel Planbureau (2017a) tot veler verrassing dat het in het algemeen opvallend goed gaat met Nederland. Er is echter één negatieve uitschieter: de tweedeling in

de samenleving. De tweedeling tussen arm en rijk blijft een hardnekkig probleem. Hoewel de welvaart is toegenomen, leven nu meer mensen (6,6 procent) in armoede dan in 1990 (5,7 procent). Dat we het hier goed hebben, beschouwen steeds minder Nederlanders als een feit. Vindt in 1993 nog 81 procent ons land welvarend, inmiddels is dat gezakt tot 74 procent. Aan de bovenkant is de rijkste 1 procent juist bezig aan een opmars.
Vrijwel alle vermogende Nederlanders herbergen hun geld in een bedrijf. De 10 procent rijkste Nederlanders bezit ongeveer 100 procent van dit type bedrijfsvermogen. En slechts 5.800 huishoudens (de rijkste 0,08%) bezitten tezamen bijna de helft van al dit soort vermogen.

Het SCP constateert ook dat de scheiding tussen arm en rijk, tussen de *haves* en *havenots*, niet meer de enige is die in het oog springt. Technologische ontwikkelingen werken nog een andere scheiding in de hand: de *cans* tegenover de *cannots*. Sociale en (steeds veranderende) digitale vaardigheden worden belangrijker op de arbeidsmarkt. Niet iedereen kan zich die eigen maken. Het lot van deze cannots is een mager salaris of zelfs werkloosheid.

De vraag is of al die cijfers en de constatering van de hogere levenskwaliteit in meer egalitaire samenlevingen tot structurele ingrepen zullen leiden op nationaal en internationaal niveau.
Begin oktober 2017 houdt het Internationaal Monetair Fonds bij zijn jaarlijkse vergadering een pleidooi om de rijken meer belasting te laten betalen. 'In 1981 was het gemiddelde toptarief voor de inkomstenbelastingen in de ontwikkelde economieën nog 62 procent. Dat is gedaald naar 35 procent', houdt Vitor Gaspar, de hoogste man bij het IMF als het om belastingen gaat, de verzamelde wereldpers voor. Impliciet bekritiseert hij zijn grootste aandeelhouder, Amerika. President Trump wil de allerrijkste burgers nieuwe fiscale cadeautjes toestoppen. 'Het IMF heeft er veel voor over om dit plan te zien falen', reageert een prominente Republikein diezelfde ochtend nog tegenover de *Financial Times* (Haegens, 2017). Maar dat gebeurt niet. De Amerikaanse Senaat stemt in 2017 in met een drastische verlaging van de belastingen. Vooral de grote bedrijven profiteren van de nieuwe wet, die voorziet in een verlaging van de vennootschapsbelasting van 35 naar 20 procent. Daarnaast worden de buitenlandse winsten van Amerikaanse bedrijven voortaan nauwelijks belast. Op die manier hoopt de regering Trump Amerikaanse bedrijven die in het buitenland opereren aan te moedigen hun activiteiten naar de VS te verleggen. Ook de inkomstenbelasting gaat voor alle inkomensgroepen omlaag, maar volgens het Tax Policy Center profiteren de rijkste Amerikanen het meest van het nieuwe belastingstelsel.

Of zal er verandering komen omdat kiezers gaan stemmen op partijen die inkomensgelijkheid bevorderen? In 2017 vindt, volgens het Sociaal en Cultureel Planbureau (2017a), bijna driekwart van de Nederlanders dat de verschillen tussen hoge en lage inkomens in Nederland kleiner moeten worden. Dat percentage is de laatste 25 jaar gestegen van 55% naar 74%.

Ook recent onderzoek van Oxfam (2018) wijst in die richting. Twee derde van de mensen vindt dat de verschillen tussen het vermogen van de allerrijksten en dat van de allerarmsten snel moeten worden verkleind. Dat is het resultaat van een enquête die Oxfam Novib onlangs presenteerde. De enquête vond plaats onder 70 duizend personen in tien landen.
Maar leidt dit ook tot ander stemgedrag? In hoeverre is de mening over inkomensongelijkheid van invloed op dat stemgedrag? Verlaging van de inkomensongelijkheid is vooral een streven van linkse partijen en die zijn nog steeds ver in de minderheid. Toch wil een grote meerderheid minder ongelijkheid, maar mensen laten dat kennelijk niet blijken in het stemhokje. Zouden andere politieke issues een belangrijkere rol spelen? Misschien is de kiezer wel bang dat een verkleining van de inkomensverschillen nadelig voor hem zal uitpakken?

Sommige onderzoekers leggen de laatste jaren minder nadruk op de verschillen in inkomens maar meer op de verschillen in opleidingsniveau. Die lijken bepalender te worden voor de levenskansen van mensen dan hun inkomen. Mensen die hoger opgeleid zijn hebben niet alleen betere banen, meer inkomen en vermogen, maar houden er ook andere (meer kosmopolitische) opvattingen op na. Zij zijn bovendien gezonder en beter ingebed in de politieke elite. Zo ontstaan cognitieve klassen die elkaar veelvuldig in beroep of vrije tijd tegenkomen en in eigen kring hun partner vinden. Sommigen zien daarin een kiem voor het groeiende populisme van het afgelopen decennium. Volgens hen voelt de lagere cognitieve klasse zich door de hogere cognitieve klasse en de politieke elite met een zeker dedain behandeld. Ze voelen zich weggezet als klootjesvolk en stemvee.

## 5.5 Problematisering van sociale ongelijkheid

Iemands maatschappijvisie is van grote invloed op zijn beoordeling van sociale ongelijkheid.
Liberaal rechts en socialistisch links verschillen in hun kijk op sociale ongelijkheid in onze samenleving. Voor de rechtervleugel is die ongelijkheid een minder groot probleem dan voor de linkervleugel. Als je bijvoorbeeld werkloos bent, is dat voor rechts meer 'jouw probleem' dan voor links. Liberaal rechts hecht meer aan waarden als eigen verantwoordelijkheid en zelfredzaamheid.
Volgens De Beer (2013) wordt werkloosheid zo ten onrechte geïndividualiseerd:

> *Een waarschijnlijker reden waarom de werkloosheid momenteel weinig onrust teweegbrengt is dat werkloosheid steeds minder als een collectief maatschappelijk probleem wordt gezien en steeds meer als een individueel probleem. In de jaren tachtig van de vorige eeuw was iedereen het erover eens dat de massawerkloosheid het gevolg was van de diepe economische crisis en een*

*structureel tekort aan banen. Bovendien werden veel banen weg geautomatiseerd door de alom oprukkende computers. Werkloos worden kan iedereen door pech overkomen, maar werkloos blijven wordt in hoge mate als je eigen verantwoordelijkheid gezien. Wie werkloos is, is in het hedendaagse jargon 'in between jobs' of maakt een transitie mee in zijn loopbaan. Maar hoe lang die transitie duurt, is voor een belangrijk deel je eigen verantwoordelijkheid. Het is je eigen taak om actief op zoek te gaan naar een andere baan, om daarbij niet al te kieskeurig te zijn en om je te laten om- of bijscholen als je vaardigheden niet langer aansluiten bij de vraag op de arbeidsmarkt. Feitelijk is hiermee, na tal van overheidsdiensten, ook het werkloosheidsprobleem geprivatiseerd.*

Floor was er lange tijd van overtuigd dat haar gedrag vooral door de cultuur, dus door waarden en normen, bepaald werd. De laatste tijd vraagt zij zich meer en meer af of cultuur wel zo allesoverheersend is. Waarom verschillen mannen en vrouwen dan zo van elkaar? En waarom denk en handel ik nu anders dan enkele jaren geleden? En waarom gaan mensen uit de hogere sociale klassen anders om met hun gezondheid dan die uit de lagere sociale klassen?
Zij ziet hoe in het ziekenhuis medisch specialisten vaak anders over de bejegening van patiënten denken dan verpleegkundigen. Ze hebben een andere status en hebben andere belangen. Het kan niet anders dan dat dit van invloed is op hun denken en handelen, vindt ze nu.

## 5.6   Sociale mobiliteit

In een kastenmaatschappij is het moeilijk, zo niet onmogelijk, om van een lagere in een hogere kaste te komen. De sociale mobiliteit is gering. In onze westerse samenleving is die groter. Maar ook daar gaat dat niet vanzelf. Nog maar al te vaak geldt hier dat 'als je voor een dubbeltje geboren bent, je niet gemakkelijk een kwartje wordt'.

**Definitie**

*Onder sociale mobiliteit verstaan we de beweging van mensen of groeperingen van de ene sociale laag naar de andere.*

Er zijn twee vormen van sociale mobiliteit: horizontale en verticale.

**Definitie**

*Horizontale sociale mobiliteit is een beweging binnen eenzelfde sociale laag.*

Zo is bij de zoon van de heer Fransen, Peter, sprake van horizontale sociale mobiliteit. Hij is van havenarbeider via fabrieksarbeider terechtgekomen in de woningbouw als opperman. Zijn sociale status is echter gelijk gebleven.

### Definitie

*Bij verticale sociale mobiliteit gaat het om een beweging tussen verschillende verticaal gestapelde sociale lagen.*

Bij de heer Fransen is sprake van een neerwaartse beweging van boerenzoon naar ongeschoolde havenarbeider. Bij Floor is eerder sprake van een opwaartse beweging: van arbeidersdochter naar studente verpleegkunde.
Ook door de tijd heen is sprake van mobiliteit. Sociologen spreken dan over intra- en intergeneratiemobiliteit.

### Definitie

*Van intrageneratiemobiliteit is sprake wanneer de sociale mobiliteit binnen één generatie plaatsvindt; van intergeneratiemobiliteit wanneer die meerdere generaties omvat.*

Floor zit in een hogere laag dan haar vader, van wie de positie echter weer lager is dan die van zijn vader, de grootvader van Floor.

Samenlevingen variëren in de mate waarin sociale mobiliteit mogelijk is en ook werkelijk plaatsvindt. Bij een open samenleving is de kans op sociale mobiliteit groter.

> **Definitie**
>
> *Een open samenleving is een samenleving waarin personen gemakkelijker en op basis van eigen krachten klimmen en dalen op de maatschappelijke ladder.*
>
> *In een gesloten samenleving is opklimmen op de maatschappelijke ladder moeilijker en is de sociale laag al grotendeels bij de geboorte vastgelegd.*

Een voorbeeld van een gesloten samenleving is India met zijn kastenstelsel, zoals we al zagen.

Onze samenleving is meer een open samenleving. Toch is die openheid betrekkelijk. Talrijke factoren, zoals woonplaats, buurt, geld, ras en sekse, kunnen de sociale mobiliteit belemmeren. De heer Fransen bijvoorbeeld woonde vroeger op het platteland in Zeeland. In een straal van twintig kilometer rond zijn woonplaats, een klein dorp, waren nauwelijks opleidingsmogelijkheden. Hij ging mede daarom direct na de lagere school op de boerderij werken.

Sociale klasse speelt bij sociale mobiliteit een belangrijke rol. Kinderen uit een lagere sociale klasse stoten moeilijker door naar het hoger onderwijs. Na de invoering van het leenstelsel daalde hun aantal op de universiteit met 15 procent. Ook al ben je even slim als een rijkeluiskind, je kans op een hogere opleiding is toch kleiner. Er is minder geld en er zijn minder stimulansen vanuit de ouders en de sociale omgeving. En als kinderen uit een lagere sociale klasse dan toch gaan studeren, wordt de kloof met thuis groter, wat kan leiden tot spanningen met de ouders. Floor had eigenlijk diep in haar hart medicijnen willen gaan studeren maar durfde die 'grote stap', zoals zij dat noemt, niet aan. Haar ouders stimuleerden dat ook niet. Toch waren er ook gedurende haar eerste jaren op de hbo-v in Utrecht regelmatig spanningen thuis, want ze ontgroeide langzaam het milieu van de Rotterdamse arbeiderswijk.

> **Kader 5.2**     Opwaartse mobiliteit
>
> [...] ik stelde dat opwaartse mobiliteit mede mogelijk wordt gemaakt door handel in lichamelijk kapitaal, dikwijls terecht genaamd: liefde. Bijvoorbeeld de secretaresse die met haar baas trouwt.
> Arnon Grunberg, 2017

## 5.7 Culturele mobiliteit

Elke maatschappelijke laag heeft eigen cultuurkenmerken. Zo heeft de maatschappelijk werker van de sociale dienst, waar de heer Fransen regelmatig komt, een andere woninginrichting en modesmaak dan hij. Cultuurgoederen kunnen stijgen en dalen op de maatschappelijke ladder.

> **Definitie**
>
> *Onder culturele mobiliteit verstaan we de beweging van cultuurgoederen van de ene sociale laag naar de andere.*
>
> *Van dalend cultuurgoed is sprake wanneer een cultuurgoed daalt van een hogere sociale klasse naar een lagere.*
>
> *Van stijgend cultuurgoed is sprake wanneer een cultuurgoed stijgt van een lagere sociale klasse naar een hogere.*
>
> *Onder cultuurgoederen verstaan we voorwerpen, kunst, gewoontes, smaken, trends, enzovoorts, die verwijzen naar waarden, normen, verwachtingen en doeleinden van een groepering.*

De aardappel geldt in de zeventiende eeuw als varkensvoer of voedsel voor de allerarmsten. Langzaam verspreidt die aardappel zich naar de stad en naar de hogere klassen. Pas na 1800 begint hij, in alle lagen van de bevolking, het graan (brood, pap) te verdringen als basisvoedsel.
Een ander voorbeeld is dat lang geleden het wonen in hofjes iets was voor de armen, ouderen of weduwen. In de loop van de twintigste eeuw krijgt het wonen in een historisch hofje in de binnenstad een hogere status. Ook tattoos zijn onderhevig aan opwaartse mobiliteit. Evenzo wordt de spijkerbroek, vroeger werkmanskleding, nu ook veel in hogere kringen gedragen.
Maar meestal zal de beweging van boven naar beneden zijn. Het overnemen van cultuurgoederen uit een hogere sociale laag is vaak een middel om de eigen sociale status een hoger aanzien te geven. Sommige mensen uit de lagere sociale lagen gaan daarom tennissen, golfen of een cruise maken om de buitenwereld te laten zien dat ze een trapje geklommen zijn op de maatschappelijke ladder. Ook de aanschaf van een duurdere auto, modieuze kleding, een luxe keuken of een hypermoderne racefiets kan gebruikt worden om een hogere sociale status te laten zien. Dat kan ook door namen van beroepen te veranderen, zoals schoonmaakster in interieurverzorgster, parkeerhulp in parkeersteward en secretaresse in managementassistente.
Vaak vinden mensen hun sociale status belangrijker dan ze zullen toegeven. Zo is Floor stilletjes trots op haar 'modieuze' kleding, die zich duidelijk onderscheidt van wat zij vroeger placht te dragen. Haar ouders zeggen dat ze die kleding raar vinden, maar ze zijn stiekem wel trots op de verhoogde sociale status van hun

dochter. Het verhoogt ook een beetje hun eigen sociale status in de buurt. Haar moeder vertelt in de buurt vol trots over de opleiding van haar dochter.

**Welke opwaartse en neerwaartse cultuurgoederen zie jij in je eigen omgeving?**

## 5.8 Discriminatie

Discriminatie is voor velen nog steeds een ernstige belemmering voor sociale mobiliteit.

**Definitie**

*Discriminatie is het ongelijk behandelen van individuen of groeperingen op grond van bepaalde kenmerken.*

Er zijn nog heel wat mensen in ons land die niet worden uitgenodigd voor een sollicitatiegesprek omdat zij te oud zijn of allochtoon. Anderen worden gepest omdat ze homo zijn. Er zijn vrouwen die worden ontslagen omdat zij zwanger zijn. Deze vormen van discriminatie belemmeren mensen in hun klimtocht op de maatschappelijke ladder. Vaak is discriminatie subtieler dan in bovenstaande voorbeelden. Veel mensen weten en zien niet dat mensen uit de hogere sociale klassen via relaties en betere sociale vaardigheden wachtlijsten voor een behandeling omzeilen. En wat te denken van kinderen uit een lagere sociale klasse die een grotere kans hebben om een vmbo-advies te krijgen dan kinderen met gelijke capaciteiten uit een hogere sociale klasse? Gesprekken van hoogopgeleide ouders met leerkrachten of vooroordelen van die leerkrachten dragen daaraan bij.

Discriminatie is een van de redenen dat de werkloosheid onder Nederlanders van niet-westerse herkomst ruim drie keer zo hoog (16%) is als die onder autochtone Nederlanders (5%). 28% van de allochtone jongeren tussen de 15 en 24 jaar is werkloos tegen 10% van de autochtone jongeren (SCP, 2014).

In Nederland is er een omvangrijk stelsel van wetten dat mensen beschermt tegen discriminatie op het gebied van arbeid. In dit stelsel van wetten worden twaalf discriminatiegronden genoemd: godsdienst, levensovertuiging, politieke gezindheid, ras (ook wel aangeduid met etnische afkomst), sekse, nationaliteit, heteroseksuele of homoseksuele gerichtheid, burgerlijke staat, handicap of chronische ziekte, leeftijd, arbeidsduur (parttime- of fulltimedienstverband) en type arbeidscontract (bepaalde of onbepaalde tijd).

Discriminatie vanwege '*herkomst*' komt in 2016, net als in 2015, het meest voor in de registraties van de politie. In 2016 registreert zij 352 incidenten waarbij (mogelijk) sprake is van discriminatie vanwege het *islamitische geloof*, bijna 20% minder dan in 2015. De toename van het aantal registraties van incidenten die (mogelijk) te maken hebben met het islamitische geloof in 2015 heeft vooral te maken met een negatieve beeldvorming over de islam en moslims. Daarbij spelen vooral de opkomst van IS, terroristische aanslagen in onder meer Parijs en de onrust naar aanleiding van de toestroom van (veelal islamitische) asielzoekers een grote rol.

In 2016 registreert de politie 335 incidenten over *antisemitisme*, 21% minder dan in 2015.

Discriminatie op grond van *seksuele gerichtheid* vertoont een wisselend beeld. Iets minder dan een derde van de discriminatie-incidenten die de politie registreert in 2016, heeft betrekking op seksuele gerichtheid.

De geregistreerde discriminatie-incidenten en -meldingen geven een indicatie voor discriminatie in de samenleving. Bij het interpreteren van de cijfers moeten we er rekening mee houden dat lang niet alle discriminatie-ervaringen worden gemeld en vastgelegd. Want discriminatie wordt niet altijd herkend, gerapporteerd of gemeld. Hoe vaak discriminatie precies voorkomt in Nederland, kunnen we op basis van de cijfers dus niet zeggen. De bundeling van alle beschikbare informatie geeft wel inzicht in het soort incidenten dat zich voordoet, wie erdoor getroffen worden en op welke plekken dat gebeurt. De cijfers laten zien dat discriminatie nog veel voorkomt en plaatsvindt op veel verschillende terreinen. En ze laten zien dat discriminatie sociale ongelijkheid in ons land bevordert.

## 5.9 Sociale ongelijkheid, enkele terreinen

Er zijn verschillende gebieden in onze samenleving waar de sociale ongelijkheid zich duidelijk manifesteert. Ter illustratie zullen wij hier enkele van deze gebieden wat verder uitdiepen.

## 5.9.1 Sociale ongelijkheid tussen jongeren en ouderen

Vroeger werd ouderdom vooral geassocieerd met gezag en wijsheid. Belangrijke posities in de samenleving werden door ouderen bekleed. In vele niet-westerse landen is dit nog het geval. In het Westen en in ons land is dat minder. Vooral in de jaren zestig en zeventig van de vorige eeuw is daarin verandering gekomen als gevolg van de democratiseringsbeweging. Jongeren zijn mondiger en zelfstandiger geworden. Zij accepteren gezag minder snel als vanzelfsprekend. Jongeren willen liever onderhandelen dan zomaar gehoorzamen. Ze vinden ook vaker dat je gezag moet verdienen en dat dit niet gekoppeld mag zijn aan de positie die je inneemt. Ouderen hebben daar vaak moeite mee.

Ouderen en jongeren botsen niet alleen wat hun status en macht betreft, maar ook waar het gaat om waarden zoals geloof, seksuele praktijk, netheid en gehoorzaamheid.

Ook belangentegenstellingen komen in deze tijd regelmatig aan de orde, zoals over de pensioenvoorzieningen. Ouderen zeggen dat ze te veel moeten inleveren terwijl jongeren vrezen dat hun pensioen almaar kleiner wordt. Ze zijn vaker flexwerker terwijl ouderen meestal een vaste baan hebben.

Hierbij spelen ook de aantallen een belangrijke rol. Om de invloed van de leeftijdsverdeling van de bevolking te kwantificeren bestaan twee indicatoren: de 'groene druk' en de 'grijze druk'. De groene druk is de verhouding tussen het aantal 0-14-jarigen en de potentiële beroepsbevolking (15-64-jarigen), terwijl de grijze druk de verhouding is tussen het aantal 65-plussers en de potentiële beroepsbevolking. Het Sociaal en Cultureel Planbureau constateert in 2017 dat de grijze druk in onze samenleving groter is dan de groene druk.

De leeftijdsverdeling van de bevolking heeft sterke invloed op de vraag naar publieke voorzieningen. Een relatief jonge bevolking gebruikt bijvoorbeeld meer onderwijs en gezinsuitkeringen, een relatief oudere bevolking meer zorg, pensioenuitkeringen en ouderenkorting. In 2016 was in Nederland de grijze druk met 27,8% groter dan de groene druk (SCP, 2017b). Dat heeft gevolgen voor beide groepen. De grijze groep 'vraagt' om meer investeringen in welzijn en gezondheid, terwijl de groene groep al snel het gevoel kan krijgen dat zij daarvoor moet opdraaien.

Volgens het Centraal Bureau voor de Statistiek (CBS) stijgt de koopkracht van individuele 65-plussers al sinds de eeuwwisseling veel minder hard dan die van werknemers en zelfstandigen. Gemiddeld genomen lag de koopkracht van 65-plussers in 2015 op nagenoeg hetzelfde niveau als in 2000, terwijl de koopkracht van de gemiddelde werknemer in dezelfde periode met 32% steeg.

Maar de partijen die stellen dat het wel meevalt met de financiële nood onder ouderen hebben ook niet helemaal ongelijk. De gemiddelde 65-plusser van nu zit er veel warmer bij dan de 65-plussers van twintig jaar geleden. Gepensioneerden hebben daarnaast van alle leeftijdscohorten het dikste appeltje voor de dorst, meldt het CBS. In 2015 bedroeg het vermogen van 65-plushuishoudens gemiddeld 86.500 euro. Dat is vijf keer zoveel als de 17.300 euro die een doorsnee Nederlands huishouden dat jaar bij elkaar heeft gespaard.

De ongelijkheid tussen jongeren en ouderen wordt ook beïnvloed door de werkgelegenheid. Zo wordt de positie van jongeren in een tijd van grote jeugdwerkloosheid er niet beter op. Het CBS meldt in 2012 dat hun positie op de arbeidsmarkt achteruitholt. In februari van dat jaar zaten ruim 100.000 jongeren onder de 25 jaar zonder baan. Maar vijf jaar later is dat anders; de werkloosheid onder jongeren is met 10% gedaald, terwijl de daling bij 55-plussers slechts 2% is.

Toch zit er nog een andere kant aan ouderdom. Ouderen zijn kwetsbaarder wat hun gezondheid betreft. Ook hebben ongezonde en chronisch zieke mensen niet zo'n hoge sociale status in onze samenleving. Die kwetsbaarheid is oorzaak van vaak verholen discriminatie, zoals bij sollicitaties van ouderen of chronisch gehandicapten. Als 'medicijn' hiertegen worden op verschillende terreinen maatregelen genomen, die we 'positieve discriminatie' noemen, dat wil zeggen 'het extra bevoordelen van sommige kwetsbare groeperingen'. Die maatregelen zijn talrijk, zoals korting voor ouderen in het openbaar vervoer of bij museumbezoek.

**Noem eens wat voorbeelden van positieve discriminatie van ouderen.**
**Zijn er ook voorbeelden van positieve discriminatie van jongeren? Welke? Wat vind je daarvan?**

## 5.9.2 Sociale ongelijkheid tussen mannen en vrouwen

Mannen hebben in onze samenleving nog steeds een hogere sociale status dan vrouwen. De laatste eeuw is dat verschil kleiner geworden als gevolg van de vrouwenemancipatie. Maar nog lang niet altijd zijn we ons hiervan bewust. Socialisatieprocessen hebben hier hun indringende werk gedaan. De eigen positie wordt vaak als vanzelfsprekend geaccepteerd en geïnternaliseerd. Vrouwen accepteren die als passend bij hun vrouw- of moederrol. Voor veel vrouwen is het vanzelfsprekend dat hun beroep ondergeschikt is aan dat van hun mannelijke partner. En ze kiezen eerder voor kinderen dan voor werk.
Emancipatiebewegingen hebben veel vrouwen aangezet tot bewustwording en het streven naar meer gelijkheid. Daar wordt nog steeds aan gewerkt in het onderwijs, in de politiek, in de zorgverlening en ook in veel relaties en gezinnen, maar de praktijk is weerbarstig. Zo is het nog steeds 'normaal' dat het gezin Fransen een mannelijke huisarts en een vrouwelijke wijkverpleegkundige heeft. En dat de directeur van het bedrijf waar de heer Fransen werkte een man is. Vrouwen zijn ver ondervertegenwoordigd in leidinggevende en politieke functies. Er zijn relatief weinig vrouwelijke ministers, professoren, rechters, enzovoort.

De *Emancipatiemonitor 2016* van het Sociaal en Cultureel Planbureau (2016b) constateert onder andere het volgende:
- De verschillen tussen vrouwen en mannen zijn in tien jaar tijd kleiner geworden, maar minder snel dan in de beginjaren van het emancipatiebeleid werd gedacht.
- Vrouwen werken overwegend in deeltijd, ook als ze geen kleine kinderen hebben. Mannen houden sterk vast aan hun voltijdse werkweek, ook als ze kleine kinderen hebben.
- Als de relatie stukloopt, blijkt het verschil in inkomen wel degelijk uit te maken. Ruim één op de drie relaties eindigt in een echtscheiding en in doorsnee verliest een vrouw dan een kwart van haar koopkracht, terwijl een man er nauwelijks op achteruitgaat.
- Met een groei van 28 naar ruim 30 procent vrouwelijke topambtenaren heeft de overheid haar streefcijfer bereikt. Het aandeel vrouwelijke hoogleraren en het aandeel vrouwen in topfuncties in het bedrijfsleven is iets gestegen. In de honderd grootste bedrijven is nu bijna één op de vijf leden van de raden van bestuur of toezicht een vrouw. Dat is een flinke toename ten opzichte van eerdere jaren. In de non-profitsector is één op de drie tot vier bestuurders een vrouw.

In *De toekomst tegemoet* stelt het Sociaal en Cultureel Planbureau (2016a) dat vrouwen vaker dan mannen mantelzorg combineren met een betaalde baan. Het SCP vraagt zich af of deze 'genderkloof' verder zal toenemen, omdat vrouwen door toenemende druk (op korte termijn) tijdelijk minder gaan werken om te kunnen blijven zorgen en daarmee (op lange termijn) minder pensioen opbouwen.

Of zullen mannen en vrouwen in de toekomst vaker in gelijke mate mantelzorg met werk combineren? Verder vraagt het SCP zich af in hoeverre genderverschillen in de zorg kunnen worden overbrugd door flexibele werktijden en mantelzorgvriendelijke werkgevers.

Volgens het SCP (2017) is de arbeidsdeelname in 2015 bij mannen hoger dan bij vrouwen (90% tegenover 80%) in de piek van het arbeidzame leven. Het aandeel gezinnen van een man met een voltijdbaan en een vrouw met een ruime deeltijdbaan (drie of vier dagen per week) maakt een sterke opmars: van 14% in 1990 naar 35% in 2015. Het aandeel eenverdienersgezinnen maakt de tegenovergestelde beweging.

Volgens het SCP (2018a) doen meisjes en jonge vrouwen het al sinds het eind van de vorige eeuw beter in het onderwijs dan jongens en jonge mannen. Ze volgen vaker dan mannen hogere onderwijstypen, vallen minder vaak voortijdig uit en studeren sneller af in het hoger onderwijs. Hierdoor zijn vrouwen onder de 45 jaar al enige tijd gemiddeld hoger opgeleid dan mannen. Toch is de positie van deze groep vrouwen op de arbeidsmarkt nog steeds minder gunstig dan die van mannen: vrouwen werken minder vaak dan mannen en ze hebben vaker een deeltijdbaan. Beide zaken zijn ongunstig voor hun economische zelfstandigheid. In het Nederlandse emancipatiebeleid vormt vergroting van de economische zelfstandigheid van vrouwen een van de kerndoelen.
Vrouwen met hetzelfde werk verdienen over het algemeen 10 procent minder dan mannen. Het glazen plafond is nog lang niet geslecht, ondanks een kleine stijging van het aantal vrouwen in hogere functies. En slechte voorwaarden voor ouderschapsverlof en kinderopvang belemmeren veel vrouwen om te gaan werken.
Er valt dus nog heel wat te doen.

Gelukkig gaat het emancipatieproces door. Zo heeft #MeToo in 2017 dit proces een flinke boost gegeven. Misschien mede ook omdat veel mannen #MeToo krachtig ondersteunen.

- Hoe is de verdeling tussen mannen en vrouwen in leidinggevende functies in de opleiding waar jij studeert?
- Probeert het bestuur daar eventueel wat aan te doen? Wat dan?

### 5.9.3 Sociale ongelijkheid tussen werkgevers en werknemers

De machtsverhoudingen tussen werkgevers en werknemers zijn gedurende de laatste eeuwen grondig gewijzigd. De tegenstelling tussen kapitalisten en proletariaat (zoals Marx dat noemde) wordt nauwelijks nog als zodanig gevoeld. De machtsverschillen zijn kleiner geworden. Het belangenconflict tussen beide partijen is geïnstitutionaliseerd. Beide partijen en de overheid hebben samen wetten en afspraken gemaakt over hoe om te gaan met belangentegenstellingen. Denk hierbij bijvoorbeeld aan het cao-overleg, het stakingsrecht en de Arbowet. Maar de verschillen in status en macht zijn nog groot. Vooral in tijden van crisis daalt de sociale status van werknemers. Vooral zij dreigen werkloos te worden. Tijdens de economische crisis van de afgelopen jaren steeg de werkloosheid en daalden de lonen. Toen de economie weer aantrok, stegen wel de winsten maar bleven de lonen gelijk. Pas eind 2017 gaven werkgevers en de overheid schoorvoetend toe dat er wel wat aan salaris bij kon. Maar ondertussen was er tijdens de crisis ook gemorreld aan de baanzekerheid van de werknemers. In 2017 werkte meer dan 30% van de werknemers op basis van een tijdelijk contract of als zzp'er. Daarbij komt dat hun positie ook nog eens bedreigd wordt door technologische ontwikkelingen op het vlak van automatisering, robotisering, enzovoort. Robots en computers vragen niet om loonsverhoging; laat staan dat ze lid zijn van een vakbond.

Bovendien is het aandeel dat werknemers hebben in de winst de laatste decennia gedaald. Volgens het CBS gaat van elke euro bedrijfswinst 73 cent naar werknemers en zelfstandigen. Medio jaren negentig was dat nog 81 cent. Werkgevers steken dus een steeds groter deel van de winst in eigen zak.

Een niet onbelangrijke factor in de ongelijkheid tussen werkgevers en werknemers is dat het aantal werknemers dat lid is van een vakbond gestaag daalt. Eind maart 2016 waren 1,7 miljoen mensen aangesloten bij een vakbond, 17 duizend minder dan in 2015. Het ledental daalt al sinds 1999, maar de laatste jaren gaat de daling minder snel. In 2015 nam het nog met 28 duizend leden af. Er zijn wel steeds meer vrouwen en 65-plussers lid van een vakbond. Dit meldt het CBS.

### 5.9.4 Sociale ongelijkheid tussen autochtonen en allochtonen

Volgens het SCP (2017) zijn we iets positiever gaan denken over immigranten dan aan het begin van de jaren negentig. Vond in 1994 nog 49% dat er te veel mensen van een andere nationaliteit in Nederland wonen, in 2017 is dat 31%. In het publieke en politieke debat is er na 2002 veel meer aandacht ontstaan voor dit thema. Sinds de vluchtelingencrisis van 2015 staat het thema immigratie hoog op de politieke agenda en is er veel discussie over het al dan niet opvangen van vluchtelingen. In vergelijking met 1994 is de reactie op de hypothetische vestiging van een asielzoekerscentrum in de eigen buurt onveranderd: 34% vindt dat geen enkel bezwaar, 50% zou het accepteren, maar minder prettig vinden en 16% zou protesteren. Daarmee is men wel aanzienlijk negatiever dan in 2000, toen 54% zei dat geen enkel bezwaar te vinden. De opinies fluctueren dus nogal in de tijd.

De European Union Agency for Fundamental Rights (FRA), een mensenrechtenorganisatie van de Europese Unie, doet in 2015-2016 een grootschalig onderzoek onder 10.500 moslims in vijftien verschillende EU-landen (Bahara, 2017). Van de ondervraagden zegt 17% in de afgelopen vijf jaar gediscrimineerd te zijn. In 2008, als het FRA voor het eerst een dergelijk onderzoek onder Europese moslims verricht, zegt 10% van hen gediscrimineerd te zijn op religieuze gronden.

Op de arbeidsmarkt is sprake van 'etnische profilering', zo vinden moslims. Ze hebben hun naam niet mee. Ze worden op basis van hun uiterlijk (vaker dan autochtonen) door de politie aangehouden. En als ze een huis zoeken, maken ze ook minder kans.

De Nederlandse regering moet ervoor zorgen dat Zwarte Piet verandert (NOS Nieuws, 2015). Dat staat in het vijfjaarlijkse rapport van het VN-Comité voor de Uitbanning van Rassendiscriminatie. Het feit dat een traditie diep geworteld is, kan discriminatie en het gebruik van stereotypen niet rechtvaardigen, schrijft het comité.

**Wat vind jij? Moeten Nederlanders zich iets aantrekken van de mensen die zich door het bestaan van Zwarte Piet gediscrimineerd voelen?**

### 5.9.5 Opleiding en sociale ongelijkheid

De kansen op het volgen van opleidingen zijn in Nederland ongelijk. Het Sociaal en Cultureel Planbureau (2017a) constateert dat hoogopgeleide ouders bij de keuze voor een basisschool vaker in gesprek gaan met de leerkracht van groep 8 om een zo hoog mogelijk advies voor hun kind te krijgen. Laagopgeleide ouders maken hiervan niet alleen minder gebruik, maar hebben doorgaans ook lagere verwachtingen van hun kinderen. Zij remmen de ambitie van hun kind soms af door eerder te kiezen voor een kleine plattelandsschool in een naburig dorp dan voor een school in 'de grote stad'. Kinderen van lageropgeleide ouders beginnen daardoor vaker op een lager niveau in het voortgezet onderwijs dan kinderen van hogeropgeleide ouders. Leerlingen uit hogere sociaal-economische milieus stromen daarna vaker door naar een hoger niveau dan leerlingen uit lagere milieus. Ouders die over assertieve en diplomatieke vaardigheden beschikken en kunnen netwerken, lukt het beter om invloed uit te oefenen op de plaatsing van hun kind.
Bovenstaande resultaten komen overeen met rapportages van de Organisatie voor Economische Samenwerking en Ontwikkeling (OESO). De OESO (2016) adviseert onder meer om de vervolgopleiding van basisschoolkinderen niet te laten bepalen door de leraar, maar door een centrale toets. Dat is pikant omdat in Nederland sinds 2014 leerkrachten een grotere rol hebben gekregen bij het geven van schooladviezen in groep 8. Uit onderzoek blijkt nu dat die advisering van leraren nadelig uitpakt voor achterstandskinderen. In 2016 neigde de Tweede Kamer ertoe om de Cito-toets weer meer de doorslag te laten geven.

In de literatuur komen we ook nog andere verklaringen tegen voor de geconstateerde ongelijkheid in kansen in het onderwijs, zoals:
- Kinderen uit de lagere sociale klassen krijgen minder stimulansen om door te leren. Ook zijn hun ouders minder goed in staat om hun kinderen financieel te ondersteunen.
- Waarden, normen, taalgebruik en sociale vaardigheden van sommige sociale lagen sluiten niet goed aan bij de onderwijswereld. De kinderen uit de middelste en hogere sociale lagen zijn vaak beter voorbereid en toegerust op de rol van schoolkind. Intellectuele bekwaamheid en pienterheid worden zowel thuis als op school beloond.

- Van invloed is ook dat leerkrachten meestal een middenklassecultuur hebben. Hun waarden en normen verschillen van die van de lagere sociale klassen en hun aandacht voor en betrokkenheid bij kinderen uit hun eigen sociale klasse zijn groter.
- Bovendien is de onderwijscultuur op zich meer toegesneden op de middenklasse dan op de lagere sociale klassen.

- **In hoeverre is jouw onderwijsverleden beïnvloed door de sociale klasse waarin jij bent opgegroeid?**
- **Wat vind jij? Is het goed dat de Cito-toets weer terugkomt? Welke argumenten pleiten voor en welke tegen?**

### 5.9.6 Gezondheid en sociale ongelijkheid

Hoogopgeleide mannen en vrouwen leven zo'n 6 tot 7 jaar langer dan laagopgeleiden. Ouderen in Nederland met een laag inkomen en een lage opleiding ervaren hun gezondheid ook als slechter dan ouderen met een hoger inkomen of hogere opleiding. Zij ervaren meer beperkingen door fysieke of psychische klachten. De sociaal-economische status van het ouderlijk gezin is nog op latere leeftijd aan de gezondheid gerelateerd. Maar ook is het zo dat ouderen met een lage opleiding en een vader met een lage opleiding ongezonder zijn dan ouderen met een hogere opleiding en een vader met een lage opleiding. Het gezondst zijn de ouderen van wie zowel de vader als zijzelf hoog zijn opgeleid. Dit geldt voor functionele beperkingen, de aanwezigheid van chronische ziekten en de kans om eerder te overlijden. Deze verschillen in gezondheid bij ouderen duiden op een systematisch, chronisch probleem voor de maatschappelijke gezondheid. Het grootste gedeelte van alle gezondheidsproblemen die in Nederland voorkomen, komt terecht op de schouders van groepen die ook op andere aspecten van hun leven, sociaal en economisch, achtergesteld zijn.

Via socialisatieprocessen leren kinderen waarden en normen met betrekking tot gezond gedrag. Al vanaf hun geboorte krijgen ze goede of slechte opvattingen over leefgewoonten en zorg voor gezondheid mee. Die 'goede' opvattingen vinden we meer in de hogere sociale lagen dan in de lagere. Hogere sociale lagen hebben meer kennis van en belangstelling voor factoren die een goede gezondheid beïnvloeden. Zij leven gezonder. Zij hebben ook meer mogelijkheden om het leven naar hun hand te zetten. Ze benutten meer de kansen die ons gezondheidssysteem biedt. Gezondheidsvoorlichting en -opvoeding heeft vooral effect bij mensen uit de midden- en hogere klassen en minder bij de lagere. De manier van voorlichten, het taalgebruik en de fysieke omgeving in de gezondheidszorg sluiten beter aan bij de midden- en hogere klassen dan bij de lagere. Personen met lage opleiding lopen hier figuurlijk en vaak ook letterlijk verloren. Het zorgaanbod wordt bovendien sociaal gekleurd door de culturele waarden van de zorgverleners. De socioloog Robert Merton (1968) noemt dit het Mattheüseffect.

### Definitie

*Het Mattheüseffect houdt in dat 'zij die al veel hebben meer krijgen en dat zij die niet hebben, wordt ontnomen wat ze verdienen'.*

Gelijkheid is goed voor iedereen. Dat is de belangrijkste conclusie uit het eerder in dit hoofdstuk genoemde boek *The Spirit Level* van de Britse wetenschappers Kate Pickett en Richard Wilkinson (2009). Volgens hen leidt een ongelijke samenleving tot meer stress, met als belangrijkste stressbronnen een lage status, weinig vrienden en stress als jong kind. In *Medisch Contact* (Maassen, 2013) lichten ze dit toe:

> *In een samenleving waar sommigen heel belangrijk en anderen heel onbelangrijk zijn, beoordelen we elkaar meer op status. De materiële verschillen vormen daarbij als het ware de kapstok waaraan we de culturele en andere verschillen ophangen waarmee we ons van elkaar proberen te onderscheiden, en die tot markers worden van iemands sociale positie. Die verschillen verhogen de sociale afstand tussen mensen. En dat vergroot de angst dat anderen ons slecht zullen evalueren. In ongelijke samenlevingen is er meer wantrouwen tussen mensen. Zulke factoren vergroten de kans op ziekte, zowel fysiek als psychisch.*

- Wat vind jij van bovenstaande verklaring?
- Zijn er verklaringen die jou meer aanspreken?

**Praktijkboek sociologie**

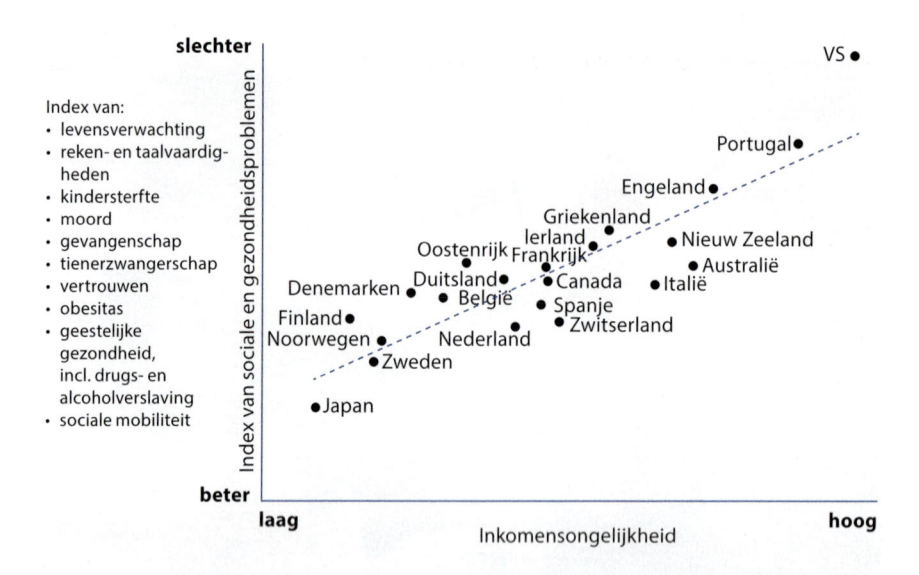

**Figuur 5.5** Het verband tussen inkomensongelijkheid en sociale en gezondheidsproblemen

Nederland is, volgens de gegevens in het boek van Wilkinson en Pickett, een middenmoter waar het gaat om (on)gelijkheid. De inkomensverschillen zijn niet zo groot als in Engeland, Portugal en de Verenigde Staten, maar ons land is ook niet zo egalitair als Japan, Noorwegen en Zweden.

Onderzoekster Coosje Dijkstra (2016) toont in haar promotieonderzoek aan dat er in Nederland aanzienlijke sociaal-economische verschillen zijn in het behalen van de groente-, fruit- en visrichtlijn onder Nederlandse ouderen. Ook ontdekte zij dat ouderen met een lager opleidings- en inkomensniveau andere redenen hebben om gezond te eten en dat het voorkómen van ziekte juist voor deze groep minder belangrijk lijkt. Ook ervaren ouderen met een lager opleidings- en inkomensniveau meer en andere barrières om te voldoen aan de groente-, fruit- en visrichtlijn. Factoren die deze sociaal-economische verschillen mogelijk verklaren, zijn de hoge prijs van vis en het niet lekker vinden van fruit.

De sociale laag waarin iemand vertoeft, is dus van grote invloed op zijn gezondheid. Die verschillen zijn niet uitsluitend het gevolg van een vrije keuze in leefstijl, zoals een individualistische samenleving propageert. Als de heer Fransen uit ons praktijkvoorbeeld te veel rookt en drinkt, is dat zijn eigen beslissing en verantwoordelijkheid, is de verklaring vanuit een meer liberaal perspectief. Voor een deel is dat misschien zo, maar tegelijkertijd is de heer Fransen ook 'geprogrammeerd' door zijn geschiedenis en sociale omgeving. In het milieu van de heer Fransen heeft gezondheid een lagere waarde dan in het milieu van zijn dochter Floor. Roken en regelmatig alcohol drinken zijn voor de vader bijna vanzelfsprekend, terwijl zijn dochter in een milieu verkeert waar gezond eten, niet roken en veel bewegen tot de cultuur behoort.

## 5.10 Perspectief

Onze welvaart is de afgelopen 25 jaar toegenomen. Toch leven nu meer mensen (6,6 procent) in armoede dan in 1990 (5,7 procent). En aan de bovenkant is de rijkste 1 procent juist bezig aan een opmars, met de allerrijksten die tegenwoordig 4,7 procent van al het inkomen opstrijken. Twintig jaar terug was dat nog 3,5 procent. Belangrijker is misschien nog, zo constateert het SCP, dat het feit dat we het hier goed hebben door steeds minder Nederlanders als een feit wordt beschouwd. Vond in 1993 nog 81 procent ons land welvarend, inmiddels is dat in 2017 gezakt tot 74 procent.
Zou dit een signaal zijn dat Nederlanders de sociale ongelijkheid toch te groot vinden en graag een meer egalitaire samenleving willen? De uitslag van de Tweede Kamerverkiezingen in 2017 lijkt niet in die richting te wijzen, want vooral rechts won en links verloor. Maar misschien wil de Nederlander op de eerste plaats meer gelijkheid wat zijn eigen positie betreft in vergelijking met de mensen op een positie in zijn directe nabijheid. Dat zou naadloos passen in de theorieën over comparatieve referentiegroepen en relatieve deprivatie uit hoofdstuk 3.

Het is niet zozeer het verschil in inkomen als wel het verschil in vermogen wat ons zorgen zou moeten baren, vindt Thomas Piketty (2013). Volgens hem neemt ongelijkheid wereldwijd explosief toe en zal dat blijven doen als wij niet ingrijpen. De gevolgen kunnen desastreus zijn. Hij noemt ongelijkheid gevaarlijk omdat extreme ongelijkheid democratie ondermijnt. Als een kleine groep bijna alle economische middelen in handen heeft, bestaat het principe 'iedereen is gelijk' niet meer. Op papier mag ieders stem even zwaar tellen, in de praktijk heeft een klein groepje extreem rijken de touwtjes in handen. Daarnaast is ongelijkheid een voedingsbron voor populisme, nationalisme en racisme omdat grote groepen zich buitengesloten voelen en hun onvrede willen uiten.

Tot enkele decennia geleden waren de gevolgen van sociale ongelijkheid vaak inzet van het politieke spel. Maar de term sociale ongelijkheid verdwijnt langzaam naar de achtergrond en maakt plaats voor de minder politiek beladen term 'sociale problematiek'. Deze problematiek wordt ook domein van de massamedia. Op de televisie wordt de individuele menselijke ellende tot in de details uitgemeten en het Nederlandse volk vergaapt zich voyeuristisch aan de persoonlijke ellende van mensen.
Bij dit alles komt nog dat de oplossing van de sociale problematiek al lang niet meer een uitsluitend nationale zaak is. De internationale vervlechting beperkt de beleidsruimte op nationaal niveau. De kosten van de verzorgingsstaat drukken zwaar op het nationale budget. Een te grote belasting kan al snel de concur-

rentiepositie van ons land aantasten, tot groot verdriet van de multinationals en hun aandeelhouders. Niet de rechtvaardigheid staat centraal, maar het kapitaal en het haalbare op nationaal niveau. En zo vervreemdt de politiek zich van de onderlaag van de samenleving, waar populistische partijen als de PVV hun kiezers zoeken en vinden. Veel wetenschappers waarschuwen dan ook voor een tweedeling in de samenleving.

Al in 1975 constateerde Fons Jansen (zie begin van dit hoofdstuk) dat broederschap uit ons land vertrokken is. Het decennium daarvoor zinderde ons land nog van solidariteit in de slipstream van het democratiseringsproces. Het individualiseringproces daarna versterkte 'vrijheid' en 'gelijkheid' en liet broederschap verweesd achter. Zo verdween een van de idealen van de Franse Revolutie naar de achtergrond van onze cultuur ten bate van een groter 'ik'. Maarten van den Heuvel (2014) schreef er een prachtig boek over getiteld *Vrijheid, gelijkheid en broederschap: oude waarden in nieuwe tijden*. Toch lijkt een verandering in zicht. Steeds meer is de roep om een groter 'wij' hoorbaar, zoals die van koning Willem-Alexander in zijn kersttoespraak in 2017. Maar misschien is dit 'groter wij' vooral een oproep om onze Nederlandse identiteit te versterken. Die vervolgens als wapen ingezet kan worden tegen de instroom van talrijke asielzoekers die hier een veilige haven zoeken of, zoals eigentijdse populisten zeggen, 'die hier niet thuis horen'. Dat geldt niet alleen voor die asielzoekers. Ook grote delen van de onderkant van onze samenleving voelen zich in de steek gelaten door landgenoten die het steeds beter gaat en leven in overvloed.
Het 'wij', zo schrijft Grunberg (2018, 20 januari), 'creëert automatisch een "zij", dikwijls de vijand. Wie broederschap afhankelijk maakt van het "wij", suggereert dat men zich slechts redelijk kan gedragen tegenover hen die bij dat "wij" horen. De ander is altijd een vreemde. Je hoeft hem niet op te zadelen met de identiteit van het "wij" om verlangens met hem te kunnen delen, bijvoorbeeld het verlangen naar rechtvaardigheid.'
Mogelijk is in deze tijd een meer rationele benadering effectiever dan een meer ideologische. Een benadering waarbij keiharde cijfers, zoals die van Piketty en anderen, de onmiskenbare voordelen van een meer egalitaire samenleving laten zien. Maar voorlopig waait er nog een straffe neoliberale tegenwind, die vooral het ik en een elitair 'wij' de beste kansen biedt.

## 5.11 Conclusies

Sociale ongelijkheid is een toestand in de samenleving waarbij sprake is van ongelijk gewaardeerde (groeperingen van) posities. Er is sprake van een hiërarchische opeenstapeling van lagen, waarbij iedere laag bestaat uit ongeveer gelijk gewaardeerde posities. Voor het beschrijven van die sociale ongelijkheid worden verschillende begrippen gebruikt, zoals kaste, stand, klasse en sociale klasse.
De sociale ongelijkheid in onze hedendaagse westerse samenleving wordt meestal beschreven in termen van sociale klasse.

Zorgverleners nemen waarden en overtuigingen van hun sociale klasse mee in de zorgverlening. Die gekleurde bril belemmert niet zelden het zicht op de cultuur en de problemen van cliënten uit een andere sociale klasse. Soms leidt die zelfs tot discriminatie. Daarom is belangrijk dat zorgverleners zich er bewust van zijn dat hun manier van denken en handelen is gebonden aan hun sociale klasse. Bovendien is het belangrijk dat zorgverleners de cultuur en omgangstaal van hun cliënten leren begrijpen.

Of we sociale ongelijkheid zien als een probleem, hangt niet alleen af van feitelijke gegevens. Een belangrijke rol speelt ook onze maatschappijvisie. Mensen met een liberale maatschappijvisie kijken anders aan tegen sociale ongelijkheid dan socialisten.

Belangrijke indicatoren voor sociale ongelijkheid zijn inkomen (inclusief vermogen), bezit, opleiding, woonsituatie en beroep. De sociale klasse waarin iemand geboren wordt of zich bevindt, is van grote invloed op hoe zijn leven eruitziet. Hoe lager de sociale klasse, des te minder kans op een hogere opleiding, opwaartse mobiliteit en een lang en gezond leven.

Zal Nederland zich ontwikkelen naar een (nog) meer egalitaire samenleving? De voordelen ervan zijn door veel onderzoekers uitgebreid aangetoond. Maar of daarvoor gekozen wordt, is het terrein van de politiek. Of beter nog van de mensen die de politici kiezen.

- Zijn jouw waarden en normen beïnvloed door de sociale klasse waaruit je afkomstig bent? Geef een aantal voorbeelden.
- Ben je het met de volgende stelling eens: 'De individualisering is een grote vijand van de armoede'? Zo ja, waarom en zo nee, waarom niet?

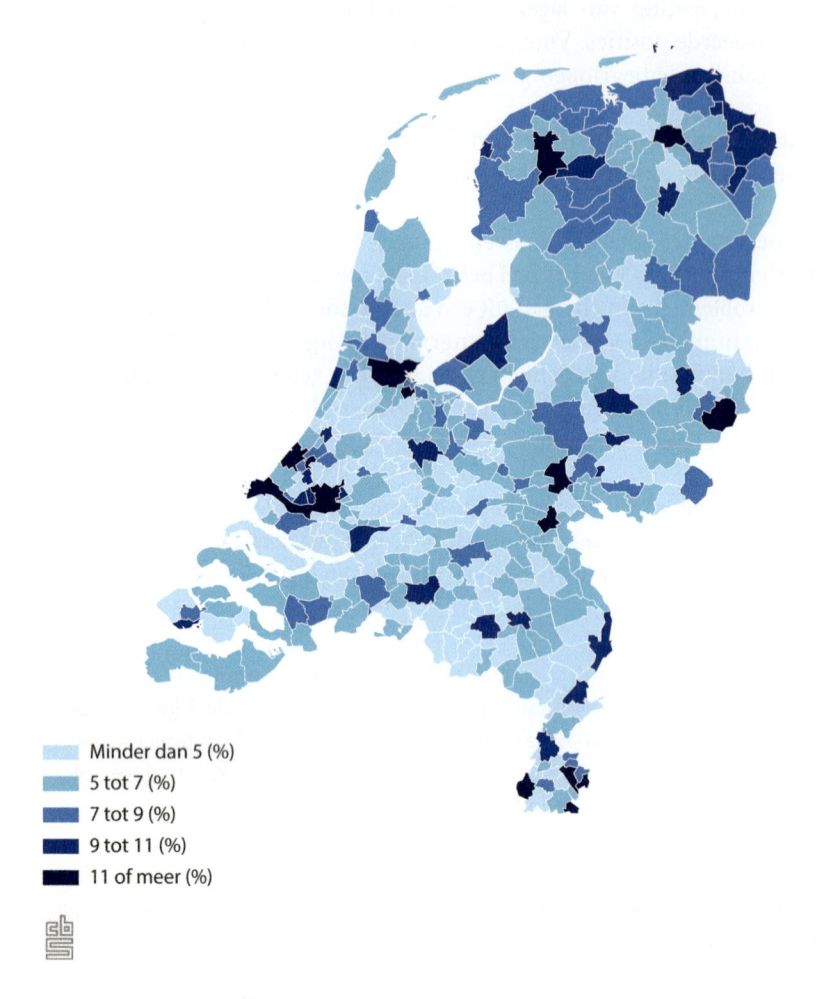

Minder dan 5 (%)
5 tot 7 (%)
7 tot 9 (%)
9 tot 11 (%)
11 of meer (%)

Figuur 5.6    Aandeel huishoudens met laag inkomen, 2016

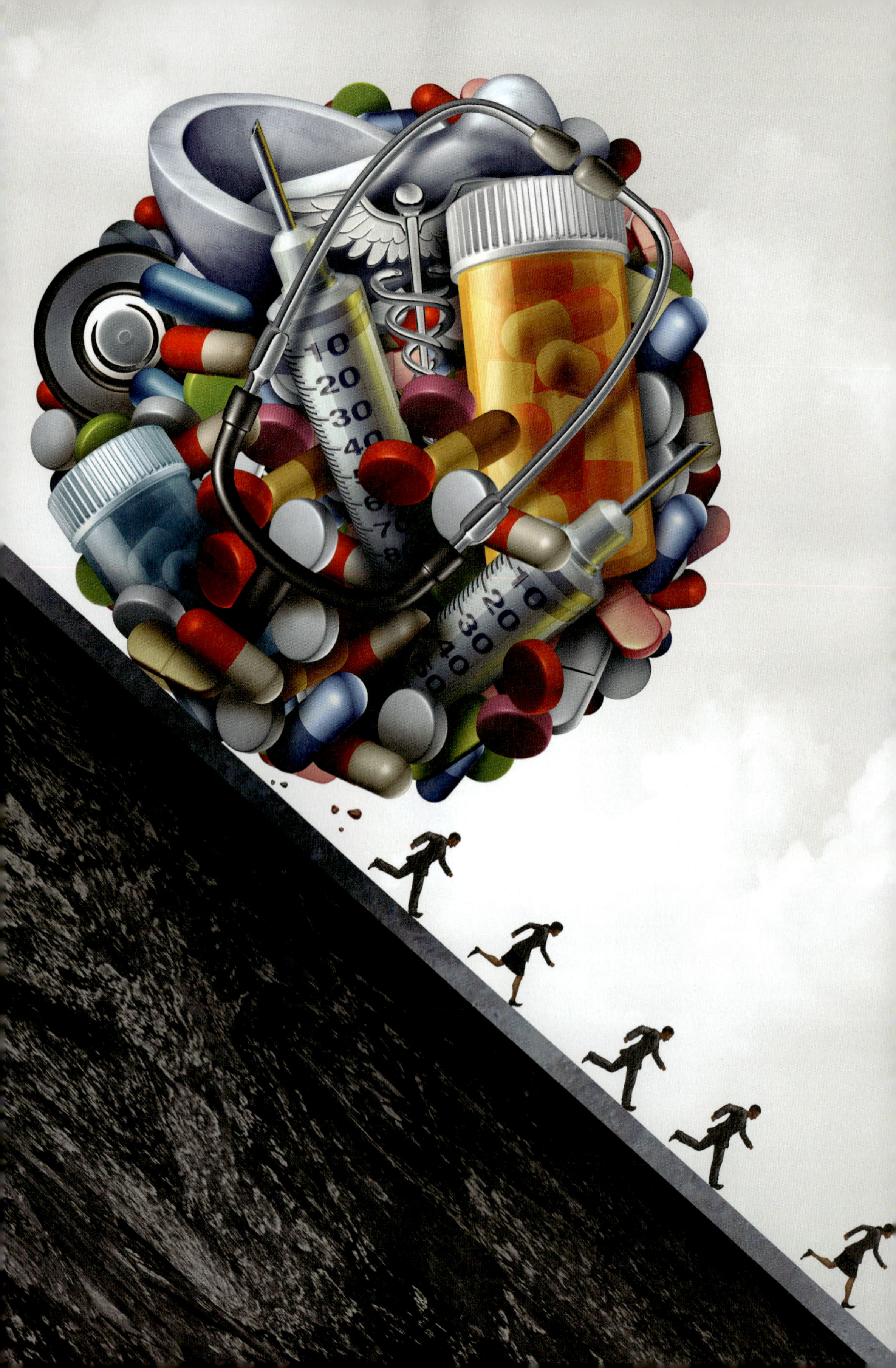
10
20
30
40
10
20
30
40
50

# Macht 6

*Er is inderdaad een grote behoefte aan leiderschap; alleen wil iedereen leider zijn.*
Bas Heijne, 2005

## 6.1 Inleiding

Macht is aantrekkelijk. Als je macht hebt, kun je anderen beïnvloeden in hun denken en doen. In het belang van die ander, uit eigenbelang of wederzijds belang. Als socioloog en schrijver van dit boek wil ik studenten beïnvloeden. 'Dat is in hun belang en dat van hun cliënten', houd ik mezelf voor. Maar zo altruïstisch is dat natuurlijk niet. Het applaus van de lezer en de inkomsten laten mij niet koud.
In alle vorige hoofdstukken was macht op een of andere manier al aan de orde. Zo zagen we dat anderen met hun verwachtingen over jouw gedrag (zie: *rollen*) macht over jou hebben. En hoe hoger jouw *sociale status* en *sociaal aanzien*, des te meer macht je hebt.
Ook *groeperingen* verschillen in macht. Soms worden we bewust lid van een groepering, bijvoorbeeld een actiegroep, vakbond of studentenraad, om onze macht te vergroten of om minder beïnvloedbaar te zijn. Ook *sociale controle* is een veel gebruikt mechanisme om het gedrag van mensen te beïnvloeden.
En *cultuur* dan? Samenleving, school, gezin en vrienden hanteren normen en waarden, waaraan je moet voldoen. Mensen en groeperingen kunnen normen en waarden gebruiken (en ook veranderen) om meer macht te krijgen. Zo zijn bijvoorbeeld in de jaren zestig en zeventig van de vorige eeuw studenten erin geslaagd normen en waarden met betrekking tot macht op scholen en universiteiten te veranderen. Dat leidde tot meer democratische gezagsverhoudingen. Het hoofdstuk over *sociale ongelijkheid* gaat ook bijna helemaal over machtsverschillen. Hoe hoger je op de maatschappelijke ladder staat, hoe groter je macht is. Kijk maar eens om je heen.

Of je veel of weinig macht hebt, hangt vooral af van je genen en de maatschappelijke omstandigheden waarin je bent opgegroeid. Ben je slim, mooi en blank, dan is de kans groot dat je meer macht hebt dan iemand die lelijk, dom en zwart is. Ook sociale omstandigheden als de tijdgeest, de sociale klasse en de cultuur waarin je opgroeit, bepalen jouw machtspositie. Macht is dagelijks aan de orde in de zorgverlening. Zorgverleners hebben macht over hun cliënten, ook al leggen zij grote nadruk op gelijkwaardigheid en vraaggericht werken. Ook de overheid en verzekeraars hebben veel te vertellen, dus veel macht, over wat zorgverleners wel en niet mogen doen en hoe ze moeten werken.

Op microniveau krijgt de zorgverlener te maken met macht over cliënten en de macht van andere zorgverleners. Soms als 'meermachtige' maar geregeld ook als 'mindermachtige' of gelijkwaardige.

**Natuurlijk speelt macht ook in je privéleven een belangrijke rol. Wie heeft het eigenlijk bij jou thuis het meest voor het zeggen? En op welk terrein? En waarom is dat zo? En hoe zit dat in je vriendengroep?**

Je merkt het al aan bovenstaande vragen; ook in dit hoofdstuk is het belangrijk dat je de theorie vertaalt naar eigen handelen. In welke situaties oefen jij macht uit en hoe en waarom doe je dat? Bewustwording van je manier van uitoefenen en ondergaan van macht is een belangrijke stap naar vrijheid.

Misschien kom je in de opleiding of later in je beroep wel tot de conclusie dat je als zorgverlener een taak hebt om in algemene zin een bijdrage te leveren aan het vergroten van de machtspositie en dus vrijheid van cliënten. Bijvoorbeeld door cliënten vaardigheden te leren om meer zelf verantwoordelijkheid te nemen bij het oplossen van hun problemen. Een emancipatorische taak dus.

Bij onze zoektocht naar het functioneren van macht in de zorgverlening zal het gezin Klaassen dienen als levensecht voorbeeld uit de praktijk.

### Casus   Het gezin Klaassen

Het gezin Klaassen woont in een arbeiderswijk in Utrecht. De heer Klaassen is 55 jaar. Hij werkt als magazijnbediende in een levensmiddelenfabriek. De lagere school is de enige opleiding die hij heeft gehad. De laatste tijd laat zijn gezondheidstoestand veel te wensen over (rugklachten, hoge bloeddruk en depressiviteit). Bovendien dreigt ontslag. De directie van het bedrijf waar hij werkt, heeft reorganisatieplannen aangekondigd, want de bedrijfsresultaten zijn slecht. Volgens de directie zal de vakbond bij de reorganisatie betrokken worden. De vakbondsleider in het bedrijf heeft samen met enkele kaderleden actieplannen ontwikkeld.

Mevrouw Klaassen, 52 jaar, heeft tot twee jaar geleden halve dagen als schoonmaakster gewerkt. Toen ze ernstige gezondheidsklachten kreeg, is ze gestopt met werken. Nu is ze herstellend van een borstoperatie. Wekelijks komt de wijkverpleegkundige, Marlies, samen met Noortje, een stagiaire, op bezoek bij mevrouw Klaassen. Vaak is haar man dan ook thuis omdat hij late dienst heeft. Ze praten dan ook regelmatig over de situatie thuis en op het werk.

## 6.2 Macht

Wat is macht en hoe werkt macht in de alledaagse praktijk van de hulpverlening?

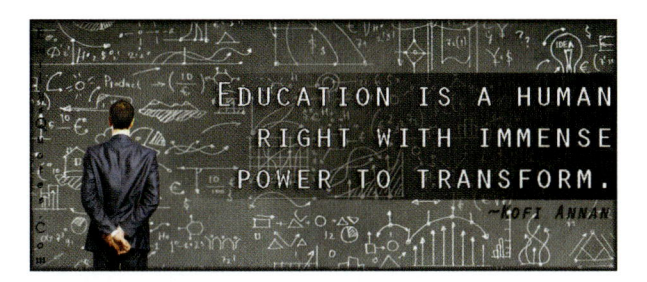

> **Definitie**
>
> *Macht is de mogelijkheid om gedragingen van anderen te beïnvloeden in overeenstemming met de bedoeling van de machthebber.*

Het begrip *macht* gebruiken we hier in een neutrale betekenis. Dat wil zeggen: macht op zich is niet goed of slecht. Macht heeft in een democratische samenleving vaak een negatieve klank. Maar in een dergelijke samenleving zijn er ook tal van ongelijke machtsrelaties die we erg waarderen en ook nodig zijn om die samenleving goed te laten functioneren.

De directeur heeft de macht om Klaassen te ontslaan nu hij vanwege slechte bedrijfsresultaten wil reorganiseren. Hij houdt daarbij pas in tweede instantie rekening met de wensen van Klaassen. Hij ontleent deze macht aan zijn positie van directeur.

Bij macht denken we vaak aan een eenzijdige machtsrelatie waarin de machtsmeerdere de gedragingen van de machtsmindere kan bepalen. Maar ook de machtsmindere kan het gedrag van de machtsmeerdere beïnvloeden. Zo heeft de directeur weliswaar de macht om Klaassen te ontslaan, maar Klaassen kan via de vakbond protesteren, verantwoording vragen en de vakbond kan dreigen met een staking. In de praktijk houdt de directeur rekening met de machtsmindere door de vakbond en de ondernemingsraad tijdig in te lichten. De inkrimping zal zoveel mogelijk via natuurlijke afvloeiing verlopen en de vakbonden zijn bij de reorganisatie betrokken. Zo komt hij in zekere mate aan de wensen van de heer Klaassen tegemoet. Hij hoopt daarmee ook in de toekomst van zijn loyaliteit en steun verzekerd te zijn. Want Klaassen zou zich kunnen afvragen of tegenwerking, protest en staking uiteindelijk niet voordeliger zijn dan meewerken.

Het gaat bij macht om een uitwisseling tussen individuen van materiële en immateriële zaken. Hierbij laten de mensen zich vooral leiden door eigenbelang. Over en weer vindt een uitwisseling plaats waarbij ieder zijn voordeel haalt. Uiteindelijk zal die uitwisseling altijd in het voordeel van de machtsmeerdere zijn. Dit voordeel is wat iemand maakt tot meermachtige.

- **Geef een voorbeeld waarin jij meermachtige en een voorbeeld waarin je mindermachtige bent.**
- **Wat geef en krijg jij in beide voorbeelden?**

Machtsuitoefening vindt op verschillende manieren plaats: afdwingen van gedrag (*dwang*), mikken op instemming van de ander (*gezag*) en heimelijk beïnvloeden (*manipulatie*). Ook deze drie begrippen gebruiken we in neutrale zin.

### 6.2.1  Dwang

**Definitie**

*Dwang is het beïnvloeden van de gedragingen van anderen in overeenstemming met de bedoeling van de machthebber en tegen de wil van die anderen in.*

De directeur heeft de mogelijkheid om Klaassen te ontslaan tegen diens wil in. Hij moet daarvoor wel aan een aantal wettelijke voorschriften voldoen. Deze vorm van machtsuitoefening heeft in onze samenleving meestal een negatieve lading. Dat heeft te maken met de grote nadruk die in onze cultuur ligt op waarden als individuele autonomie, inspraak, gelijkheid en democratie. Toch wordt deze waarden regelmatig geweld aangedaan door het gebruik van dwang. Soms is dwang ook nodig om de samenleving niet in gevaar te brengen of mensen te beschermen. Denk bijvoorbeeld aan gedwongen opnames van psychiatrische patiënten, gevangenneming bij misdrijven en een rijverbod na te veel alcoholgebruik. En elke Nederlander wordt ook gedwongen om belasting te betalen of zich te verzekeren.

- Zoek eens enkele voorbeelden uit jouw toekomstige beroepspraktijk waarvan je vindt dat daar dwang passend is. Geef ook de reden waarom.
- Pas jij zelf wel eens dwang toe die volgens jou gerechtvaardigd is?
- Welke ervaringen heb jij met dwang van anderen richting jou, die je terecht of niet terecht vindt?

### 6.2.2 Gezag

> **Definitie**
>
> *Gezag is de mogelijkheid om gedragingen van anderen te beïnvloeden in overeenstemming met de bedoeling van de machthebber en met instemming van die anderen.*

Bij gezag is sprake van acceptatie, dialoog en argumentering. De vakbondsleider heeft door zijn manier van optreden gezag bij Klaassen. Deze heeft veel vertrouwen in hem en hij is het eens met het actieplan dat door de vakbond is opgesteld. Aanvaarding van de beïnvloeding is bij gezag essentieel. Dat betekent niet dat die beïnvloeding altijd in het voordeel van de machtsmindere is. Gezag kun je ook krijgen door manipulatie, zoals selectieve informatieverstrekking en rooskleurige beloftes. Eenzelfde beïnvloeding kan de één zien als dwang en de ander als gezag. Sommige werknemers zien dreigend ontslag als gezag; andere zien het als dwang. Gezag levert vaak meer rendement op dan dwang, omdat er instemming is van de machtsmindere. Daardoor kan de beïnvloeding sneller en effectiever verlopen en bouwt de machtsmeerdere krediet op bij de machtsmindere voor de toekomst.

De instemming kan gebaseerd zijn op verschillende gronden. Gezag kan *rationeel*, *traditioneel* en *charismatisch* zijn.

*Rationeel gezag*
Dit type gezag berust op het geloof in de rechtsorde, de regels die daarbij horen en de deskundigheid van de gezagsdragers. Het gaat hierbij niet zozeer om de persoon als wel om de argumenten en het recht. Zo heeft de directeur in het bedrijf waar Klaassen werkt, rationeel gezag bij veel werknemers. Hij is formeel en juridisch de baas, hij is deskundig en heeft het recht om in overleg met de ondernemingsraad werknemers te ontslaan.

*Traditioneel gezag*
Bepaalde personen hebben gezag op basis van traditus die min of meer als heilig worden beschouwd. De 'onderdanen' zijn trouw aan de gezagsdrager. Vroeger berustte het gezag van veel ouders en geestelijken op traditus. 'Eert uw vader en uw moeder', leerden kinderen. Ook Klaassen hecht nog aan het traditionele ouderlijk gezag. Zijn kinderen veel minder en daar heeft Klaassen het vaak moeilijk mee.

*Charismatisch gezag*
Sommige personen hebben buitengewone gaven of we vinden dat ze die hebben, bijvoorbeeld Gandhi, Mao, Hitler, Martin Luther King en Mandela. Voor velen in ons land hebben of hadden Fortuyn, Cruijff, Baudet en Wilders ook buitengewone gaven. Uit bewondering volgen de 'gelovigen' deze leiders met een voor hen bijzondere uitstraling. We zeggen dan dat deze leiders charismatisch gezag hebben. Voor Klaassen heeft de vakbondsleider charismatisch gezag.

### 6.2.3 Manipulatie

Manipulatie is een veelvoorkomende vorm van machtsuitoefening. Er is sprake van heimelijke beïnvloeding.

> **Definitie**
>
> Manipulatie is beïnvloeding van het gedrag van anderen in overeenstemming met de bedoelingen van de machthebber zonder dat deze anderen zich bewust zijn van de beïnvloeding.

Het bedrijf van Klaassen manipuleert volgens de vakbond door gunstige cijfers te verdoezelen. De vakbond manipuleert door de economische situatie van het bedrijf rooskleuriger voor te stellen dan die in feite is. Kinderen manipuleren ouders om meer zakgeld te krijgen. Ouders manipuleren kleine kinderen om hun tanden te poetsen.
De bedoelingen van de manipulator kunnen gebaseerd zijn op eigen belangen, maar ook op de belangen van de gemanipuleerde. Zo is een Coca-Cola-reclame vooral gericht op eigenbelang, dat wil zeggen het stimuleren van de verkoop en

het vergroten van de winst van het bedrijf. De moeder die haar kind verleidt om zijn tanden te poetsen heeft vooral het belang van het kind op het oog.

Wanneer je de manipulatie onderkent, houdt die op en neemt dan meestal de vorm aan van gezag of dwang. Veel mensen zien manipulatie als iets wat niet mag. Maar we manipuleren bijna dagelijks. Ook in de zorgverlening is manipulatie een veel gebruikte manier om cliënten te beïnvloeden. Bijvoorbeeld door een cliënt veel complimenten te geven, zodat hij minder somber tegen de toekomst aankijkt en meer zelfvertrouwen krijgt.

In de praktijk lopen dwang, gezag en manipulatie regelmatig in elkaar over. Soms treden zelfs bij één beïnvloedingssituatie alle drie de vormen op. Denk bijvoorbeeld aan de vader die dwangmiddelen, gezag en manipulatie gebruikt om zijn dochter van vier naar bed te krijgen.

Wanneer we in het vervolg van dit hoofdstuk het begrip macht gebruiken, heeft dat in principe betrekking op alle drie de vormen.

- **Bedenk enkele concrete voorbeelden van manipulatie in de zorgverlening die jij 'goed' vindt voor de cliënt. En vervolgens enkele voorbeelden die je 'slecht' vindt. Denk daarbij niet alleen aan de effecten die de beïnvloeding op de cliënt heeft.**
- **Vraag je ook af of dergelijke beïnvloeding moreel wel gerechtvaardigd is. Mag bijvoorbeeld een zorgverlener slecht nieuws voor een cliënt achterhouden omdat hij bang is dat zijn cliënt dat niet aankan?**

## 6.3 Waarom willen mensen macht?

Macht is een schaars goed dat mensen graag willen hebben. Met macht heb je mogelijkheden om het gedrag van anderen te beïnvloeden in jouw voordeel. Volgens Mauk Mulder (2004) leidt machtsuitoefening op zich al tot voldoening en vervult ze als zodanig een autonome menselijke behoefte.

Volgens zijn theorie willen meermachtigen de machtsafstand ten aanzien van mindermachtigen behouden of vergroten. Dat betekent dat mensen ertoe neigen neer te kijken op personen met minder macht. Bovendien stelt hij dat de tendens om die afstand te vergroten sterker wordt naarmate de machtsafstand tot die personen groter is.

De mindermachtigen op hun beurt streven ernaar de machtsafstand tot de personen die méér macht hebben te verkleinen. Die tendens wordt sterker naarmate de machtafstand tot die personen kleiner wordt.

Eigenlijk, zo vindt Mulder, is macht lekker. Al zullen mensen dat niet vaak zo noemen in een samenleving die grote nadruk legt op gelijkheid.

Wat zeggen ze dan wel?

Sommigen zeggen macht te willen omdat dit hen onafhankelijk maakt. Of ze willen eigen baas zijn. Weer anderen zien macht als een middel om beter eigen behoeften te kunnen bevredigen. Er zijn ook mensen die juist macht willen hebben om anderen te kunnen helpen of om de wereld te verbeteren. Vaak is het een combinatie van deze motieven die een rol speelt.

Klaassen wil vooral macht om onafhankelijker te zijn en een beter inkomen te hebben om daardoor beter in een aantal behoeften te kunnen voorzien. Hij voelt zich in het bedrijf een nummer en slechts verantwoordelijk voor een heel kleine deeltaak. Hij heeft nauwelijks nog direct contact met het eindproduct. Marlies, de wijkverpleegkundige, heeft behoefte aan meer macht om haar cliënten snel en praktisch te kunnen helpen. Ze wil meer ruimte om zelf zaken te regelen. Ze vindt dat het er in haar organisatie nogal bureaucratisch aan toegaat en dat ze te veel 'moet' van haar leidinggevende. Vaak kan ze daardoor niet aan de verwachtingen en wensen van haar cliënten voldoen.

**De motieven voor macht zou je kunnen vertalen naar jezelf, naar zorgverleners en naar cliënten. Altijd speelt macht een rol. Artsen willen patiënten genezen, zorgverleners willen hun cliënten helpen en docenten willen studenten iets leren.**
**Bedenk bij de volgende motieven voor macht concrete voorbeelden:**
- **Macht hebben geeft een lekker gevoel.**
- **Macht maakt onafhankelijk.**
- **Macht stelt in staat om eigen behoeften te bevredigen.**
- **Macht stelt in staat om anderen te helpen.**

**Welke motieven spreken jou het meest aan en waarom?**

## 6.4 Macht en politiek

Op talrijke terreinen in de samenleving is sprake van macht. Landen, groeperingen, partijen, bedrijven en personen zijn voortdurend in de weer om meer macht te verwerven of macht te behouden.

De politiek is bij uitstek een terrein waar macht een belangrijke rol speelt. Sommigen spreken over gecontroleerde macht. Dat lijkt nodig in een samenleving die al sinds de Franse Revolutie naast vrijheid ook gelijkheid en broederschap als centrale waarden predikt. En ook de waarde van 'de waarheid' wordt de laatste tijd weer opgepoetst, sinds populisten en moderne media met nepnieuws flink aan de weg timmeren en onze democratie bedreigen.

*Democratie*
Nederland heeft een parlementaire democratie, die geborgd wordt door tal van instituties. Die moeten ervoor zorgen dat regeringsbeleid tot stand komt op basis van brede consensus in de samenleving. Democratie zou je kunnen beschouwen als georganiseerd wantrouwen tegen ongebreidelde machtsuitoefening.
Aan de basis van onze democratie ligt het kiesrecht. Alle kiesgerechtigde Nederlanders kunnen regelmatig stemmen op partijen, personen (en programma's) bij verkiezingen voor de Tweede Kamer, de Provinciale Staten en de gemeenteraden. Elke burger heeft zo in principe gelijke kans om invloed uit te oefenen op waar het in dit land, de provincie en de gemeente naartoe moet.
Na de landelijke verkiezingen zoeken de partijen elkaar op, worden coalities gesloten en krijgen we een regering, die, zo heet dat, de meerderheid van het volk vertegenwoordigt. De oppositiepartijen vormen (wisselende) coalities om gezamenlijk het regeringsbeleid te beïnvloeden.

Volgens Van der Meer (Podemos, 2016) is het belangrijk dat burgers vertrouwen hebben in de werking van het democratisch systeem. Maar tegelijkertijd moeten ze de machthebbers niet te veel vertrouwen. Die moeten ze goed blijven controleren. Als 'de politiek' immers een fout maakt, kan dat grote gevolgen hebben voor hun leven. Van der Meer concludeert op basis van internationaal onderzoek dat er, ondanks de verzuchtingen en doemscenario's van verschillende toonaangevende auteurs, in Nederland geen aanwijzingen zijn voor een structurele vertrouwenscrisis. Het Nederlandse niveau van politiek vertrouwen zit internationaal gezien in de subtop. Er is zelfs een structurele stijging van de tevredenheid met onze democratie.
Met het vertrouwen in de regering en/of het parlement is het anders gesteld. We zien weliswaar geen structurele daling van het vertrouwen maar wel (conjuncturele) schommelingen. Onderzoekers meten bij de Nederlandse burgers een dalend vertrouwen in politici.
Sjaak Koenis (2016) vindt dat de democratie in ons land een januskop heeft. Eén gezicht toont de democratie als een bron van mondigheid en emancipatie; het andere gezicht toont democratie als een bron van boosheid en rancune. Volgens hem zit de hedendaagse boosheid vooral bij min of meer gesettelde burgers, die bang zijn om te verliezen wat ze hebben. Die moeten dan ook niet vergeleken worden met rebellen die streven naar meer emancipatie of sociale gelijkheid. De rebel zet zijn boosheid om in op verandering gerichte daden, terwijl de rancuneuze burger niet tot actie overgaat.

Ons democratisch systeem speelt een belangrijke rol in het verdelen en controleren van de macht. Het Nederlandse volk blijkt, ook volgens het Sociaal en Cultureel Planbureau (2017a), grote waardering te hebben voor de democratie als systeem. Dat vertrouwen geldt in veel mindere mate de politici, zoals we hiervoor zagen. Politiek – zowel landelijk als gemeentelijk – wordt ook nogal eens gezien als vechten, ruzie maken en daar hebben veel mensen een negatieve associatie bij. Wellicht hebben ook de misstappen van verschillende politici en ministers daaraan bijgedragen. En misschien het meest nog wel het gedrag van de populisten onder de politici, die het wantrouwen gretig uitventen in de media. Zoals Geert Wilders, die regelmatig spreekt over ons 'nepparlement'. Wat is dat populisme eigenlijk?

*Populisme*
De laatste decennia zien we hoe in westerse democratieën het populisme aan invloed wint. De kranten staan er vol van. Wilders in Nederland, Le Pen in Frankrijk, Poetin in Rusland, Erdogan in Turkije en Trump in Amerika krijgen veel aandacht en steeds meer aanhang en macht. Trump heeft het dankzij veel populistische retoriek geschopt tot president van het machtigste land van de wereld. De macht van deze politici is vooral gebaseerd op de verspreiding van nepnieuws en negatieve framing van andere politici of het democratisch proces. Populisme is een omstreden begrip, volgens politicoloog Jan-Werner Müller (2017). Hij zegt in *Trouw* (Becker, 2017) hierover: 'Mensen associëren populisme met simpele ideeën tegen de gevestigde orde, aantrekkelijk opgedist voor de laagopgeleide, gefrustreerde massa.' Maar die omschrijving dekt de lading niet. Populisme drijft volgens Müller op een kunstmatig onderscheid tussen het volk en de elite en gaat altijd gepaard met antipluralisme. Dat wil zeggen: populisten eisen het morele monopolie op om als enige de vertegenwoordigers te zijn van 'het volk', ook wel 'de zwijgende meerderheid' genoemd. Tegelijkertijd doen ze er alles aan om hun tegenstanders in een kwaad daglicht te stellen. De Turkse president Erdogan roept: 'Mijn partij en ik zijn het volk', en tegen zijn critici: 'Wie zijn jullie nou helemaal?' President Donald Trump zei tijdens zijn inauguratietoespraak: 'De macht is vandaag teruggegeven aan het volk.' Kortom: als hij regeert, regeert het volk. Dit vormt de kern van het populisme. Tijdens zijn campagne zette Trump zijn concurrente Hillary Clinton weg als een vijand van het volk. Hij betoogde zelfs dat ze de gevangenis in moest.
De kritiek die populisten leveren op het huidige bestel is niet altijd onterecht, maar de uitspraak 'omdat wij niet winnen, deugt onze democratie niet' gaat wel erg ver. 'Populisten tasten de basale democratische rechten aan, zoals de vrijheid van meningsuiting, vergadering en vereniging. Zo breken ze de rechtsstaat af en blokkeren ze het democratische proces', vindt Müller.
Hoe kunnen gevestigde partijen het populisme bedwingen?
Müller: 'Mainstreampartijen denken vaak dat ze alleen een beter verhaal nodig hebben. Maar ze zullen ook met wezenlijk nieuw beleid moeten komen, toegesneden op de problemen. Een belangrijke les is in elk geval dat je populisten

niet moet uitsluiten van het debat, want dat versterkt hun verhaal dat de elite niet luistert. Je moet het contact juist aangaan. Maar praten mét populisten is iets anders dan praten áls populisten. Je hoeft niet mee te gaan in de manier waarop zij problemen framen.'
Ook Wilders in ons land zegt te spreken namens het volk en is voortdurend bezig om tegenstanders en democratische instituties te beschimpen en te veroordelen door kwalificaties als 'nepparlement' en 'neprechters'.
'Het populisme beantwoordt', volgens Bas Heijne (2016), 'aan de twee grote verlangens van onze tijd: het maakt de wereld weer simpel en overzichtelijk en het geeft de burger de illusie van zelfbeschikking terug, het idee dat hij de wereld toch weer gewoon naar zijn hand kan zetten. Anders gezegd, dat hij niet langer object is, maar gewoon weer subject. Ik wil mijn land, mijn geld, mijn vrijheid terug.'

Populistische partijen in Nederland zitten in de lift. Wilders (PVV) en Baudet (FvD) zijn volgens de laatste peilingen (2017) samen goed voor ongeveer dertig zetels. Dat betekent dat zo'n 20 procent van de Nederlanders op deze partijen zegt te zullen stemmen. Baudet wordt in 2017 zelfs gekozen tot politicus van het jaar door het opiniepanel van het programma EenVandaag. Hij krijgt 39 procent van de bijna 45.000 stemmen, Klaas Dijkhoff (VVD) wordt tweede met 18 procent en Jesse Klaver (GroenLinks) derde met 14 procent. Opnieuw is er dan veel aandacht in de media voor deze populist. Je kunt je afvragen of die aandacht alleen al bijdraagt aan zijn populariteit. Dit nog los van de vraag hoe die aandacht eruitziet. Overigens geldt datzelfde voor de aandacht in die media voor andere politici.
Welke rol spelen de media eigenlijk in het politieke spel om de macht?

### *De media en de politiek*
In de voorlichting over de politieke programma's en het optreden van politici spelen de media een belangrijke rol, die verder gaat dan louter informerend. Ze kunnen politici maken en breken. In de debatten op tv moet het er het liefst hard aan toegaan en worden politici min of meer gedwongen om het achterste van hun tong te laten zien. Daartoe worden ze uitgedaagd 'omdat ze anders met meel in de mond praten' of 'verzanden in nietszeggende algemeenheden', zo verdedigen presentatoren zich vaak. Maar kritiek is er ook op de media omdat ze met hun jacht op scherpe oneliners en chargering van uitspraken de nuancering en de onderbouwing van standpunten belemmeren. Want 'daar is geen tijd voor' of 'de kijker heeft daar geen behoefte aan'. Vanuit die optiek gezien hebben lezers, kijkers en luisteraars veel invloed. Kijk- en luistercijfers, abonnees en recensenten bepalen niet alleen de populariteit van de programma's en de presentatoren maar ook de hoeveelheid zendtijd en reclame-inkomsten. 'Hoe kan het democratischer', vragen sommigen zich af.

De laatste decennia heeft zich volgens Van Praag en Brandts (2014) een machtsverschuiving voorgedaan van de politiek naar de media. De media zijn in hun berichtgeving over politieke kwesties opgeschoven van feitelijk informerend naar interpreterend. Journalisten gaan ervan uit dat zij eigenlijk beter weten dan politici 'wat er werkelijk speelt'. Vanuit dat weten worden gebeurtenissen of uitspraken geduid en ingekaderd. Het interpretatiekader of frame wordt zo het nieuwsthema en de journalist selecteert en zoekt die feiten erbij die het gelijk van zijn interpretatie illustreren. 'Een quootje halen' is een veel gebruikte journalistieke methode om met een geautoriseerd citaat de eigen interpretatie van een nieuwsgebeurtenis geloofwaardigheid en betrouwbaarheid te geven. Als de politicus niet de gewenste uitspraak doet, kan de interpretatie altijd nog iets minder zwaar aangezet worden. Deze overgang naar een meer interpreterende aanpak vergroot het belang van frames en de macht van de media, volgens Van Praag en Brandts.
Presentatoren kunnen een belangrijk stempel drukken op de uitslag van de verkiezingen en de geloofwaardigheid en popualriteit van politici. Persoonlijke politieke oriëntatie, de kleur van de omroep of krant waarvoor ze werken, de te verwachten reacties van kijkers en hun bazen, die hun salaris betalen, hebben grote invloed op de boodschappen die zij expliciet of impliciet uitzenden. En daarin zijn ze al lang niet meer onpartijdig of op zoek naar de waarheid en de feiten. Toch gelooft een groot gedeelte van hun publiek in 'hun' waarheid, want in gesprekken over politiek onderbouwen mensen veelal hun mening met 'het stond in de krant' of 'het was op de tv'.

- Kent de voorgaande tekst niet te veel macht toe aan de media? Hun publiek, zo zagen we, oefent via abonnementen en kijkcijfers veel druk uit. Is dat ook niet een vorm van democratie?
- Is deze rol van de media erg? Past zij niet mooi in een samenleving die grote waarde hecht aan de vrijheid van meningsuiting?

Er spelen nog meer partijen een niet onaanzienlijke rol bij de politieke besluitvorming.

*Lobby*
Zijn het wel de media die zo'n belangrijke rol spelen? Of zijn het toch vooral de eigenaren van die media en hun aandeelhouders? En wat te denken van het bedrijfsleven?
Martinez (2017) vindt dat de multinationals via lobbyisten, belangenverstrengeling van politici met het bedrijfsleven en financiering van de media, het politieke beleid maken én brede instemming van de bevolking regisseren. Dat beeld komt ook naar voren uit commentaren op het huidige democratische proces in het Amerika van Trump.
Sommigen zien daarvan ook voorbeelden in Nederland, zoals het voorstel van Rutte III in 2017 tot afschaffing van dividendbelasting (in totaal 1,4 miljard euro) voor grote beursgenoteerde bedrijven als Unilever, AkzoNobel, Philips en Shell. Dit kwam volgens velen tot stand na intensieve jarenlange lobby van deze multinationals. Voorstanders van die kwijtschelding zullen deze gedachtegang wellicht framen als 'complotdenken', terwijl anderen reageren met 'niets nieuws' en 'lobbyen hoort bij het politieke spel'.

> **Definitie**
>
> *Lobbyen is het stelselmatig uitoefenen van invloed op beleidsmakers.*

Bij lobby ligt het initiatief voor het contact bij de lobbyist. Het contact vindt meestal in het geheim plaats, al weet iedereen dat er in de politiek een uitgebreide lobbypraktijk bestaat. Via lobby wordt de politiek beïnvloed buiten het kiesrecht om. Volgens een onderzoek van de Universiteit van Amsterdam bestaat 52% van de lobbyisten die de deur platlopen bij de politici in Den Haag uit bekende ex-politici zoals Eelco Brinkman (CDA) voor bouwend Nederland, Thom de Graaf (D66) voor het hoger beroepsonderwijs, Marc Calon (PvdA) voor de landbouw en Maxim Verhagen (CDA) voor de bouwwereld. Veel lobbyisten zijn ook nog eens lid van de Eerste Kamer en op de achtergrond actief in politieke partijen. Zij vinden makkelijk de weg in Den Haag en bij de EU in Brussel. Ze beschikken over een uitgebreid netwerk in de politiek, het bedrijfsleven en de non-profitsector, want ook vanuit die sector wordt er intensief gelobbyd. Sommigen partijen vinden dit een normale en zelfs wenselijke situatie, want 'deze ervaren rotten zetten hun deskundigheid in voor het landsbelang'. Anderen zien hen als machtsfactoren, die in het geheim en oncontroleerbaar het regeringsbeleid beïnvloeden.

- Wat vind jij van de lobbypraktijk in Den Haag?
- Wordt er ook in jouw alledaagse wereld gelobbyd? Geef eens een aantal voorbeelden.
- Keur je dit goed of af? En waarom?

*Terug naar de politiek*
Dit alles betekent nog niet dat politici machteloos zijn, al hebben ze wel heel wat macht moeten inleveren. Ook politici gebruiken slimme strategieën en tactieken om via de media hun slag te slaan. Politici beschikken over spindoctors, lobbyisten, netwerken, communicatietrainers en mediadeskundigen die hen ondersteunen bij hun jacht op de stem van de kiezer. Want hoe meer stemmen hoe meer macht. Politici worden intensief getraind en geadviseerd voor hun optredens in het openbaar. Eén fout in de presentatie kan fataal zijn, zoals te zien is tijdens een debat op tv tussen Melkert en Fortuyn in 2002.

## 6.5 Machtsmiddelen en technieken

Om meer macht en invloed te verwerven gebruiken landen, politieke partijen en groeperingen een variëteit aan machtsmiddelen. Een aantal daarvan, zonder volledig te willen zijn, zullen we hieronder de revue laten passeren.

### 6.5.1 Reclame en propaganda

We worden dagelijks geconfronteerd met reclame en propaganda, die ons denken en handelen beïnvloeden, of we willen of niet. Daarbij wordt vaak de illusie gewekt dat het om objectieve voorlichting gaat over producten, beleid, ideeën, enzovoort. Maar er is vooral sprake van manipulatie. Bij propaganda spelen de media (kranten, televisie, radio en internet, Facebook, Twitter, enzovoort) een belangrijke rol. Via die media proberen bedrijven, politieke partijen, religieuze stromingen, organisaties, enzovoort eigen ideeën, belangen en producten aan de man en vrouw te brengen. Journalisten, communicatieafdelingen, partijbureaus, pr-bedrijven, enzovoort zijn niet onafhankelijk. Een journalist van *De Telegraaf* schrijft anders over het huidige regeringsbeleid dan één van de Volkskrant.

Machtige instituties hebben middelen om de media onder druk te zetten. Zo heeft bijvoorbeeld de farmaceutische industrie veel invloed op promotie van haar producten in de media. Sommige producenten huren zelfs 'onafhankelijke' professoren in om de heilzaamheid van die producten te propageren. Vaak gebeurt dat subtiel door bijvoorbeeld een selectieve presentatie van de positieve effecten en het wegstoppen van de bijwerkingen in kleine lettertjes. Het doel is vooral meer winst en tevreden aandeelhouders.

Bij propaganda worden vaak symbolen gebruikt om mensen over te halen, zoals een nationale vlag, een clublied, een donderwolk of romantisch kaarslicht. Een dergelijk symbool wekt bij mensen een gevoel op dat hen positief of juist negatief stemt.

Ook worden nogal eens beroemdheden en autoriteiten ingezet om grote groepen mensen te overtuigen. Hun naam en aanzien dienen om de gewone burger mild te stemmen. Of juist omgekeerd: om de afstand te verkleinen en mensen het gevoel te geven dat ze persoonlijk worden aangesproken. Bijvoorbeeld Wilders, die Henk en Ingrid regelmatig aan het woord laat of Rutte, die spreekt over of namens de 'hardwerkende Nederlander'.

### 6.5.2 Framing

We zagen al eerder in het hoofdstuk over cultuur hoe *framing* in de politiek en de reclame een veel beproefde manier is om mensen te beïnvloeden en om de tuin te leiden.

**Definitie**

*'Framen'* is het herhaaldelijk presenteren van bepaalde woorden en beelden om anderen te beïnvloeden.

Framing is een overtuigingstechniek, waarbij de 'framer' met enkele pregnante woorden en beelden een mening propageert. Daarbij vermeldt hij bepaalde informatie wel en andere niet. Het gaat om een versimpeling van de werkelijkheid die goed aansluit bij sluimerende meningen of vooroordelen. Bijvoorbeeld de SP-politicus die spreekt over 'villasubsidie', terwijl een VVD'er datzelfde 'hypotheekrenteaftrek' noemt. Of ontwikkelingsorganisaties die de nadruk leggen op 'de rechten van de armen'.

Mark Rutte verdedigt in 2017 het afschaffen van de dividendbelasting voor multinationals als 'een middel om het bedrijfsleven royaal te laten meewerken aan zijn ambitieuze klimaatbeleid'. Linkse partijen hebben meteen een tegenframe klaar: 'multinationals gaan boven mensen'. Geert Wilders (PVV) noemt ontwikkelingshulp en milieu regelmatig 'linkse hobby's' en 'weggegooid geld'.

Een recent voorbeeld van framing is ook om feministen, eurofielen, lhbt-activisten, migratiehoogleraren, moslimpolitici, voorstanders van genderneutrale toiletten, tegenstanders van Zwarte Piet enzovoort het etiket van 'cultuurmarxist' op te plakken. Uiterst rechtse politici zoals Wilders en Baudet waarschuwen dat deze 'cultuurmarxisten' niet rusten voor ze tradities en nationale trots net zo hebben uitgehold als revolutionaire proletariërs het grootkapitaal.

Een frame dat we nog nauwelijks als frame herkennen is: 'de economie moet groeien'. Vooral liberale partijen en het bedrijfsleven venten dit frame ijverig uit.

Een actueel frame in deze tijd is ook: 'de boze burger'. Het wordt gebruikt door populistische partijen om de afkeer van de burgers van de gevestigde politiek te 'framen'. Dat klonk echter niet zo vriendelijk in de oren van Buma (CDA), en die 'reframet' met de term 'de gewone burger'. Een frame overigens dat weer erg veel lijkt op 'Henk en Ingrid' van Wilders.

Het zijn vaak de spindoctors in de politiek die de frames bedenken. Spindoctors zijn adviseurs of voorlichters van politieke partijen en bestuurders die de opdracht hebben om het beleid van hun opdrachtgever zo positief mogelijk te presenteren en te verkopen. Het doel is het positief beïnvloeden van de publieke opinie.

Frames sturen, vaak zonder dat mensen zich daarvan bewust zijn, hun interpretaties. Als een bepaald frame vaak genoeg wordt herhaald in speeches, interviews, beelden op tv en artikelen, is de kans groot dat het door velen als waarheid wordt gezien. Niet alleen politici maar ook gewone mensen, dus ook zorgverleners, framen bewust of onbewust. Sommigen noemen asielzoekers bijvoorbeeld 'slachtoffers', weer anderen noemen hen 'indringers', gelukszoekers of 'profiteurs'. Dit soort frames vindt een vruchtbare voedingsbodem in een wereld die ingewikkeld en onoverzichtelijk is. Daar kunnen we moeilijk tegen. Frames helpen om die werkelijkheid te versimpelen en daarvan maken de verspreiders ervan handig gebruik.

- Welke frames herken jij in jouw omgeving?
- Welke frames zijn kenmerkend voor de hedendaagse wereld van zorg en welzijn?
- Gebruik je zelf wel eens frames om iets gedaan te krijgen?

## 6.5.3 Nepnieuws

> **Definitie**
> 
> *Nepnieuws is nieuws dat niet waar is.*

In plaats van nepnieuws worden ook wel de termen *fake news* of *desinformatie* gebruikt. Veel mensen geloven erin en vormen op basis daarvan hun mening of laten bijvoorbeeld bij verkiezingen hun stem bepalen door dit nieuws. I&O Research deed in 2017 in opdracht van *de Volkskrant* (Kranenberg, 2017) een representatief onderzoek naar de invloed van desinformatie op het maatschappelijk debat. Hieronder volgen enkele belangrijke resultaten uit dat onderzoek onder ruim 2.400 Nederlanders.

- Een op de drie Nederlanders zegt 'tegenwoordig vaak niet meer te weten wat waar is en wat onwaar' en slechts 29 procent zegt volmondig 'echt nieuws van nepnieuws te kunnen onderscheiden'.
- De onzekerheid, scepsis en het wantrouwen die uit dit onderzoek ten aanzien van zowel de overheid als pers naar voren komen, is groot.
- Nieuwsconsumenten zijn zich ervan bewust dat niet alles wat ze horen en lezen is wat het lijkt. Een meerderheid gelooft de traditionele Nederlandse kranten over het algemeen wel (62% wel, 9% niet). Nieuws van Facebook, GeenStijl en *De Telegraaf* wordt door een (ruime) meerderheid met een korreltje zout genomen. Van degenen die hun nieuws van GeenStijl halen, neemt zelfs bijna de helft (46%) dat nauwelijks serieus. Het omgekeerde geldt voor het NOS Journaal, *NRC Handelsblad* en *de Volkskrant*, maar ook hier neemt een deel (minimaal 9%) de berichtgeving weinig serieus. Maar liefst een kwart van alle Nederlanders vindt kranten als *NRC*, *de Volkskrant* of *Trouw* 'te politiek correct'.

- Nieuwsconsumenten nemen nieuws van minder gevestigde bronnen niet klakkeloos voor waar aan. Dat betekent niet dat er geen reden tot zorg is. Maar liefst 82% vindt: 'Nepnieuws is een bedreiging voor het functioneren van onze democratie en rechtsstaat.' Twee derde is ervan overtuigd dat 'de Russen met nepnieuws de democratische rechtsgang rond de toedracht van het neerhalen van MH17 proberen te beïnvloeden'. De Nederlander wantrouwt echter niet alleen buitenlandse mogendheden. Ook de Nederlandse regering is niet te vertrouwen, zegt een op de vijf Nederlanders: 'De Nederlandse regering werkt mee aan een doofpot over de MH17'. 44% van de Nederlanders denkt dat 'de traditionele media niet alle negatieve verhalen over asielzoekers (zoals seksueel geweld, overtredingen) melden'. Dat geeft aan dat ook de Nederlandse traditionele media geen waarheidsmonopolie (meer) hebben.
- Vooral lager opgeleiden weten vaak niet meer wat waar is en wat onwaar. Zij zijn minder overtuigd (54%) dan hoger opgeleiden (72%) van de geloofwaardigheid van traditionele media.
- Kiezers van PVV en Forum voor Democratie (FvD) geloven in respectievelijk 51% en 45% van de gevallen dat de regering meewerkt aan een doofpot rondom de MH17. Onder kiezers van VVD, GroenLinks, CDA, D66 en PvdA is dat 6% tot 10%.
- Naarmate men ouder is, weet men vaker niet meer wat waar is en wat onwaar.

Nepnieuws wordt meestal via de media verspreid. Nepaccounts (trollen) en computerprogramma's (bots) vermenigvuldigen de berichten. Gekoppelde bots worden een botnet genoemd. Zelfs mensen die niet op sociale media actief zijn, worden indirect beïnvloed door bots. Hun boodschappen bereiken vaak journalisten, die ze vervolgens via (andere) media verspreiden. Zo bepalen journalisten soms op basis van reacties op Twitter wie een verkiezingsdebat heeft gewonnen.

Doelen van de verspreiding van nepnieuws kunnen financieel zijn, politiek van aard en voor persoonlijk gewin. Verspreiding van nepnieuws is de laatste jaren sterk toegenomen. In Sint-Petersburg staat een trollenfabriek die de wereld via Twitter en Facebook overspoelt met nepnieuws. Nepnieuws beïnvloedde de Brexit-campagne en de strijd tussen Trump en Clinton. Uit onderzoek blijkt dat er vijf keer zoveel pro-Trump-bots actief waren als pro-Clinton-bots. Zo werd tijdens Trumps campagne een nepnieuwsbericht verspreid over een vermeend pedofielennetwerk dat door Hillary Clinton zou worden geleid vanuit een bepaald pizzarestaurant. Een gewapende man die het bericht geloofde, ging verhaal halen en dat leidde tot een schietincident in het betreffende restaurant. De verspreiding van nepnieuws gaat razendsnel sinds de opkomst van sociale media. De grenzen tussen nieuws, nepnieuws en advertenties lijken te vervagen. Ze zijn steeds moeilijker van elkaar te onderscheiden, waardoor het vormen van een gefundeerde mening moeilijk, zo niet onmogelijk, wordt. Na de Amerikaanse verkiezingen van 2016 kregen Google, Twitter en Facebook het verwijt dat ze nepnieuws de vrije loop hadden gelaten. Door die verkeerde informatie zouden de Amerikanen hun stem hebben laten beïnvloeden en kon Donald Trump president worden.

'We zijn de waarheid uit het oog verloren' en 'Weg met relativisme en cynisme', vindt Kees Kraaijeveld (2016), filosoof, psycholoog en directeur van De Argumentenfabriek. Vrijheid, gelijkheid en democratie hebben we hoog in het vaandel staan. Het slachtoffer daarvan is de waarheid en dat is een kostbare vergissing, vindt hij. 'De waarheid moet weer hoog in het vaandel bij u, bij mij, bij politici, journalisten, wetenschappers, bij iedereen. Het streven naar waarheid is een cruciaal ingrediënt voor beschaafd samenleven. We beseffen onvoldoende dat het zoeken naar de waarheid onmisbaar is voor ons streven naar vooruitgang', vindt Kraaijeveld.
Ook Herman Verlinde, hoogleraar aan de prestigieuze universiteit van Princeton, heeft in de ruim twintig jaar dat hij in de VS woont, de waarheid zien wegsijpelen uit het publieke debat. 'Ik had hetzelfde gevoel in 2003, toen de Irakoorlog eraan zat te komen. Het was duidelijk dat de waarheid verbogen werd' (Blom & Wessel, 2017).
Iemand die ook voor de waarheid opkomt, is filosoof en psychoanalyticus Carlo Strenger (2017). In een interview in *Trouw* (Breebaart, 2017) uit hij er zijn zorgen over dat burgers in het Westen de competentie missen om te aanvaarden wat de feiten zijn. En dat je in het openbaar tegenwoordig alle mogelijke onzin kunt beweren zonder daar enige verantwoordelijkheid voor te nemen. Hij vindt dat we naar een cultuur moeten waarin we neerkijken op iedereen die bewust een loopje met de feiten neemt.

Al die pleidooien voor de waarheid lijken heel overtuigend en vanzelfsprekend. Maar dan is daar ineens René ten Bos (2017), die op tegendraadse wijze die vanzelfsprekendheid aan het wankelen brengt.
Zijn betoog kort samengevat: de journalist en wetenschapper kunnen niet met de leugen uit de voeten omdat het hun professionele roeping is om feiten te checken en aan te leveren. Dat moet waarheidsgetrouw, neutraal, objectief, pluriform, open, verantwoordelijk, enzovoort gebeuren. De journalistiek is nodig om het 'volk' op de hoogte te houden. Een moderne, democratische samenleving, zo luidt het argument, stort in als het volk niet begrijpt hoe de wereld in elkaar zit.
Verheffing van het volk, daar draait het om, aldus Ten Bos. De onderliggende redenering gaat volgens hem ongeveer als volgt: de democratische samenleving kan alleen maar bestaan als er onder het volk een soort algemene wil tot waarheid is. Maar wil het volk die openheid, eerlijkheid, neutraliteit en objectiviteit wel? Er is in onze tijd een krachtige intellectuele stroming die een volledig tegengesteld geluid laat horen. Die heet de 'duistere verlichting' (*dark enlightenment*). Die wordt ook wel 'alt-right' of 'alternatief rechts' genoemd. Aanhangers zijn mensen die openlijk homofoob, islamofoob, antisemitisch, vrouwvijandig,

antiliberaal, anti-establishment, anti-ecologisch durven te zijn. Ze vormen een inspiratiebron voor hedendaagse politici als Trump. Ook politici als Geert Wilders en Thierry Baudet lijken gecharmeerd door de 'duistere verlichters'. Trumps voormalige chef-strateeg en senior counselor Steve Bannon zei eens: 'We live in a post-fact world and it is wonderful.'

Kenmerkend voor de duistere verlichting zijn volgens Ten Bos:

1. *Alles draait om de agenda, niet om de waarheid.* Alles wat niet past binnen deze agenda wordt verworpen. Hegel zei ooit: 'Als de feiten niet overeenkomen met de theorie, dan is dat jammer voor de feiten.' Bannon en Trump zijn kennelijk bij hem in de leer geweest.
2. *Kennis is niet belangrijk, het gaat om doorzettingsvermogen.* In Amerika bestaat bij velen grote twijfel aan de waarde van nieuwsgierigheid, intellectualiteit of weldenkendheid. Anti-intellectualisme is een sterke drijfveer voor veel Amerikanen. De intellectueel ziet tussen zwart en wit ook grijstinten en daarmee ondermijnt hij zijn beslisvaardigheid. Niet kennis van zaken, maar doorzettingsvermogen is echt van belang.
3. *Loyaliteit aan mensen is belangrijker dan loyaliteit aan de waarheid.* Deze stelling wordt expliciet verwoord door Curtis Yarvin, een van de drijvende krachten achter de zogenoemde neoreactionaire beweging in de VS. Waarheid is onzin, volgens hem. Waarheid bewijst niets. Loyaliteit aan mensen is altijd veel belangrijker dan loyaliteit aan de waarheid. Speuren naar die waarheid ondermijnt loyaliteit aan mensen. De intellectueel, de expert, de waarheidszoeker hebben maling aan wat normale mensen, het 'volk' dus, vinden. Ze vergeten de basis en die basis is dat we beter loyaal aan mensen kunnen zijn dan aan de waarheid. Waarheid betekent in het sociale verkeer helemaal niets.

De 'duistere verlichters', groter in aantal dan we denken, verheugen zich over deze situatie en ze omarmen die. Zijn het idioten? Is Trump een idiote president? Wie dat denkt, vergeet dat Trump buiten Europa gezien wordt als een sterke leider. Sterke leiders hebben schijt aan de waarheid, leggen die waarheid het zwijgen op, vervormen en versluieren haar.
Tot zover René ten Bos.

Is het dan zo erg ook in Europa? Hebben we zelf misschien ook enige affiniteit met die duistere verlichters? Wilders en Baudet komen dicht in de buurt. En er zijn meer populisten in Nederland die met de feiten een loopje nemen. En er zijn heel wat volgers. De emancipatie van de waarheid heeft nog een lange en moeilijke weg te gaan.

Maar er is ook goed nieuws (en dat is geen nepnieuws!): 82% van de Nederlanders ziet volgens I&O Research (Kranenberg, 2017) nepnieuws als een bedreiging voor het functioneren van onze democratie. Zij schijnen zich goed te realiseren dat niet alles wat zij horen en lezen is wat het lijkt. En een grote meerderheid vindt het ook terecht dat de Nederlandse regering maatregelen neemt om de verspreiding van nepnieuws te voorkomen. Zorgelijk is dat vooral lager opgeleiden vaak niet meer weten wat waar is en wat onwaar.

Maar wellicht de belangrijkste conclusie van Peter Kanne van I&O Research is dat Nederlanders aan bijna alles twijfelen of het op zijn minst met een korreltje zout nemen. 'Niet alleen vinden ze het lastig het nieuws dat ze voorgeschoteld krijgen op waarheid te beoordelen, een substantieel deel is ook sceptisch richting de traditionele media, de regering of een autoriteit als het RIVM.'

Dat is slecht nieuws voor een van de belangrijkste doelstellingen van dit boek, namelijk vergroting van het sociaal bewustzijn met behulp van sociologische theorieën en feitelijke waarheden. Maar tegelijkertijd is het ook goed nieuws, want twijfel is een belangrijke voorwaarde voor de groei van sociaal bewustzijn. De traditionele media kunnen daarbij een belangrijk hulpmiddel zijn. Om te beginnen kunnen deze media helpen bij het terugwinnen van het vertrouwen. Daarbij helpt het wanneer ze zelf de knuppel in het eigen hoenderhok werpen. Bijvoorbeeld, zoals *de Volkskrant*, via een onderzoeksopdracht aan I&O Research en uitgebreide aandacht in de krant voor de resultaten.

### 6.5.4  Social media: Facebook, Twitter, Instagram, Snapchat enzovoort

Tegenwoordig wordt internet door velen geroemd als een open en democratische informatiebron. Maar hoe open en democratisch is dat? Facebook, Twitter, Instagram, Snapchat en talrijke zoekmachines sturen ons ongevraagd informatie die past bij onze denkbeelden. Als vrienden op Facebook of de 'bestuurders' van websites onze belangstelling en interesses kennen (en die slaan ze op door ons zoekgedrag te volgen) kunnen zij ons gevraagd maar ook ongevraagd bedienen met gewenste informatie. En dat doen ze dan ook.

Cambridge Analytica (CA) (Janssen, 2017) verzamelt data van kiezers door bronnen te benutten, zoals demografische gegevens, consumentengedrag, computer- en internetactiviteit en andere publieke en private bronnen. CA is een particulier Amerikaans bedrijf dat datamining, data-analyse en direct marketing combineert in het kader van publieke verkiezingsprocessen. Het gebruikt psychologische data, ontleend aan miljoenen Facebookgebruikers, grotendeels zonder medeweten en toestemming van die gebruikers. Als je driehonderd Facebook-likes kent van iemand, weet je meer over diegene dan zijn of haar geliefde, zo lieten wetenschappers zien. Volgens dit principe maakt het bedrijf 'psychografische profielen' die de politieke voorkeuren van mensen voorspellen. Stemt iemand met het profiel 'Republikein' niet op de Republikeinen, dan loont het om die persoon via sociale media te bestoken met berichten die de Democraten in een kwaad daglicht zetten. Moderne media als Facebook en Instagram voeren ons naar zogenoemde 'echo chambers' (echokamers). Daar krijgen we informatie die als het ware een echo is van wat we al weten, denken en vinden. Dat voelt aangenaam en versterkt onze eigenwaarde. En het ongemak van een confrontatie met andere ideeën en denkbeelden wenden we zo af. Dat gebeurt vaak onbewust.

Tijdens de grote instroom van vluchtelingen uit Syrië in ons land waren in veel gemeenten inwoners actief met een Facebookpagina waar mensen die tégen die opvang waren elkaar vonden. Maar er waren ook mensen die de vluchtelingen graag welkom heetten via de sociale media. In Nijmegen was bijvoorbeeld het Facebook-account 'Welcome to Nijmegen' in die tijd erg populair.

Zowel ter linker- als ter rechterzijde treedt zo een vorm van tunnelvisie op volgens media-experts. 'Mensen nemen via de sociale media alleen nog informatie tot zich die in hun eigen straatje past', schetst politicoloog Chris Aalberts van de Erasmus Universiteit (Salm, 2016) deze situatie. 'Dat betekent', zegt Aalbers, die onder meer onderzoek deed naar de achterban van de PVV, 'dat mensen niet meer op de hoogte zijn van alternatieve visies en dat iedere nuance in hun mening ontbreekt. Zich verplaatsen in het standpunt van een ander, wat we empathie noemen, is er niet meer bij.'

Maar wat voor de achterban van de PVV geldt, kan ook gezegd worden van de politieke elite of veel hoogopgeleide Nederlanders, bij wie empathie ontbreekt voor bewoners van achterstandswijken of de onderkant van de samenleving in het algemeen.

Zorgverleners en hun cliënten worden, of ze willen of niet, beïnvloed via de hierboven beschreven machtsmiddelen. Aandacht en alertheid hiervoor is nodig om niet een willig slachtoffer te worden van de gebruiker van die middelen. Denk eens aan allerlei nepnieuws en propaganda over gezondheidsproducten, therapieën en duistere behandelpraktijken. Gezond wantrouwen, factchecking en informatieverzameling uit betrouwbare en onafhankelijke bronnen kunnen helpen om zo dicht mogelijk bij de waarheid te blijven. 'Gezond verstand' is daarbij onvoldoende en ook gemakzuchtige intuïtie kan ons gemakkelijk op een dwaalspoor zetten.

## 6.6 De (on)macht van de cliënt

De macht van de cliënt is in de afgelopen vijftig jaar flink toegenomen. Daarvoor is een aantal maatschappelijke factoren van groot belang geweest. Hieronder staat een beschrijving in vogelvlucht van het emancipatieproces van de cliënt: van lijdzame volger naar kritische consument. Althans, dat geldt voor een deel van de cliënten, want er zijn ook veel achterblijvers.

### Democratisering

Amper vijftig jaar geleden is het gezin nog de hoeksteen van de samenleving, waarin de leden vanzelfsprekend zorgen voor elkaar. En als dat niet helemaal lukt is er nog altijd de familie, het noaberschap of de kerk. En de zorgverlener. Die zorgverlener is dan een autoriteit, die zich ook als zodanig gedraagt. Hij moet ook wel want die rol wordt van hem verwacht en past bij zijn status. Die rol knelt niet. Velen genieten er zelfs van, want in die tijd zijn macht en een positie hoog op de maatschappelijke ladder aantrekkelijk. Vooral in de dorpen zijn huisarts, notaris en pastoor of dominee, de 'notabelen'.

In de jaren zestig van de vorige eeuw komt daar verandering in. Dan waait er een krachtige democratiseringswind over ons land. De zo vanzelfsprekende autoriteit van zorgverleners brokkelt af. Niet alleen de democratisering is daarvoor verantwoordelijk, maar ook de professionalisering van het vak, de emancipatie van verschillende bevolkingsgroepen en de individualisering. De relatie tussen zorgverlener en zorgvrager wordt gelijkwaardiger. Door de individualisering verschuift het accent van gemeenschappelijke waarden en normen naar persoonlijke waarden, verlangens en noden. De patient – niemand spreekt dan al over cliënt – begint aan zijn emancipatorische opmars door zorginstituties. Hij evolueert van lijdzame volger naar kritische consument.

### Verstatelijkte solidariteit

De verzorgingsstaat dijt uit en het wordt drukker en drukker in de spreekkamer van de dokter, de therapeut, maatschappelijk werker en andere zorgverleners. Burgers gaan zorg meer zien als een recht. Het is immers een staatsvoorziening, waarvoor zij belasting betalen. De onderlinge solidariteit maakt langzamerhand plaats voor de abstracte solidariteit van de staat. De zorgconsumptie neemt toe en er ontstaat wat Achterhuis (1980) een 'markt van welzijn en geluk' noemt. Instellingen en professionals bieden op die markt gespecialiseerde producten aan. Er is voor elk wat wils.

De verstatelijkte solidariteit en het recht op zorg leiden tot afhankelijkheid van de zorgvrager.

Al in de jaren zeventig van de vorige eeuw waarschuwt Illich (1982) daarvoor. Hij noemt deze ontwikkeling 'iatrogenese': een ziekte (afhankelijkheid) die voortkomt uit het zorgsysteem zelf. Zorgverleners en zorginstellingen ontwikkelen met steun van de overheid een aanbod aan behandelingen en voorzieningen, die gretig aftrek vinden op de markt van welzijn en geluk van Achterhuis. Via subtiele socialisatieprocessen leert de burger zijn afhankelijke zorgconsumentenrol te vervullen. En daarmee verdwijnt het appel op zijn 'zelfgenezend vermogen'.

### Marktwerking

De zorg is tot in het laatste decennium van de vorige eeuw vooral een aanbodgestuurde zorg, waarbij overheid en zorginstellingen een aanbod ontwikkelen dat maar ten dele is afgestemd op de vraag van burgers. Dat moet meer vraaggericht, vindt de overheid. Het aanbod moet beter afgestemd zijn op de behoeften en terechte vragen van burgers. Dat leidt begin jaren negentig tot invoering van wat genoemd wordt *de marktwerking in de zorg*. Dat versterkt de machtspositie van de cliënt omdat nu de vraag en niet het aanbod centraal komt te staan. Althans dat is de bedoeling. Het idee achter marktwerking is dat zorgverleners in een marktgerichte omgeving hun aanbod beter afstemmen op de vraag. Maar in een marktgerichte omgeving spelen eigen belangen van zorgverlener en zorgverlenende instelling een niet onaanzienlijke rol. Er moet winst gemaakt worden en voor de zorgverlener moet er 'brood op de plank' komen. Ook aantrekkelijk werk en gemotiveerde cliënten zijn niet onbelangrijk. Vooral wanneer de vraag groter is dan het aanbod, komen de belangen van de vragers al snel onder druk te staan. Denk aan wachtlijsten, beschikbare tijd voor de patiënt, service, samenwerking met andere zorgverleners, gebrek aan kennis en informatie bij de zorgvragers, enzovoort.

En dan speelt ook nog de vraag of je het leed van mensen moet etaleren als iets waaraan je kunt verdienen en waarop je winst kunt maken. Misschien is een aantal excessen daar een gevolg van. Denk bijvoorbeeld aan leden van de Raden van Bestuur van zorgorganisaties met exorbitante salarissen, hoge vertrekpremies, dubieuze bonussen en fraudes met declaraties. Veel werknemers op de werkvloer en ook burgers in de samenleving verliezen daardoor het vertrouwen in bestuurders en managers met topinkomens. Dat speelt extra in tijden waarin voor duizenden mensen in de zorg hun baan op het spel staat.

### Zelfredzaamheid

Eind vorige eeuw krijgt de eigen regie in de zorg een geweldige impuls door de invoering van het persoonsgebonden budget (pgb). Het aantal pgb-houders stijgt in de periode van 1998 tot 2009 gemiddeld met 25% per jaar. Door de toename van het aantal gebruikers, de ingewikkelde aanvraagprocedures en het aantal fraudegevallen lijkt het pgb aan zijn eigen succes ten onder te gaan. Toch wordt door het kabinet-Rutte II (2012-2017) het pgb verankerd in de Wet maatschappelijke ondersteuning (Wmo) en in de Wet langdurige zorg (Wlz).

Via de Wmo, de Jeugdwet en de Participatiewet is de laatste tien jaar veel zorg gedecentraliseerd naar de gemeenten. Die wetten betekenen een belangrijke verandering in de visie op de ondersteuning aan mensen met gezondheidsproblemen in de thuissituatie. In die wetten wordt de zorg dichtbij in de buurt geregeld, met de gemeente als regisseur. Niet langer bepalen de gezondheid en de beperkingen van de persoon in kwestie of diegene recht heeft op zorg. Het concept 'recht op zorg' verdwijnt zelfs als criterium voor zorgtoewijzing. Wel heeft de gemeente de verplichting om ervoor te zorgen dat zorgafhankelijke mensen zelfredzaam zijn en kunnen participeren. Die gemeente moet hulp bieden wanneer het eigen sociale netwerk en de eigen financiën tekortschieten voor de ondersteuning van de hulpbehoevende. Via die wetten laat de overheid de burgers weten dat zij minder afhankelijk moeten worden van uitkeringen, voorzieningen en zorgverleners. Zij moeten zelf bijdragen aan leefbaarheid in de buurt, meer mantelzorg verlenen en vooral meer zelfredzaam zijn. Voor zowel ouderen als psychiatrische patiënten wordt de toegang tot intramurale zorginstellingen ingeperkt. Het motief is tweeledig: de kosten die de pan uit rijzen én de overtuiging dat het goed is wanneer mensen in eerste instantie hun problemen zelf aanpakken. Of samen met hun netwerk. Het is een nieuwe cultuur die inmiddels al niet meer weg te denken is uit de wereld van welzijn en zorg.

> **Kader 6.1** Ingrijpende recente wetten in zorg en welzijn
>
> *Wet maatschappelijke ondersteuning (Wmo 2015).* Gemeenten moeten ervoor zorgen dat mensen zo lang mogelijk thuis kunnen blijven wonen. De gemeente geeft ondersteuning thuis via de Wet maatschappelijke ondersteuning.
> *Jeugdwet.* Het doel van het nieuwe stelsel is om het jeugdbeleid en de voorzieningen efficiënter en effectiever te maken. Het uiteindelijke doel is het versterken van de eigen kracht van de jongere en van het zorgend en probleemoplossend vermogen van zijn gezin en sociale omgeving.
> *Participatiewet.* Iedereen die kan werken maar het op de arbeidsmarkt zonder ondersteuning niet redt, valt onder de Participatiewet. De wet moet ervoor zorgen dat meer mensen werk vinden. Dit geldt ook voor mensen met een arbeidsbeperking. Zij moeten zoveel mogelijk werk vinden bij een gewone werkgever.

Aan het adagium van zelfredzaamheid ligt een maatschappijvisie ten grondslag die gezondheidsproblemen eerder ziet als eigen schuld en eigen verantwoordelijkheid dan als botte pech. Of is het misschien een poging om Illich te honoreren door het zelfgenezend vermogen van de burger te helpen herstellen? Meer voor de hand ligt dat kostenstijging het belangrijkste motief is. De zelfredzaamheidsgedachte past bij politiek rechts (de VVD) omdat die de eigen verantwoordelijkheid benadrukt. Politiek links (coalitiepartner PvdA in kabinet-Rutte II) kan zelfredzaamheid framen als samenredzaamheid en solidariteit op microniveau. De door de staat georganiseerde solidariteit wordt teruggebracht naar solidariteit tussen burgers in hun eigen leefomgeving.

Deze ontwikkelingen betekenen ook dat een steeds grotere groep oude zelfstandig wonende mensen dicht bij huis met zo licht mogelijke zorg opgevangen moet worden. Zorgverleners gaan daar vooral in de eerste lijn hard mee aan de slag. En burgers stichten op steeds meer plekken zorgcoöperaties en wooninitiatieven voor mensen met zorgbehoeften. De verwachting is dat door de participatiewetten de informele zorg zal toenemen. Toch wijzen recente cijfers over mantelzorg daar niet op. Het SCP (2017) constateert dat het percentage vrijwilligers in de buren-, bejaarden- en gehandicaptenhulp na 2014 is afgenomen in plaats van toegenomen. Een jaar later constateert het SCP (2018b) zelfs: 'Nu staan er nog 15 potentiële mantelzorgers voor elke 85-plusser klaar, maar in 2040 loopt dit terug naar 6. Vooral in sterk vergrijzende regio's zoals Zuid-Limburg en Zeeuws-Vlaanderen wordt de verhouding ongunstiger. Dat blijkt uit de eerste analyse van het PBL (Planbureau voor de Leefomgeving) en het SCP over de toekomst van de mantelzorg. Dat gaat in tegen wat men in het kader van de participatiesamenleving verwachtte. Het is dus maar de vraag of de gewenste vervanging van formele door informele zorg daadwerkelijk zal plaatsvinden.

### Emancipatie van de patiënt

Door de hiervoor geschetste ontwikkelingen is de machtspositie van de cliënt de laatste vijftig jaar aanzienlijk toegenomen. De cliënt is geëmancipeerd. Hij is anno 2018 een krachtige partij bij beleidsvorming op landelijk en regionaal niveau. Hij wordt op veel plekken intensief betrokken bij de evaluaties van de organisatorische vormgeving en uitvoering van de zorg. Voor behandelplannen is zijn toestemming vereist en hij kan te allen tijde zijn dossier inzien.

Zorgverleners promoten e-health en werken met zelfmanagementprogramma's, zodat de cliënt onder eigen verantwoordelijkheid en passend bij zijn vraag aan de slag kan. Er ontstaan steeds meer buurtinitiatieven met ondersteuning van vrijwilligers voor bijvoorbeeld een rit naar het ziekenhuis.

De patiënt wordt hierbij terzijde gestaan door ondersteuningsorganisaties op landelijk niveau (Patiëntenfederatie Nederland) en op provinciaal niveau (Zorgbelang). Zij zijn belangrijke gesprekspartners voor de overheid namens patiënten.

### Achterblijvers

Maar het is niet allemaal goud wat er blinkt. Het Sociaal en Cultureel Planbureau (2017b) zegt over zelfredzaamheid:

> *Bij regie over het leven hoort ook eigen inzet. Die is nog steeds niet altijd vanzelfsprekend en eist van beleidsmakers, hulpverleners, maar ook mensen zelf een verandering van de mindset: mensen moeten leren om onafhankelijk te zijn en professionals om hen als zodanig te behandelen. Wie het heeft over de eigen inzet, moet ook beseffen dat die niet zaligmakend en voor iedereen weggelegd is. Er zijn en blijven groepen mensen voor wie de eigen kracht onvoldoende aanwezig is om de problemen aan te kunnen. Ook het inschakelen van hulp uit het eigen netwerk is niet altijd mogelijk, bijvoorbeeld als er geen netwerk bestaat (eenzaamheid) of als het netwerk deel uitmaakt van het probleem (gezinssituatie). Daarbij kampt bijna 10% van de mantelzorgers met ernstige belasting.*

Veel patiënten zijn nog niet genezen van de 'ziekte' van afhankelijkheid. Critici wijzen erop dat deze ontwikkeling naar meer zelfredzaamheid voor veel mensen weliswaar tot goede resultaten heeft geleid maar tegelijkertijd rampzalig is voor anderen, voor wie zelfredzaamheid een te hoge eis is. Dat geldt vooral voor mensen met een pover sociaal netwerk. Of voor mensen zonder de benodigde vaardigheden om een dergelijk netwerk te vormen en in stand te houden. De oproep tot zelfredzaamheid kan door die mensen zo maar ervaren worden als een dwingende norm, die hun kunnen te boven gaat met niet zelden isolement en vereenzaming tot gevolg.

Mutsaers en Van der Horst (2016) zeggen hierover:

> *Er wordt veel verwacht van de zorgverlener, maar ook van de patiënt: toenemende mondigheid, eigen regie en verantwoordelijkheid. Maar het ideaalbeeld van patiëntparticipatie, meer eigen regie, zelfmanagement en gezamenlijke besluitvorming is in de praktijk weerbarstig. Niet iedereen is in staat zelf de regie te voeren. De zwakkeren in de samenleving delven het onderspit. Het vermogen tot zelfmanagement hangt sterk af van iemands situatie en achtergrond en van zijn of haar gezondheidsvaardigheden. Laaggeletterden, kinderen en (oudere) patiënten met meerdere problemen tegelijk en een afnemende gezondheid zijn kwetsbare groepen. En juist die groepen hebben doorgaans meer gezondheidsproblemen en dus vaker zorg nodig.*

Ook de Wetenschappelijke Raad voor het Regeringsbeleid (WRR) (2017) onderkent dat de hedendaagse samenleving hoge eisen stelt aan de zelfredzaamheid van burgers. Binnen het gezondheidszorgbeleid staan autonomie en eigen verantwoordelijkheid voorop. De redzame patiënt is geïnformeerd, volgt een gezonde leefstijl, kiest zelf voor een behandelaar en beslist actief mee over de behandeling. Niet alle burgers zijn onder alle omstandigheden hiertoe in staat. Er bestaat een behoorlijk verschil tussen wat van burgers wordt verwacht en wat zij daadwerkelijk aankunnen. De groep voor wie de eisen soms te hoog gegrepen zijn, is niet beperkt tot een kleine groep 'kwetsbaren', zoals mensen met een laag IQ. Ook mensen met een goede opleiding en een goede maatschappelijke positie kunnen in situaties verzeild raken waarin hun redzaamheid ontoereikend is, zeker op momenten dat het leven tegenzit. Dat is niet omdat hun intelligentie of kennis tekortschiet, maar omdat er een beroep wordt gedaan op allerlei andere mentale vermogens, zoals het vermogen om in actie te komen, om het hoofd voldoende koel te houden en om vast te houden aan goede voornemens. Aldus de WRR.

Inmiddels hebben tal van adviesraden, onderzoeksinstituten en universiteiten de uitgangspunten van de participatiesamenleving in twijfel getrokken. Nee, veel burgers zijn zo redzaam niet. Hoe kwetsbaarder de burger, hoe kleiner zijn zelfredzaamheid. Schaarste leidt tot stress, en dat ondermijnt het 'doenvermogen' dat wil zeggen het vermogen zich verstandig te gedragen, aldus rapporten van instituten als de WRR en het SCP. Een vertolker van dit geluid is ook het instituut van de Nationale Ombudsman, die in meerdere publicaties spreekt van de 'illusie van zelfredzaamheid' (Vriesema, 2017). Veel burgers, denk aan laaggeletterden, mensen die de taal niet machtig zijn, mensen met een licht verstandelijke beperking, samen een paar miljoen Nederlanders, zijn daar volgens hem niet aan toe. Ombudsman Van Zutphen:

*Kijk naar de keukentafelgesprekken. Die suggereren gelijkwaardigheid: een open gesprek tussen overheid en burger om te bepalen of die schoonmaak, een scootmobiel of wijkverpleging nodig heeft. In werkelijkheid zijn die openheid en gelijkwaardigheid er de afgelopen jaren vaak niet geweest, weten wij door een veelheid aan klachten van burgers. Want wat gebeurt er: de ambtenaar zegt in zo'n gesprek toe dat de burger recht heeft op een schoon huis. Fijn, denkt de burger aan die keukentafel. Maar een week later landt een brief van de gemeente op de mat: u krijgt drie uur schoonmaakhulp per week. Drie uur? Dat is veel te weinig, denkt de burger. Maar dat blijkt dan beleid: voor een schoon huis staat in die gemeente drie uur. Ineens blijkt dat die burger aan tafel heeft gezeten met een ambtenaar die zelf bepaalt wat er gebeurt.*

Ook Evelien Tonkens (2006) is sceptisch over de zo beleden gelijkwaardigheid. Volgens haar is altijd sprake van machtsongelijkheid:

*Die ongelijkheid bestaat in eerste instantie uit de voorsprong die uitvoerenden hebben op het gebied van kennis en competenties. Daarnaast is er van beide kanten sprake van een zekere ongelijkheid wat betreft de benodigde informatie om tot een juiste beoordeling van de situatie van de cliënt te komen. De individuele burger beschikt over het algemeen niet over de kennis en competenties om in de dialoog als evenwaardige gesprekspartner te kunnen opereren.*

Het zorgsysteem is voor veel mensen ook te ingewikkeld. De scheidslijn tussen haves en havenots, diegenen met of zonder inkomen, werk of gezondheid, verschuift richting cans en cannots: mensen die juist wel of niet voor zichzelf kunnen opkomen, die hun weg wel of niet kunnen vinden in de zorgsystemen. Nog steeds kunnen rijkere en beter opgeleide cliënten rekenen op meer aandacht en betere zorg dan arme en lager opgeleide cliënten. In veel spreekkamers is nog steeds de arts koning of vindt hij niet de aansluiting bij patiënten met een andere cultuur of andere zienswijze op het leven. Voor veel, vooral oudere, patiënten heeft hij ook nog steeds de status van weleer of die van 'de redder' in moeilijke tijden.

Het is ook een grove overschatting om vanzelfsprekend aan te nemen dat zorgverleners aan de keukentafel, in de spreekkamer of in het ziekenhuis onbevooroordeeld en belangeloos diagnoses stellen en behandelplannen voorschrijven. Ook voor zorgverleners geldt dat hun handelen niet alleen door professionele criteria gestuurd wordt maar ook door genen, sociale omstandigheden en belangen.

Het is ook een overschatting dat de cultuuromslag naar zelfredzaamheid, eigen verantwoordelijkheid en participatie, die zonder veel betrokkenheid van cliënten tot stand is gekomen, zomaar wordt overgenomen door het leger van zorgvragers, dat zich steeds maar uitbreidt. En velen claimen (sommigen zelfs agressief) nog steeds het recht op zorg en/of zetten de zorgverlener op de troon.

### *Hoopvolle ontwikkelingen*

Maar toch zijn er op talrijke plaatsen in Nederland hoopvolle ontwikkelingen. In Friesland loopt een project om gezamenlijke besluitvorming tussen zorgverlener en zorgvrager door te laten dringen tot de spreekkamer van de specialist (Van der Geest, 2017). Niet langer bepaalt de dokter voor de patiënt het medische traject, nee, patiënt en arts beslissen sámen, en dat kan tot andere uitkomsten leiden dan wanneer de arts het in zijn eentje voor het zeggen heeft. Het moet betere zorg opleveren, tevredener patiënten en zelfs een reductie van de kosten. Dat heeft geleid tot onderstaand model.

### Kader 6.2    Samen beslissen

1. Het eerste gesprek
   De arts vraagt of de patiënt wil meebeslissen. Dat is lang niet altijd het geval. Wil een patiënt het wel, dan bespreken arts en patiënt de procedure en de behandelopties.
2. Huiswerk
   De patiënt krijgt de opdracht thuis te lezen over de behandelopties en video's te bekijken. Ook wordt aangeraden advies te vragen aan familieleden en bijvoorbeeld de huisarts.
3. Tweede gesprek
   De arts bekijkt of de patiënt alle opties goed heeft begrepen en of er nog aanvullend onderzoek nodig is. Mogelijk komen arts en patiënt al tot een beslissing.
4. Eventueel derde gesprek
   Arts en patiënt komen tot een besluit.

Nog een voorbeeld: in Noord-Limburg heeft gezondheidscentrum De Vuursteen in samenwerking met een dorpsraad een project opgezet onder het motto 'Samen aan zet'. Daar gaan zorgverleners en cliënten op zoek naar manieren om hun relatie gelijkwaardiger te maken.

## Toekomst

In de nabije toekomst zal nog meer flexibiliteit en aanpassingsvermogen gevraagd worden van de zorgverlener. Hij zal in toenemende mate geconfronteerd worden met cliënten die zorg op maat verwachten of soms zelfs eisen. Dat belooft de overheid immers en past in een geïndividualiseerde samenleving. Zoals het er nu naar uitziet, zal de machtsverhouding tussen zorgverlener en cliënt zich blijven ontwikkelen tot een meer gelijkwaardige, waarbij samenwerking en het bevorderen van zelfsturing belangrijke uitdagingen zijn. Dat vraagt andere vaardigheden en een andere houding van zorgverleners. Zij zullen steeds meer samen met de cliënt aan zet zijn. Dat is wennen voor beide partijen.

Veel zal de komende jaren afhangen van het regeringsbeleid. Te verwachten is dat het zorggebruik zal worden afgeremd en preventie gestimuleerd. Niet alle burgers zullen die omslag, die nog in volle gang is, accepteren of aankunnen. De wensen en mogelijkheden verschillen per groepering. De oproep van de overheid tot zelfredzaamheid aan de keukentafel kan door veel kwetsbare burgers aangevoeld worden als een vorm van bezuiniging, waarvan zij het slachtoffer zijn. Ze voelen zich dubbel gepakt.

Veel zal ook afhangen van de vraag of de overheid, zorginstellingen en zorgverleners erin slagen om de medicalisering en individualisering van problemen een halt toe te roepen en een meer maatschappijgerichte zorg te ontwikkelen. Dat zal een hele klus zijn in een samenleving die door en door geïndividualiseerd is. Ziekte wordt nog vooral als een individueel probleem beschouwd. Het voorkomen ervan en de behandeling worden vooral gezien als een zaak van eigen verantwoordelijkheid.

Maar burgerinitiatieven voor wonen en zorg wijzen ook op nieuwe vormen van saamhorigheid en solidariteit die zorg- en woonproblemen zouden kunnen oplossen. Een risico is dat deze initiatieven vooral gelijkgestemde of al bevriende mensen met elkaar verbindt en dat minder sociaal vaardige mensen buiten de boot vallen. In de steden is de kans dat geïsoleerde kwetsbare ouderen worden vergeten groter dan in dorpen. Het SCP (2017) vraagt zich af of zulke tweedelingen acceptabel zijn. Welke nieuwe vormen van solidariteit vraagt dit? Burgerinitiatieven vragen bovendien om specifieke sociale vaardigheden van burgers, niet te veel belemmerende regels en om een goede mix van jong en oud (dus niet alleen oude en hulpbehoevende bewoners, maar ook jonge en vitale mensen). En hoe wordt de kwaliteit van zorg geborgd in deze nieuwe initiatieven?

Wat zal het nieuwe beleid betekenen voor de machtspositie van de cliënt? En hoe zullen zorgverleners zich opstellen? Zullen die opkomen voor die cliëntengroepen waarvoor zelfredzaamheid te veel gevraagd is? Zullen en kunnen zij cliënten 'leren' en ondersteunen bij hun zoektocht naar eigen verantwoordelijkheid en zelfredzaamheid?

Of moeten zorgverleners toch niet (nog) meer inzetten op empowerment, zoals ze dat deden in de vorige eeuw? Ze hebben de laatste decennia een omslag moeten maken naar een meer individualistische invulling van empowerment, zoals zelfredzaamheid. Maar is misschien empowerment van groeperingen van cliënten (vrouwen, langdurig gehandicapten, kwetsbare ouderen, kansarme jongeren, allochtonen) nu ook een optie? Empowerment heeft te maken met bewustwording van groeperingen, omtrent hun positie in de samenleving. Het doel is om hun positie sterker te maken en te laten zien dat aan hun problemen ook maatschappelijke oorzaken ten grondslag liggen. Denk bijvoorbeeld aan de acties tegen de tabaksindustrie.

De kans van slagen is kleiner in een liberale, meer rechtse samenleving dan in een socialistische, meer linkse. Want empowerment van zwakkere groeperingen vraagt om visie en verandering van structuur. Het betekent morrelen aan de samenleving en emancipatorisch werken. Dat is niet populair in een tijd waarin in zorg- en welzijnsland individualisering en medicalisering overheersen.

## 6.7 Conclusies

Op verschillende manieren oefenen zorgverleners invloed uit op hun cliënten, op collega's, op andere zorgverleners, enzovoort. Ze hebben meer of minder macht over hen. Die macht kan de vorm aannemen van dwang, gezag of manipulatie. 'In het belang van mijn cliënt', zullen ze zeggen. Maar dat is niet altijd waar. Eigen belangen en visies spelen ook een rol.

Ons democratisch systeem, een vorm van georganiseerd wantrouwen, voorkomt ongebreidelde machtsuitoefening in onze samenleving. Dat systeem geniet het vertrouwen van de bevolking, ondanks het feit dat populistische leiders die betrouwbaarheid publiekelijk in twijfel trekken of ontkennen.
Misschien is dat laatste een van de redenen waarom het vertrouwen in de politici zelf de laatste jaren is gedaald. Ook misstappen van verschillende politici kunnen daaraan hebben bijgedragen, evenals de overmatige aandacht hiervoor in de media.
In het proces van democratische besluitvorming spelen niet alleen de regering en het parlement een belangrijke rol. Ook de klassieke en moderne media, de verspreiding van nepnieuws, lobbypraktijken, enzovoort zijn van grote invloed op de resultaten. Voldoende reden om vraagtekens te plaatsen bij het functioneren van onze democratie als 'controlerende macht'.

De laatste decennia is de machtsongelijkheid tussen zorgverlener en zorgvrager verkleind. Ze zijn steeds meer samen aan zet. Dat komt onder andere door een cultuuromslag via drie participatiewetten, die de zelfredzaamheid van de cliënt benadrukken. Dat heeft tot mooie resultaten geleid maar ook tot zorgen. Voor cliënten valt er veel te winnen en is hun regie over de eigen gezondheid toegenomen. Maar voor nogal wat burgers die niet in staat zijn tot zelfredzaamheid, heeft die omslag geleid tot een omgekeerd effect. Zij voelen zich in de steek gelaten, omdat zij niet voldoen aan de zelfredzaamheidscriteria. Naast de aloude tweedeling in de samenleving tussen de haves en havenots tekent zich nu een tweede tweedeling af, namelijk die tussen cans en cannots.
Een ander probleem is de individualisering, of zo men wil, medicalisering van problemen. Dit leidt tot symptoombestrijding en tot het fenomeen dat zij die pech gehad hebben in dit leven bewust of onbewust het etiket opgeplakt krijgen van 'loser'. 'Blaming the victim' noemen sociologen dat.

- Hoe komt het dat we over het algemeen geneigd zijn gezag als positief en dwang en manipulatie als negatief te zien?
- Schrijver en columnist Jan Blokker noemt democratie 'georganiseerd wantrouwen'. Wat vind je van die uitspraak?
- Bedenk eens enkele concrete voorbeelden van hoe jij als zorgverlener de machtspositie van jouw cliënten kunt helpen vergroten?
- Populisme wordt vaak in verband gebracht met politici. Zie jij ook voorbeelden van populistisch gedrag buiten de politiek?
- Noem eens een aantal argumenten voor en tegen de gelijkheid tussen zorgvrager en zorgverlener.

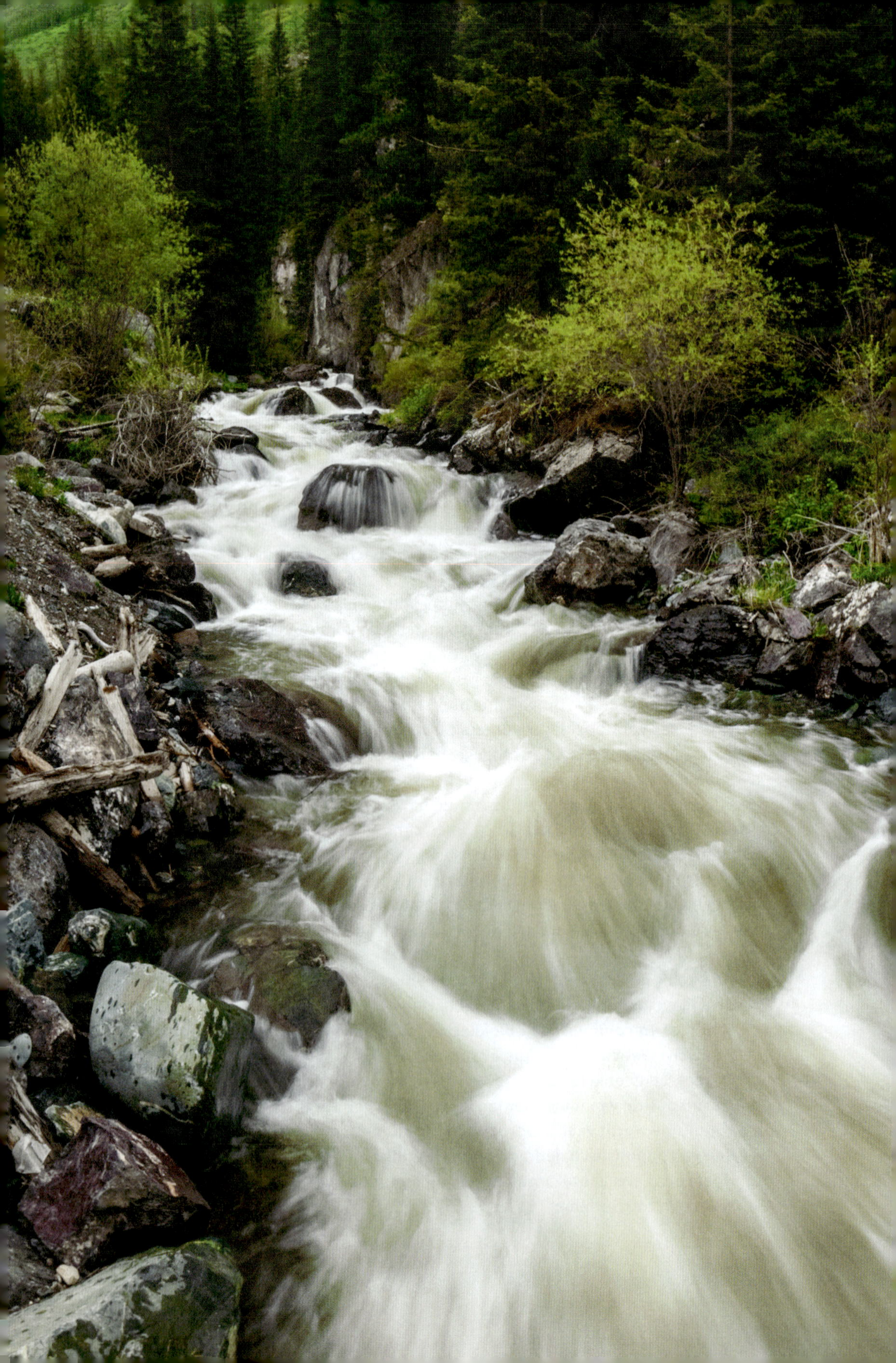

# Sociale veranderingen 7

*Panta rhei*
*πάντα ῥεῖ*

## 7.1 Panta rhei

Panta rhei, alles stroomt, zei de Griekse filosoof Heraclitus. De samenleving is voortdurend in beweging. Waarden en normen veranderen, politieke machthebbers wisselen van stoel, nieuwe technologische ontwikkelingen verleggen grenzen, economische depressies en bloei wisselen elkaar af, populistische leiders beginnen aan hun opmars en cliënten moeten niet meer gepamperd worden, maar leren zelfredzaam te zijn.

Regeringen, politieke partijen, groeperingen en individuen maken dagelijks keuzes, die leiden tot kleine en grote veranderingen. Bij het maken van keuzes spelen cultuur, sociale omstandigheden, macht en belangen een cruciale rol. Rechtse kabinetten maken andere keuzes dan linkse, arme mensen andere dan welgestelde, vrouwen andere dan mannen, allochtone medeburgers andere dan autochtone Nederlanders, onze ouders andere dan wij zelf en Trump andere dan Obama.

> **Definitie**
>
> *Bij sociale veranderingen gaat het om veranderingen in de cultuur en structuur van een samenleving over een langere periode.*

Wat is er allemaal veranderd in Nederland in de laatste 25 jaar? Wellicht heb je daar wel wat herinneringen aan. Maar hoe betrouwbaar zijn die herinneringen eigenlijk? Wat in ons geheugen blijft hangen is gekleurd door ons referentiekader, onze emoties en belangen. Lang niet altijd is het wat het was. Zo kijken nogal wat ouderen nostalgisch terug op vroeger, verheerlijken ze de gelukkige momenten en vergeten de zware tijden. Het geheugen is echter geen persoonlijk filmpje waarin waargebeurde scènes uit het verleden waarheidsgetrouw kunnen worden afgespeeld. Het verleden is vooral een verhaal dat we ons zelf vertellen. En daarbij verfraaien we onze geschiedenis met zekerheden die passen bij onze dromen, zo laten geheugendeskundigen ons weten.

Wie met de nodige afstand omkijkt naar het verleden, zonder vooringenomenheid, zal zich verbazen over hoe het vroeger werkelijk was. In dit hoofdstuk werpen we met gepaste afstand en in vogelvlucht een blik achterom op onze jongste geschiedenis om meer zicht te krijgen op het verschijnsel sociale verandering. Sofie zal met ons meelopen als een levend voorbeeld van een zorgverlener in een veranderende samenleving.

### Casus — Sofie

Sofie werkt als stagiaire pedagogisch medewerker bij een instelling voor jeugdhulpverlening, die is voortgekomen uit een fusie van enkele kleine instellingen. Er is daardoor veel veranderd. Er is nu één grote organisatie. Veel medewerkers van de fusiepartners hebben nog steeds last van de in hun ogen afgedwongen fusie en verplichte samenwerking. Velen houden ook nog vast aan de oude gewoontes en gebruiken. Dat leidt regelmatig tot botsingen.

Bovendien maakt de jeugdzorg in Nederland roerige tijden door. Meer reorganisaties zijn gepland, de landelijke overheid bezuinigt op de zorg en gemeenten zijn nog niet altijd goed ingespeeld op hun nieuwe en grotere rol. En van cliënten wordt meer zelfredzaamheid verwacht.

Sofie is privé erg geïnteresseerd in hoe het leven vroeger was. Ze sprak daar graag met haar oma over. Over hoe moeilijk het was als vrouw om te gaan werken, de vanzelfsprekende ongelijkheid in huis tussen haar en opa, de rol van het geloof, over de kinderen, die al vroeg hun eigen plan trokken, enzovoort. En ze verbaast zich over de grote verschillen tussen toen en nu. Ze is zich meer bewust van de veranderingen die zich in de samenleving en ook in haar werk voltrekken. Die beïnvloeden niet alleen het gedrag van haar cliënten maar ook dat van haarzelf. Dat gaat grotendeels sluipenderwijs. Maatschappelijke veranderingen gaan immers geleidelijk. Persoonlijke veranderingen zoals de recente dood van haar oma en haar geslaagde sollicitatie als stagiaire bij de instelling waar ze nu met plezier werkt, hebben wel directe impact. Ook cliënten confronteren haar met de veranderingen die zij meemaken. In haar spreekkamer meent zij zowel positieve als trieste gevolgen van de individualisering te zien. En haar allochtone cliënten vertellen over toenemende intolerantie en discriminatie.

## 7.2 Oorzaken van sociale veranderingen

We hebben sociale veranderingen gedefinieerd als 'veranderingen in de cultuur en structuur van een samenleving over een langere periode'. Vaak zijn mensen geneigd om veranderingen die zich in de maatschappij voordoen rechtlijnig te koppelen aan één oorzaak. Niet zelden leidt dit tot snelle en 'zekere' antwoorden, zoals 'de toegenomen criminaliteit komt door het drugsgebruik' en 'de onveiligheid wordt vooral veroorzaakt door allochtonen'.

Persoonlijke ervaringen, cultuur, maatschappelijke omstandigheden, mens- en maatschappijvisie en belangen spelen een belangrijke rol bij deze oordelen. Zo zijn er nogal wat collega's van Sofie die als belangrijkste reden voor de fusie de behoefte van de overheid aan beheersing en controle noemen. Anderen wijzen op overheidsbezuinigingen en de afbraak van de verzorgingsstaat. Slechts weinigen zien de noodzaak tot kwaliteitsverbetering als reden. Toch presenteert de directie dit als een van de belangrijkste motieven. Maar directeuren die geen gezag hebben of niet vertrouwd worden, zullen voor hun argumenten ook geen gehoor vinden. Populair is de directie in de instelling waar Sofie werkt niet.

Meestal zijn sociale veranderingen niet te herleiden tot één enkele oorzaak. Het fusieproces waarin Sofie verzeild is geraakt, is een gevolg van een complex van factoren (multicausaliteit), zoals veranderd overheidsbeleid, bezuinigingen, behoefte aan kwaliteitsverbetering van de hulp en efficiëntieoverwegingen. Multicausaliteit is altijd aan de orde bij sociale veranderingen. Dat blijkt ook uit de laatste paragraaf van het vorige hoofdstuk over macht. Daarin wordt de emancipatie van de patiënt beschreven. Vele oorzaken speelden daarbij een rol. Democratisering, individualisering, overheidsbeleid, onbetaalbaarheid van de zorg, enzovoort.

**Wat vind jij eigenlijk? Is de omslag naar meer zelfredzaamheid vooral een cultuuromslag of toch eerder een structuurverandering?**

Sofie merkt dat ze voor sociale veranderingen vooral culturele verklaringen heeft. 'Het zijn toch de ideeën van grote geleerden, politici, staatshoofden en revolutionairen die hebben geleid tot belangrijke sociale veranderingen', zegt ze tegen een collega. 'Denk eens aan Einstein, Freud en Bill Gates', voegt ze eraan toe. 'En in ons werk zijn het de mensen met goede ideeën en de beste therapeuten, die de aanzet geven tot veranderingen binnen de organisatie.'

Haar collega echter vindt dat het eerder de structuren en de belangen van de machtigste personen en groeperingen zijn die de doorslag geven. 'We zeggen allemaal wel dat we gelijkwaardig zijn, maar feitelijk is dat niet zo. Wij en onze collega's zeggen "uiteraard" dat we alleen de belangen van de cliënten voor ogen hebben. En dat "natuurlijk" iedereen evenveel inbreng heeft in de teamvergaderingen. Maar in feite maken ook in ons team de mannen en de hoogst opgeleiden de dienst uit.'

## 7.3 Beheersing van sociale verandering

Sociale veranderingen gaan meestal gepaard met onzekerheid. Daarom worden ze doorgaans bewust gepland en voorbereid. Soms ook overvallen ze ons. Maar dat willen we eigenlijk niet. We willen liever dat sociale veranderingen beheerst en controleerbaar verlopen. Onzekerheidsreductie noemen psychologen dat. Vele instituties in onze samenleving zijn druk doende om die onzekerheid tot een minimum te beperken. Talrijke organisaties, wetten, regels en procedures in ons parlementaire stelsel dienen om eventuele veranderingen 'beheerst' in gang te zetten en te laten verlopen. Zo stuurde de overheid, gecontroleerd door het parlement, de recente omslag van de verzorgingsstaat naar de participatiesamenleving. En zo stuurde ze ook het democratiseringsproces in de jaren zestig en zeventig van de vorige eeuw. Soms liep dat even uit de hand of schoot verder door dan gewenst. Maar altijd bleef de overheid de baas. Soms door hard optreden, maar vaak ook door mee te buigen met nieuwe krachten en ideeën, die leiden tot vernieuwing.

Ook op mondiaal niveau zijn er talrijke organen, instellingen en verdragen om veranderingen beheerst te laten verlopen. Denk aan de Veiligheidsraad, de WHO, de NAVO, de Europese Commissie, enzovoort. Dit betekent overigens niet dat het resultaat altijd positief is voor iedereen. Dat hangt af van je positie en je maatschappijvisie. In Rusland bijvoorbeeld worden sociale veranderingen vooral gestuurd en beheerst door de mensen rond Poetin. Weinig Nederlanders zullen dat positief vinden. Maar we maken ons er niet zo druk om want het is een ver-van-mijn-bed-show.

Maar hoe zit dat als het om ons eigen land gaat? De neoliberale wind die nu door Nederland waait, heeft de steun van de meerderheid in ons land, die eigen verantwoordelijkheid, vrijheid en vrije marktwerking belangrijke waarden vindt. Mensen met een meer linkse visie zullen niet zo blij zijn met Rutte III. Ze zullen wellicht, net als Martinez die in dit boek al regelmatig voorbijkwam, vinden dat dit kabinet vooral aan de leiband loopt van de multinationals en de rijken, die ook al tijdens Rutte II steeds rijker werden.

## 7.4 Verschijningsvormen van sociale verandering

Sociale veranderingen kun je goed signaleren door te kijken naar veranderende kenmerken van onze samenleving. Het Sociaal en Cultureel Planbureau (SCP) doet regelmatig onderzoek naar sociale veranderingen. Het SCP onderscheidt in een van haar rapporten vier verschijningsvormen van sociale veranderingen:

de kenmerken van een volk, het gedrag van mensen, de sociale structuren in de samenleving en de cultuur.

*Kenmerken van een volk*
De kenmerken van een volk veranderen voortdurend. Vaak gaat dat langzaam, maar op den duur tekent zich een wezenlijke verandering af. Zo is bijvoorbeeld het percentage allochtonen in ons land de laatste vijftig jaar flink toegenomen. In de Randstad zijn er 'zwarte' scholen en wijken waar allochtonen de meerderheid vormen.
Het aantal inwoners is de laatste vijftig jaar met meer dan een kwart toegenomen. De laatste vijftien jaar met twee miljoen. Die stijging komt vooral voor rekening van de instroom van asielzoekers.
Die bevolkingsgroei neemt niet overal in Nederland toe. Er is een samenklontering rond de grote steden. Dit leidt volgens het Centraal Bureau voor de Statistiek (CBS) tot metropoolregio's, terwijl in nogal wat gemeenten op het platteland het inwonertal daalt.
De gemiddelde gezinsgrootte is aanzienlijk gedaald. Procentueel maken ouderen een steeds groter deel uit van de bevolking en daalt het aandeel jongeren. Steeds minder jongeren moeten zorgen voor steeds meer ouderen. Als gevolg daarvan plaatst de overheid grote vraagtekens bij de betaalbaarheid van de zorg en pensioenen.
De huishoudens zijn de laatste zestig jaar veel kleiner geworden. Half zo klein, om precies te zijn, van gemiddeld 4,6 naar gemiddeld 2,3 personen per huishouden. Om al die mensen en huishoudens een dak boven het hoofd te bieden, staan er nu ruim drie keer zoveel woningen in Nederland als in 1950. Daarnaast zijn de woningen en de woonwijken ruimer geworden: de oppervlakte stedelijk gebied is meer dan vervijfvoudigd. Ruim 70 procent van de huishoudens beschikt over minstens één auto en bijna een kwart over twee of meer auto's.

*Het gedrag van mensen*
Mensen in Nederland zijn zich de afgelopen decennia ook anders gaan gedragen.
- Zo is in de laatste dertig jaar het aantal echtscheidingen verveelvoudigd.
- We produceren veel meer huisvuil per persoon dan veertig jaar geleden.
- In 1950 waren er 139.000 auto's in Nederland, in 1960 waren dit er al 522.000. Het aantal auto's vervijfvoudigde bijna gedurende de jaren zestig, in 1970 waren er in Nederland 2.405.000 auto's. Nu zijn het er acht miljoen. Dat betekent ook: meer wegen, meer tijd doorbrengen in files, meer thuiswerken, meer gebruik van het openbaar vervoer en aanpassing van werktijden.
- We werken minder lang en het aantal vrije dagen is toegenomen.
- Kinderen volgen in toenemende mate hoger onderwijs.
- Het museumbezoek is sterk toegenomen.
- We communiceren steeds meer via e-mail, Skype, Instagram of WhatsApp.
- We gaan steeds vaker en langer in het buitenland op vakantie.
- Het kerkbezoek is spectaculair gedaald.

### De sociale structuren in de samenleving

Ook in de sociale structuren in ons land hebben zich grote veranderingen voltrokken. De democratisering heeft de gezagsverhoudingen in het gezin, op school en op het werk diepgaand gewijzigd. Veel bedrijven en organisaties zijn platter georganiseerd dan vroeger. Ons land is nu meer egalitair dan vijftig jaar geleden. De vrouwenemancipatie heeft tot meer gelijkheid tussen mannen en vrouwen geleid en in de spreekkamers van de zorgverleners is de relatie tussen zorgverlener en zorgvrager aanzienlijk minder ongelijk dan in het midden van de vorige eeuw.

### Cultuur

Religieuze waarden en normen hebben sterk aan belang ingeboet. Het welbegrepen eigenbelang wordt in toenemende mate hoger gewaardeerd dan solidariteit. En met de 'waarheid' neemt deze maatschappij het minder nauw gezien de invloed van nepnieuws.

## 7.5 Gangmakers van sociale verandering

Sociale veranderingen kunnen door veel verschillende ontwikkelingen, gebeurtenissen, instituties en groeperingen in gang gezet worden. Ter illustratie, zonder compleet te willen zijn, hieronder een aantal 'gangmakers'.

### De politiek

Vaak worden sociale veranderingen in gang gezet door politieke partijen of regeringen als gevolg van geconstateerde of te verwachten sociale problemen. Via het parlement, Provinciale Staten of gemeenteraden gaan de verschillende partijen op zoek naar meerderheden voor 'hun' oplossingen of ideeën. Dat is vaak een langdurig proces. Zo is bijvoorbeeld aan de invoering van de drie eerder genoemde participatiewetten een langdurig politiek proces voorafgegaan.

## Sociale problemen
Sociale problemen zijn vaak het startpunt voor veranderingen. Zo leiden milieuproblemen wereldwijd tot tal van maatregelen om die op te lossen.
De onbetaalbaarheid van de verzorgingsstaat leidde in Nederland tot pleidooien voor meer zelfredzaamheid en de participatiesamenleving.

## Wetenschappelijk onderzoek
In onze hedendaagse samenleving zijn sociale veranderingen vaak een gevolg van wetenschappelijk onderzoek, of begeleidt wetenschappelijk onderzoek sociale veranderingen. We hebben talrijke onderzoeksinstituten. Denk bijvoorbeeld aan het Sociaal en Cultureel Planbureau (SCP), het Centraal Bureau voor de Statistiek (CBS), het Rijksinstituut voor Volksgezondheid en Milieu (RIVM), onderzoeksafdelingen van universiteiten, enzovoort.

## Rampen, oorlogen en depressies
Een economische depressie, oorlog en rampen leiden vaak ook tot sociale veranderingen, die tot doel hebben om de schade te herstellen en herhaling te voorkomen.

## Technologische vernieuwingen
Uitvindingen als de televisie, de computer, internet, Facebook, smartphone, enzovoort hebben een grote impact gehad op het leven van alledag in Nederland. Door bijvoorbeeld de digitalisering, domotica en e-health is er ook in de zorg- en welzijnssector de laatste decennia veel veranderd.

### Pressiegroepen en actiegroepen

Ook zijn in onze samenleving talrijke pressiegroepen actief om sociale veranderingen te bepleiten en in gang te zetten. Zo fungeert de landelijke koepel van jeugdhulpverleningsinstellingen, waarbij ook de instelling van Sofie is aangesloten, als een pressiegroep om de besluitvorming van de overheid met betrekking tot de jeugdhulpverlening in Nederland te beïnvloeden.

Een omvangrijke pressiegroep onder aanvoering van Hugo Borst en Carin Gaemers was in 2016/2017 zeer actief om ten slotte 200 miljoen euro extra binnen te halen voor langdurige zorg.

### Vakbonden

Van oudsher zijn vakbonden actief om de positie van werknemers in bedrijven te beschermen en te verbeteren. Zij proberen de politieke besluitvorming te beïnvloeden, tegen te gaan of te versnellen. Daarbij hanteren zij middelen als deelname aan het cao-overleg, lobby, stakingen en prikacties.

### Sociale bewegingen

Ook sociale bewegingen kunnen een belangrijke rol spelen bij het initiëren van veranderingen.

> **Definitie**
>
> *Een sociale beweging is een bundeling van individuen, groeperingen en organisaties die op grond van gemeenschappelijke opvattingen proberen door middel van gezamenlijke actie de maatschappelijke ontwikkeling in een door hen gewenste richting te sturen.*

Zo is bijvoorbeeld in Nederland de 'Sociale Alliantie' actief in het bestrijden van armoede en is Urgenda een beweging die ons land duurzamer wil maken.

## 7.6 De wet van de remmende voorsprong

Vooral de laatste halve eeuw voltrekken veranderingen zich in een versneld tempo. Deze veranderingen verlopen echter niet altijd en overal in hetzelfde tempo. Sommige systemen lopen als het ware voorop en andere volgen. In het bedrijfsleven zien we dat sommige bedrijven zeer modern ingericht zijn en dat met geavanceerde technieken gewerkt wordt, terwijl het in andere soortgelijke bedrijven veel ouderwetser toegaat. Opvallend hierbij is het verschijnsel dat sommige bedrijven aanvankelijk vooroplopen en later achterblijven. Dit verschijnsel wordt ook wel *de wet van de remmende voorsprong* genoemd. Omdat men bij de tijd is of denkt te zijn, wordt minder geïnvesteerd in vernieuwingen. Een bekend voorbeeld hiervan was lang geleden de straatverlichting in Londen. Deze was aanvankelijk hypermodern omdat men als eerste overging op gasverlichting. Daardoor ging Londen echter later dan andere steden over op elektrische verlichting en veranderde de aanvankelijke voorsprong in een achterstand. Maar er is ook sprake van een *wet van de stimulerende achterstand*. Bedrijven ontdekken dat ze achterlopen en gaan daarom rigoureus vernieuwen. Zo verklaren sommigen ook de voorsprong van Japan op technologisch gebied. Japan heeft pas laat een kapitalistische economie ontwikkeld. Het kon daardoor het vroegkapitalistische stadium overslaan en meteen met veel grotere en modernere bedrijven beginnen.

## 7.7 Sociale veranderingen in de laatste halve eeuw

Tal van sociale veranderingen overspoelden de laatste vijftig jaar ons land. Meestal ging dat zo langzaam of vanzelfsprekend dat we niet eens beseften dat er iets veranderde. Zo zal de digitalisering van de samenleving door velen als een 'normale' ontwikkeling ervaren zijn. En hoe ging het eigenlijk met de multiculturalisering van ons land? Of met de individualisering en democratisering? Hieronder een verkenning van een aantal belangrijke sociale veranderingsprocessen van de laatste vijftig jaar.

### 7.7.1 *Democratisering*

In de jaren zestig van de vorige eeuw komt in ons land een krachtige democratiseringsgolf op gang. Sofie hoort er veel over van haar grootouders. Die herinneren zich die periode als een 'omwenteling in de gezagsverhoudingen'.

> **Definitie**
>
> *Democratisering is een beweging waarbij hiërarchische machtsverhoudingen worden vervangen door meer gelijkwaardige verhoudingen.*

Macht hebben biedt tal van voordelen, zo hebben we in het hoofdstuk over macht gezien. Macht kan op zich voldoening geven, macht maakt onafhankelijker, macht helpt om eigen wensen beter te vervullen en eigen belangen te realiseren of veilig te stellen, macht geeft sociaal aanzien, enzovoort. Minder-machtigen vechten in de jaren zestig van de vorige eeuw om meer macht, omdat zij ongelijkheid een sociaal probleem vinden. Sommigen doen ook mee omdat die ongelijkheid hen belemmert in hun ontplooiing. En anderen doen gewoon mee in de strijd om erbij te horen en deel uit te maken van de tijdgeest.

We zagen al in de slotparagraaf van het hoofdstuk over macht dat het democratiseringsproces van de jaren zestig en zeventig van de vorige eeuw een belangrijke impuls was voor de emancipatie van de patiënt.

Het zijn in eerste instantie vooral de studenten op de universiteiten en hogescholen die op de bres springen. Maar later ook arbeiders in de fabrieken, kinderen in het gezin, patiënten in de spreekkamers van dokters, vrouwen in hun relatie tot mannen en gelovigen in de kerk. Aanvankelijk lijkt dat wonderlijk goed te lukken. Er is sprake van een revolutie. Studenten bezetten universiteiten en hogescholen, kindercrèches worden antiautoritair, vrouwen worden 'baas in eigen buik' en arbeiders staken. Maar al gauw blijkt dat de winnaars de gewonnen macht niet altijd aankunnen. Bovendien blijken machtsverschillen vaak onmisbaar voor het goed laten reilen en zeilen van organisaties, instituties en de samenleving als geheel. De verliezers leggen zich ook niet zomaar neer bij hun verlies aan invloed. Zij winnen terrein terug en zo ontstaat er een nieuw evenwicht. Toch zijn de machtsverhoudingen in de samenleving sinds de jaren zestig stevig herzien. De samenleving is meer gedemocratiseerd. Macht wordt meer gedeeld, meer gecontroleerd en is meer aan voorschriften gebonden. Democratisering is niet alleen een macrogebeuren, maar dringt ook door in het leven van alledag. De machtsverschillen tussen directeur en medewerker, tussen leraar en student, tussen dokter en patiënt, tussen man en vrouw en tussen ouder en kind zijn kleiner geworden. Mensen spreken elkaar aan met 'je' en 'jij' en noemen elkaar bij de voornaam. Bedrijven, organisaties en instellingen zijn platter georganiseerd en mensen uit verschillende sociale lagen gaan informeler met elkaar om. Gezag is nu minder gekoppeld aan een positie. Gezag moet je steeds meer 'verdienen'.

Tegelijkertijd echter, zo zagen we in het hoofdstuk over macht, ontwikkelen zich in onze hedendaagse samenleving oncontroleerbare processen, die vraagtekens oproepen over hoe democratisch onze hedendaagse wereld eigenlijk is. Populisme, de ongrijpbare macht van de multinationals, de invloed van nepnieuws, de rol van de oude en nieuwe media, enzovoort zijn een ernstige bedreiging voor die democratie.

### 7.7.2 Individualisering

Als je mensen vraagt wat ze onder individualisering verstaan, zullen ze waarschijnlijk verschillende antwoorden geven. Sommigen zullen wijzen op de toenemende vrijheid en zelfstandigheid van mensen. Anderen zullen de afname van gemeenschapszin en het toenemend egoïsme noemen. Meestal zijn de antwoorden 'gekleurd' en voorzien van een kwalitatief oordeel in positieve of negatieve zin. In dit boek hanteren we individualisering als een maatschappelijk proces zonder daar een positieve of negatieve lading aan te geven.

> **Definitie**
>
> *Individualisering,* zo zagen we al eerder, *is een proces van toenemende verzelfstandiging van afzonderlijke mensen in de samenleving.*

Individualisering kun je zien als een streven naar emancipatie, die niet alleen gelijkheid in rechten inhoudt, maar ook gelijkheid in kansen en mogelijkheden. Een student schreef eens in een werkstuk over individualisering het volgende:

> *We hebben ons eigen huis, een eigen kamer, een eigen auto, een eigen computer en een eigen bankrekening. We kiezen zelf onze partner en vrienden. Binnen onze relaties willen we optimale vrijheid. We binden ons niet met kettingen aan elkaar maar vormen netwerken op basis van persoonlijke behoeften en belangen. We verwachten zowel van onze omgeving als van de overheid erkenning en respect voor onze persoonlijke behoeften en wensen. Dat zijn allemaal kenmerken van de hedendaagse individualisering.*

Sommige mensen wijzen vooral op het bevrijdende karakter van individualisering. 'We hebben ons bevrijd van onnodig inperkende normen, verwachtingen, waarden, sociale controle en instituties. Dat zijn obstakels voor ontplooiing, creativiteit en ondernemingszin', zeggen ze.
Anderen signaleren een toenemend egoïsme, een afname van solidariteit en een vermindering van maatschappelijk verantwoordelijkheidsbesef. Dat leidt tot sociale problemen of spanningen, zoals vereenzaming, toename van het aantal echtscheidingen, verwaarlozing van kinderen, discriminatie en interculturele botsingen.

De individualisering heeft tot verschillende breuken en 'geloven' in het veld van welzijn en gezondheid geleid. Zo is er een stroming die de oorzaak voor ziektes en welbevinden vooral, en soms zelfs heel extreem, bij het individu legt. Zoals Louise Hay en haar grote schare volgelingen. Zij vindt dat met positief denken ziektes overwonnen kunnen worden. *Je kunt je leven helen* heet haar bestseller uit 1984. Ze wordt bewonderd én verguisd omdat volgens haar alle ziektes uit het denken voortkomen en dus 'tussen de oren zitten'.
In Nederland schurken nogal wat professionals in de zorgverlening en de therapeutische wereld dicht aan tegen het gedachtegoed van Hay. Zij vinden dat lichamelijke ziekten vooral veroorzaakt worden door een verkeerde manier van denken. Ziektes zijn vooral psychische aandoeningen. De 'new age'-beweging en ook het neurolinguïstisch programmeren vormen een voedingsbodem voor deze overtuigingen.
Karin Spaink (2007) noemt deze professionals in haar boek *Het strafbare lichaam* 'de orenmaffia'. Zij verzet zich heftig tegen het idee dat ziekte een fout zou zijn in de persoonlijkheidsstructuur. Dat doet ook oud-zwemkampioen Maarten van der Weijden. Hij wint in 2008 Olympisch goud op de tien kilometer open water zwemmen in Beijing. Dat gebeurt nadat hij hersteld is van acute lymfatische leukemie. Van der Weijden verzet zich tegen de overtuiging dat hij zijn ziekte geestelijk overwonnen heeft. Hij beschouwt zijn herstel volledig als het gevolg van de medische behandeling. Het heeft volgens hem niets te maken met een positieve instelling en alles met mazzel. Lotgenoten die kanker niet overleven, danken dat niet aan hun eigen houding maar hebben gewoon pech gehad (Rivas, 2013).
Er is inmiddels een beweging opgestaan die zichzelf de Negateers noemt. Zij zetten zich af tegen wat zij 'de tirannie van de positieve psychologie' noemen. Dat is een stroming die positief denken ziet als het pad naar genezing en geluk. De Negateers bieden tegenwicht tegen een Amerikaanse cultuur waarin letterlijk alles mogelijk is als je er maar in gelooft: 'the American dream'. Die gaat niet alleen op voor je sociale positie (iedereen kan president worden of rijk en beroemd) maar ook voor je lichamelijke en geestelijke gezondheid. Als je maar positief denkt, kun je jouw leven de gewenste richting geven.
Ook de *medicalisering* in de gezondheidszorg heeft individualiserende kenmerken, zo zagen we al eerder. De impliciete en soms ook expliciete veronderstelling is dat problemen en ziekten vooral individueel van aard zijn. Vaak worden de maatschappelijke oorzaken verwaarloosd.

Sofie meent op haar werk regelmatig de gevolgen te zien van de individualisering. Veel van haar jeugdige cliënten komen uit gebroken gezinnen en worden volgens haar emotioneel verwaarloosd. Zij schrijft dit onder andere toe aan een gebrek aan aandacht en verantwoordelijkheidsbesef van de ouders. Die zijn te veel met zichzelf bezig en geen gids meer voor hun kinderen. Ze vindt dat ook de overheid door de nadruk op individuele verantwoordelijkheid en privacybescherming de hulpverlening belemmert en kinderen te zeer aan hun lot overlaat.

**Wat vind je van deze conclusie van Sofie?**

Van de andere kant ziet ze ook cliënten die door het loslaten van oude normen en waarden groeien en zich verder ontplooien. Zijzelf werkt daaraan mee door cliënten medeverantwoordelijk te maken voor het oplossen van hun problemen. De laatste tijd houdt haar de vraag bezig hoe zij een goede balans kan vinden tussen wat zij noemt 'opkomen voor de cliënten' en 'hen aanspreken op hun eigen verantwoordelijkheid'.

Duyvendak en Hurenkamp (2004) vragen zich in *Kiezen voor de kudde* af of er wel sprake is van een grotere verzelfstandiging van individuen. Vroeger bepaalden inderdaad ouders, school, kerk en overheid vooral het denken en doen van kinderen, leerlingen, gelovigen en burgers. Maar mensen blijven kuddedieren, ook al hebben ze tegenwoordig meer zelf te kiezen. Ze miskennen hun eigen groepsgedrag en hun opmerkelijke uniformiteit in opvattingen. Ze papegaaien elkaar na en roepen tegelijkertijd hoe verschillend ze wel niet zijn. Dat lijkt op een soort confectie-individualiteit. De sociale controle is ook niet afgenomen, maar gebeurt nu onder andere via de sociale media. Die vertellen je wie je bent en wie je moet zijn. Je moet meedoen of je wilt of niet. Maar je wilt, anders lig je eruit. Al snel is niet meer duidelijk of je moet of dat je echt zelf kiest.

Ondanks de diep verankerde individualiseringstendens in onze samenleving kiest de jeugd van nu toch vaak voor massale samenkomsten om hun ervaringen te delen. Individualisten die zich gedragen als kuddedieren. Ook Martinez is nogal kritisch over de vrijheid van zogenaamd 'geïndividualiseerde mensen'. Die vrijheid is volgens hem zeer beperkt omdat keuzes vooral bepaald worden door de genen en sociale omstandigheden. Maar hij is ook hoopvol. Dat besef biedt ook een startpunt voor een zoektocht naar welke sociale omstandigheden en welke waarden en normen bepalend zijn voor ons doen en denken. Hoe beter we de grenzen van onze vrijheid begrijpen, hoe beter we in staat zijn ze te overstijgen.

Hoe zal het individualiseringsproces zich in de toekomst ontwikkelen? Het Sociaal en Cultureel Planbureau (2016) voorziet een nog verder doorgaande individualisering. Zo zullen technologische ontwikkelingen het mogelijk maken dat we steeds minder afhankelijk van tijd en plaats kunnen werken. Leren en studeren worden meer individuele zaken; meer iets van onszelf en minder van scholen en instituten. In de dynamiek die ontstaat, wegen persoonlijke ontwikkeling en leerervaringen zwaarder op de arbeidsmarkt dan de opleiding voor die ene specifieke baan of voor dat ene beroep. Belangrijk is dat mensen hun kwalificaties op peil blijven houden en dat daarvoor een doorlopend en passend scholingsaanbod beschikbaar is.

De door velen zo begeerde vrijheid en autonomie zijn niet alleen een zegen. Ze kunnen ook tot problemen leiden, zoals eenzaamheid, echtscheidingen, overbelasting van mantelzorgers, enzovoort. Het is niet denkbeeldig dat de problemen in de toekomst toenemen. Mensen worden ouder en met de ouderdom komen de gebreken. Een zorgverlener zal in de toekomst minder vanzelfsprekend aanwezig zijn. De overheid verlangt dat we 'zelfredzaam' zijn. En als dat niet meer lukt, verwacht zij dat familie, buren en vrienden 'samenredzaamheid' gestalte geven. Maar willen en kunnen we dat ook, als die individualisering almaar toeneemt? Hoeveel solidariteit is te verwachten in tijden dat werkdruk, de opbouw van een eigen gezin, kleinkinderen en vrienden en buren een beroep op ons doen? En kunnen en willen we nog wel anderen toelaten in ons persoonlijke leven?

- **Hoe ga jij dat doen met jouw vader en je moeder later, als die zorg nodig hebben?**
- **Van wie verwacht jij zelf eigenlijk hulp als je iets overkomt waardoor je hele leven even overhoop ligt?**

Sofie maakt zich daar nu nog geen grote zorgen om. Ze heeft wel gezien hoe haar ouders in beslag genomen werden door de zorg en aandacht die haar oma vlak voor haar overlijden nodig had. En nu geldt dat ook voor de zorg voor opa. Voor haar zijn autonomie en vrijheid op dit moment in haar leven erg belangrijk.

### 7.7.3  Vrijheid, gelijkheid en broederschap

De Franse Revolutie predikte 'vrijheid, gelijkheid en broederschap'. Vrijheid en gelijkheid bloeiden op als gevolg van democratiserings- en individualiseringsprocessen. Maar hoe zit het met broederschap?
Door de eeuwen heen hebben mensen, groeperingen en staten inhoud gegeven aan broederschap. Sommigen noemen dat solidariteit, anderen naastenliefde en weer anderen de verzorgingsstaat. Er zijn veel motieven waarom mensen solidair willen zijn met de armen, zieken, gehandicapten, onderdrukten en uitgestotenen in onze samenleving. Sommigen doen dat uit altruïsme en bezorgdheid om het lot van de medemens. Anderen omdat God of Allah dat vraagt en naastenliefde hen een hogere plek in de hemel of het paradijs garandeert. Weer anderen solidariseren zich om gezamenlijk een tegenmacht te vormen tegen onderdrukkers en machthebbers. En nog weer anderen zien solidaire acties voor minderbedeelden of mindermachtigen vooral als een middel om vanuit welbegrepen eigenbelang overlast of opstand te voorkomen.
Sinds de Tweede Wereldoorlog heeft zich in Nederland een vorm van solidariteit ontwikkeld die we de 'verzorgingsstaat' noemen. De staat ontwikkelde talrijke verzorgingsarrangementen en legde die vast in wetten en regels zoals de WAO, AOW, Bijstandswet en de AWBZ.
Over die verzorgingsstaat is de laatste decennia veel te doen in Nederland. In crisistijden wordt flink geknabbeld aan verzorgingsarrangementen. Ook demografische ontwikkelingen bedreigen het voortbestaan. Zo vragen beleidsmakers en politici zich af of de pensioenvoorzieningen van nu in de toekomst nog wel te financieren zullen zijn. Het aantal niet-werkende ouderen neemt sterk toe. Steeds minder jongeren moeten de pensioenen opbrengen voor steeds meer ouderen. De vraag is of de jongeren die solidariteit kunnen en willen opbrengen.
Tussen 2008 en 2015 stond die verzorgingsstaat stevig onder druk door de economische recessie, stijging van de uitgaven, demografische gegevens (toenemend aantal ouderen), oneigenlijke consumptie van overheidsgelden en onwenselijke afhankelijkheid (ook wel 'pamperen' genoemd). De overheid wil nu de toenemende zorgconsumptie beteugelen, onder andere door de invoering van een eigen risico. Wie gezond is en blijft, is minder kwijt aan zijn ziektekostenverzekering dan zieken die gebruikmaken van de zorgvoorzieningen. Arbeidsongeschikten worden strenger gekeurd en herkeurd.

De nieuwe Wmo benadrukt de zelfredzaamheid en eigen verantwoordelijkheid van de burger. De steun van de overheid aan zorgbehoevenden wordt minder vanzelfsprekend. We moeten elkaar meer helpen, vindt ook koning Willem-Alexander.

> **Kader 7.1  Koning Willem-Alexander over de participatiesamenleving**
>
> 'Het is onmiskenbaar dat mensen in onze huidige netwerk- en informatiesamenleving mondiger en zelfstandiger zijn dan vroeger. Gecombineerd met de noodzaak om het tekort van de overheid terug te dringen, leidt dit ertoe dat de klassieke verzorgingsstaat langzaam maar zeker verandert in een participatiesamenleving. Van iedereen die dat kan, wordt gevraagd verantwoordelijkheid te nemen voor zijn of haar eigen leven en omgeving.'
> Dat was in 2013.
> Tijdens zijn kersttoespraak in 2017 waarschuwt hij voor het verloren gaan van 'gemeenschapszin'. Hij waarschuwt voor een 'breder ik' en roept op tot een 'groter wij'. Daar is nieuwsgierigheid naar de ander voor nodig.

'We moeten elkaar proberen te helpen voordat we de rekening naar de overheid sturen', betoogt ook staatssecretaris Van Rijn (kabinet-Rutte II) bij de lancering van zijn nieuwe plannen voor versobering van de langdurige zorg. 'Mensen moeten minder rechten claimen en zich meer van hun plichten bewust zijn.'

Op veel plaatsen wordt nu inhoud gegeven aan die participatiesamenleving. Er ontstaan nieuwe vormen van solidariteit, zoals zorgcoöperaties, die voorzien in zorg voor ouderen, broodfondsen van samenwerkende zzp'ers, ontmoetingspunten, buurteettafels, klusdiensten voor ouderen, buurtapps, enzovoort.
MEE is een organisatie voor cliëntondersteuning, die advies, informatie en hulp geeft aan mensen met een chronische ziekte of beperking. Zij heeft op verschillende plaatsen samen met andere partners uit zowel het private als publieke domein het initiatief genomen om zogenoemde participatieprojecten op te zetten. Het doel is het voorkomen van hulpvragen – en daarmee gepaard gaande kosten – op allerlei leefgebieden, zoals werk, wonen, geld en wet- en regelgeving. Dit kan problemen op de werkvloer voorkomen, financiële bewustwording bevorderen, zelfstandigheid in het vervoer realiseren, enzovoort.

Het zijn allemaal nieuwe vormen van saamhorigheid en solidariteit. Onderzoekers waarschuwen ook voor het risico dat deze initiatieven vooral gelijkgestemde of al bevriende mensen met elkaar verbinden. Minder sociaalvaardige mensen zouden buiten de boot vallen. Veel participatieactiviteiten vragen om specifieke sociale vaardigheden, niet te veel belemmerende regels en om een goede mix van burgers met verschillende kwaliteiten en sociale posities. De kans is niet gering dat niet alleen de havenots maar ook de cannots hierin niet kunnen meekomen.

De vraag is ook of het vooral een gebrek aan gemeenschapszin is, waarom de regering oproept tot een participatiesamenleving. Het lijkt toch vooral te gaan om de kosten te drukken. Als die solidariteit tanende is, heeft de roep om een participatiesamenleving dan nog wel zin? Zullen de nieuwe mantra's wel werken? Burgers moeten meer zelf gaan doen, is het adagium. Ze worden min of meer moreel verplicht om nieuwe zorgtaken op zich te nemen. Vrijwilligers en mantelzorgers worden uitgeroepen tot de nieuwe helden en overladen met 'vrijwilligerscomplimenten'. Maar is dit vrijwillig of vooral morele dwang om een 'goede burger' te zijn en mee te helpen om de uitgaven omlaag te brengen?

Naarmate de nadruk op de eigen belangen en identiteit toeneemt, zal het draagvlak voor solidariteit afnemen. Het grotere beroep op de eigen verantwoordelijkheid en zelfredzaamheid leidt tot een cultuur waarin succes een verdienste is en falen een gevolg is van slechte keuzes. Domme pech bestaat niet. Solidariteit zullen mensen in de toekomst meer en meer moeten vinden in zelfgekozen netwerken.

De laatste decennia heeft vooral vrijheid een hoge vlucht genomen, stevig geholpen door de individualisering. Er waait een forse neoliberale wind in de westerse samenleving en ook Nederland. Broederschap ofwel solidariteit is achteropgeraakt. Maar ook in ons land zijn steeds meer geluiden hoorbaar van onderzoekers en wetenschappers die pleiten voor meer solidariteit en minder ongelijkheid in inkomen, vermogen en leefcomfort. Die ongelijkheid tast de sociale cohesie aan en stimuleert een klimaat waarin populisten zich thuis voelen. Talrijk onderzoek toont de meerwaarde aan van een meer egalitaire samenleving (zie hoofdstuk 5).

Maarten van den Heuvel (2014) constateert in het eerder genoemde boek over vrijheid, gelijkheid en broederschap dat broederschap bezig is aan een comeback. Hij vindt de participatiesamenleving een goed idee om gemeenschapszin te promoten. Maar de overheid moet niet terugtreden, maar juist actief gemeenschapszin stimuleren.

### 7.7.4 Technologische ontwikkelingen

Technologische ontwikkelingen hebben de laatste decennia een grote impact op de samenleving. In toenemende mate gebruiken wetenschappers, onderzoekers, leraren, hulpverleners en schrijvers het internet als bron van kennis en als hulpmiddel om de kwaliteit van hun werk te verbeteren. Voor artsen, therapeuten én cliënten zijn er talrijke sites waar ze informatie kunnen krijgen over klachten, ziektebeelden en therapieën. Internet biedt burgers een bont palet aan mogelijkheden op het gebied van gezondheidsvoorlichting, onderzoek en behandeling. Via zoekmachines hebben we de beschikking over verschillende testen die bijvoorbeeld de mate van onze depressiviteit meten. Dokters en therapeuten zijn via internet te consulteren. Via chatboxen kunnen we deelnemen aan zelfhulpgroepen. E-health noemen we dat: helpen op afstand met behulp van sociale media.

Bij e-health gaat het om digitale middelen die mensen helpen om meer grip te krijgen op hun eigen geluk en gezondheid, zoals zelfhulpmodules, videobellen of oefenplannen (Zorg en Welzijn, 2015).

---

**Kader 7.2**  Techniek inzetten voor een actievere rol van patiënten

Bas Bloem (2011) wil zelfs een revolutie op dit vlak in zorg en wetenschap. Hij is hoogleraar neurologische bewegingsstoornissen aan de Radboud Universiteit en oprichter van het ParkinsonNet. Hij wil patiënten een actievere rol geven in hun eigen zorg en samenwerking in de gezondheidszorg stimuleren. 'Participatory health' noemt hij het systeem. Bloem: 'Allereerst moeten doktoren veranderen, zij moeten hun patiënt als een partner gaan zien in plaats van als een object van goedbedoelde zorg. Hij moet de patiënt ook een meer actieve rol geven, hem eigen keuzes laten maken en hem bij die keuzes helpen.' Om die veranderingen te realiseren startte Bloem met innovaties zoals het Parkinson Centrum Nijmegen (ParC), het specialistische netwerk ParkinsonNet en de community MijnZorgNet. Die hebben hem uiteindelijk de nominatie en prijs van Nationale Zorgheld 2011 opgeleverd. Hij is ook een vaste gast bij ParkinsonTV (www.parkinsontv.nl), een maandelijks online uitgezonden liveprogramma over de ziekte van Parkinson.

---

E-mental health zorgt in de geestelijke gezondheidszorg voor een extra communicatiekanaal om cliënten te bereiken. Dit kan op verschillende manieren, zoals via een online-communicatieportaal. De cliënt verwoordt zijn klachten en een professionele hulpverlener reageert daarop met adviezen. 'Interapy' is een voorbeeld waarbij een psycholoog een cliënt individueel langdurig begeleidt via een e-mailsysteem. E-health voorziet in twee belangrijke behoeften, namelijk anonimiteit en de wens zelf vorm te kunnen geven aan een behandeling (Nyfer, 2013).

Volgens onderzoekers werkt e-mental health in geval van angstklachten, depressies en alcoholverslaving even goed als 'live'-behandeling. In 2013 maakten al meer dan 200.000 mensen in ons land gebruik van online-behandeling. Voor meer informatie zie www.e-hulp.nl.

---

**Kader 7.3**  Top tien in e-health

Top tien door huisartsen (n = 316) genoemde veelbelovende voorbeelden van e-health (Nederlands Huisartsengenootschap, 2017):
1. E-consult met patiënten (79)
2. Teleconsultatie (70)
3. Online afspraken maken (69)
4. Patiëntportaal en inzage in dossier (50)
5. Online-behandeling en -zelfhulp (37)
6. Apps voor patiënten en artsen (34)
7. Online-herhaalrecepten (33)
8. Gedeelde, gezamenlijke dossiertoegang in de keten (28)
9. Beeldconsulten (26)
10. Gemakkelijk (veilig) communiceren met collega's (inclusief delen van foto's) (22)

---

Verdergaande technologische ontwikkelingen staan voor de deur, bijvoorbeeld op het gebied van domotica en robotica. Ze bieden nog meer kansen om de kwaliteit van leven te verbeteren. Maar ze hebben ook nadelen. We zijn voor veel communicatie afhankelijk van hoogontwikkelde maar ook kwetsbare technologie. Als een virus onze computer binnensluipt of onze provider internetten een dag onmogelijk maakt, zijn we onthand. Via internet kunnen onze bankrekeningen worden geplunderd, kan pornografisch materiaal worden verspreid en kunnen terroristische aanslagen worden voorbereid. Velen vragen zich ook af of al die technologische ontwikkelingen niet ten koste gaan van directe persoonlijke contacten.

En zullen de mensen de nieuwe technologische uitvindingen ook gaan gebruiken? Voor veel ouderen betekenen ze een cultuurschok. Vaak missen ze de houding en vaardigheden om daarvan optimaal te kunnen profiteren en zijn er te weinig docenten die hun 'lessen op maat' kunnen geven. Bovendien zijn de kosten van nieuwe technische mogelijkheden soms niet gering, waardoor die moeilijker toegankelijk zijn voor de lagere sociale klassen. De kans is groot dat ook hier, evenals op andere terreinen, de cannots en havenots achterblijven.

De vraag is ook of er bij zorgverleners voldoende bereidheid en deskundigheid is om al die technologische ontwikkelingen een kans te geven. Hier ligt een mooie en uitdagende taak voor opleidingen in de zorg- en welzijnssector.

- Welke e-health-toepassingen ken jij?
- Wat is jouw mening over de inzet van e-health in de zorg?
- Zoek eens een e-health-programma op en ga ermee aan de slag.

### 7.7.5 Multiculturalisering

Momenteel wonen er in Nederland bijna 2 miljoen niet-westerse allochtonen. Het CBS verwacht dat dit er in 2020 ruim 2,4 miljoen zijn. Daarnaast wonen er meer dan 1,5 miljoen westerse allochtonen in ons land. Of we dat willen of niet: Nederland is een multicultureel land.

In de jaren veertig en vijftig van de vorige eeuw komt de immigratiestroom naar Nederland op gang. Eerst komen de migranten uit Indonesië als uitvloeisel van de dekolonisatie. Daarna volgt er een grootschalige arbeidsmigratie vanuit landen rondom de Middellandse Zee. Het gaat vooral om Turken en Marokkanen. Nederland kan dan die arbeidskrachten goed gebruiken. Vervolgens komen in de jaren zeventig en tachtig de Surinamers en Antillianen.

De jaren negentig staan in het teken van asielmigratie. In de periode 1995-2001 stromen ongeveer een kwart miljoen asielzoekers Nederland binnen. Ze komen vooral uit landen als Irak, Afghanistan, voormalig Joegoslavië en de voormalige Sovjet-Unie.

Hoe vangt Nederland die verschillende groeperingen op?
Tussen 1945 en 1975 heerst er vooral een politiek van aanpassing of juist omgekeerd van segregatie (afscheiding). De Indische Nederlanders en oud-Indiëgasten moeten zich aanpassen. Maar de Molukkers niet. Die worden ondergebracht in barakkenkampen of 'woonoorden'. Alles is gericht op een tijdelijk verblijf met het oog op een eventuele terugkeer naar de Molukken. In feite werkt de Nederlandse overheid zo mee aan het in stand houden van het ideaal van een onafhankelijke Molukse republiek. In de jaren zeventig betaalt Nederland daarvoor wellicht de tol met de beruchte treinkapingen.

Eind jaren zeventig, begin jaren tachtig bevinden we ons in een situatie waarin stilstand van de economische groei, afbrokkeling van de werkgelegenheid en een nog steeds groeiende stroom nieuwkomers samengaan. Veel Nederlandse burgers die zich in hun eigen bestaanszekerheden bedreigd voelen, reageren met rancune. Er doen zich talrijke racistische incidenten voor. In het minderhedenbeleid van die tijd komt de nadruk te liggen op waardering voor de eigen cultuur en de identiteit van de verschillende etnische groeperingen. Discriminatie en racisme moeten bestreden worden. Etnische groeperingen moeten elkaar leren kennen, begrijpen en waarderen. We moeten begrip hebben voor de verschillende culturen. De opvattingen over allochtonen worden positiever en de discriminatie neemt af.

In de jaren negentig komen steeds meer allochtonen zonder werk te zitten. De overheid wil daar vooral via scholing verandering in brengen. Allochtonen moeten Nederlands leren om betere kansen te krijgen. Dit roept aanvankelijk nogal wat weerstand op omdat het de schijn heeft van dwingen tot integratie, wat zou leiden tot een verlies van de eigen identiteit.
Er dient zich dan nog een ander probleem aan waar men steeds openlijker over spreekt: de etnische criminaliteit (de criminaliteit van allochtonen) zoals de illegale drugshandel van Turken en de kleine criminaliteit onder Marokkaanse en Antilliaanse jongeren. Ook zet men in toenemende mate vraagtekens bij het grote aantal asielzoekers dat Nederland binnenkomt. Het klimaat ten aanzien van allochtonen lijkt zich te verharden.

Rond de eeuwwisseling komt steeds meer de nadruk te liggen op het 'inburgeren' van nieuwkomers. Zij moeten zich meer schikken naar de Nederlandse samenleving en arbeidsmarkt. Het zijn in die tijd vooral Frits Bolkestein, Paul Scheffer, Pim Fortuyn en Ayaan Hirsi Ali die kritische vraagtekens bij de multiculturele samenleving zetten.

Paul Scheffer spreekt van een 'multicultureel drama'. Hij verwijt multiculturalisten dat zij onvoldoende onder woorden brengen wat onze samenleving bijeenhoudt. We zeggen te weinig over onze grenzen. 'En alleen degene die zijn eigen grenzen kent, kan er overheen kijken', betoogt hij. We moeten onze open samenleving verdedigen en dat stelt grenzen aan culturele veelvoud.

Fortuyn vindt dat de islam in feite vijandig staat tegenover onze cultuur. De islam wil een staat die handelt vanuit het islamitisch recht. Consequentie daarvan is dat andersdenkenden zich moeten onderwerpen aan dat recht. Wij moeten weten wat onze identiteit is en alert zijn op bedreigingen daarvan.

Ayaan Hirsi Ali vindt dat de aanhangers van de islam, die het voor het zeggen hebben in de moskeeën, opvattingen verkondigen die diametraal staan tegenover de Nederlandse. De gemeenschap van de gelovigen is voor hen alles en niet het individu. De hoogste macht komt aan Allah toe en niet aan de rechtsstaat. Voor moslims is homoseksualiteit een ziekte, zijn vrouwen ondergeschikt aan mannen en kinderen ondergeschikt aan hun ouders.

Maar er zijn ook andere geluiden. Zo concludeert de Tijdelijke Commissie Onderzoek Integratiebeleid in 2004 dat de integratie van veel allochtonen geheel of gedeeltelijk geslaagd is. En dat dit een prestatie van formaat is. Dit is gebeurd ondanks het integratiebeleid van de overheid, dat veel gebreken vertoonde. Volgens de commissie is een persoon of groep geïntegreerd in de Nederlandse samenleving wanneer sprake is van een gelijke juridische positie, gelijkwaardige deelname op sociaal-economisch terrein, kennis van de Nederlandse taal en respect voor gangbare waarden, normen en gedragspatronen. Integratie is, volgens de commissie, een tweezijdig proces: enerzijds wordt van nieuwkomers verwacht dat zij bereid zijn te integreren, anderzijds moet de Nederlandse samenleving die integratie mogelijk maken.

Inmiddels is de multiculturele samenleving geen doel meer maar een gegeven als gevolg van de internationalisering en de globalisering. Eind 2016 komt het Sociaal en Cultureel Planbureau (2016c) met een verdiepende studie, *Integratie in zicht*, over de integratie van migranten in Nederland. Het SCP vraagt zich af welke kant het opgaat met de integratie. Groeien migranten en autochtone Nederlanders in posities en houdingen naar elkaar toe of ontstaat er meer afstand? Het rapport concentreert zich op de eerste en tweede generatie migranten van Turkse (400.000), Marokkaanse (350.000), Surinaamse (350.00) en Antilliaanse (150.000) herkomst. Dat zijn de vier grootste niet-westerse migrantengroepen in Nederland. Dat levert een spanningsvol beeld op. Opleidingsniveau, onderwijsprestaties en de beheersing van de Nederlandse taal verbeteren, maar de achterstand op de arbeidsmarkt blijft groot en het onbehagen over hun leven en mogelijkheden in dit land neemt toe. Ook is de oververtegenwoordiging in de criminaliteit nog steeds groot. Voor de overheid is het teleurstellend dat zij op deze punten zo weinig vooruitgang geboekt heeft.

Bij veel jongeren is er sprake van een sterk gevoel van uitsluiting. Zij hebben het gevoel niet gezien te worden als burger van dit land, maar als lid van een etnische en religieuze groep die er niet bij hoort. Toch willen veel jongeren graag deel uitmaken van de Nederlandse maatschappij, want ze wonen, studeren en werken hier. Het gevoel van uitsluiting en er niet bij horen krijgt daardoor een extra lading.

Al met al schetst het SCP dus geen rooskleurig beeld van de integratie van de vier bevolkingsgroepen. Toch zijn er talrijke maatregelen genomen en is er beleid ontwikkeld om die integratie te bevorderen. Mogelijk dat een iets vertekend beeld ontstaan is door de economische crisis, die nog volop heerst tijdens het onderzoek. Anderen wijzen op de mogelijk negatieve invloeden van de Zwarte Pietendiscussie in Nederland en de ontwikkelingen in Turkije, die de nationalistische gevoelens van veel Turken in Nederland aangewakkerd hebben.

Sommigen hoopten dat onze cultuur van vrijheid, individualiteit en acceptatie van diversiteit de integratie zou bevorderen. Maar misschien is het wel zo dat de acceptatie van die veelheid van sociale identiteiten zijn hoogtepunt voorbij is en dat we weer, net als Trump in Amerika, willen dat 'Nederland nummer 1' is. Sommige politieke partijen flirten ermee: we moeten weer trots zijn op Nederland, ons volkslied uit volle borst mee kunnen zingen, onze Nederlandse geschiedenis kennen en 'oprotten als het je hier niet bevalt'. Daar passen geen witte Pieten bij of een kritische beschouwing over ons slavernijverleden.

### 7.7.6  En wat zegt het SCP over de laatste 25 jaar?

Elke twee jaar brengt het SCP een uitgebreid rapport genaamd 'De sociale staat van Nederland' uit. Hierin beschrijft en analyseert het sinds 2001 de ontwikkeling van de kwaliteit van leven van de Nederlandse bevolking en van verschillende groepen in de samenleving. Dat doet het aan de hand van kerncijfers over de levensdomeinen onderwijs, arbeid, inkomen, gezondheid, vrijetijdsbesteding, maatschappelijke participatie, sociale veiligheid, huisvesting en woonomgeving. Daarbij komt niet alleen de objectieve situatie aan bod, maar ook opinies van burgers en hun kijk op het leven. Eigenlijk zou het verplichte literatuur moeten zijn voor mensen die werken in de sector van welzijn en zorg. En dan zeker die delen uit het rapport die specifiek gaan over of raken aan het terrein waarin ze werken. Het is waardevolle lectuur, die veel nepnieuws ontkracht. Maar dat is wellicht ook de reden waarom de populisten vraagtekens zetten bij de onpartijdigheid van het SCP.

'De sociale staat van 2017' is ook nog eens bijzonder omdat het SCP daarin in zijn bevindingen terugblikt op een periode van 25 jaar. Laten we eens door het rapport dwalen om te zien wat het SCP ons zoal kan vertellen over belangrijke sociale veranderingen in Nederland.

Volgens het SCP is de kwaliteit van leven in Nederland de afgelopen 25 jaar beter geworden. We worden gemiddeld ouder, hebben gemiddeld een hogere opleiding en hebben meer te besteden. De arbeidsparticipatie van vrouwen en in mindere mate van ouderen is toegenomen. Er is minder criminaliteit en de woningen zijn van betere kwaliteit. Maar liefst 85 procent van de Nederlanders noemt zichzelf gelukkig en welvarend. Het optimisme over de economie is, na een dip, weer terug en het consumentenvertrouwen is hoog.
Nederlanders zijn het meest positieve en meest optimistische land van Europa. Opvallend daarbij is dat Nederlanders erg te spreken zijn over hun eigen welbevinden maar veel negatiever zijn over dat van de sociale omgeving. De 'ik-cultuur' rukt op en de omgangsvormen zijn verhard.
De Nederlandse bevolking groeit; in de laatste 25 jaar met 2 miljoen mensen tot 17 miljoen. De aanwas komt geheel voor rekening van migranten. Bij autochtone Nederlanders is er juist sprake van krimp. Opvallend is ook dat het percentage huishoudens twee keer zo snel is toegenomen. Dat komt doordat we ouder worden en op hogere leeftijd zelfstandig blijven wonen, jongeren langer alleenstaand zijn en steeds meer huwelijken op de klippen lopen. Ging in 1990 nog 28 procent van de huwelijken stuk, 25 jaar later is dat 40 procent. Het huwelijk is dan ook minder populair.
We worden ook steeds ouder. Met onze gezondheid gaat het niet alleen feitelijk bergop, wij ervaren dat ook zo. In de afgelopen 25 jaar is de levensverwachting van mannen met zes jaar en die van vrouwen met drie jaar toegenomen. Dat komt vooral door een betere gezondheidszorg en meer preventie. Maar er zijn meer chronisch zieken en er is meer overgewicht. Opvallend is dat ondanks een tijd van polarisatie en cynisme op sociale media Nederlanders opvallend optimistisch zijn over het functioneren van de parlementaire democratie. Over de Europese politiek zijn wij minder positief. Het draagvlak voor de EU wordt minder.
Verrassend is ook dat de tolerantie van Nederlanders jegens migranten is toegenomen, terwijl de media een ander beeld suggereren. Er is geen sprake van een 'ruk naar rechts'. Er is wel een toenemende bezorgdheid over de integratie van nieuwkomers en over de vraag of de uitgaven die zijn gemoeid met hun opvang en huisvesting niet ten koste gaan van uitgaven aan de gezondheidszorg en aan andere landgenoten die het moeilijk hebben.

De kerken en vakbonden stromen leeg, het individualisme viert hoogtij en we brengen meer uren dan ooit door achter schermen. De inzet van vrijwilligers is onveranderd groot. Een kwart tot een derde van de bevolking doet vrijwilligerswerk. Er is meer animo zich in te zetten voor mensenrechten en natuur en minder voor behoeftige buren en ouderen. Dat zal tegenvallen voor de overheid, die met de drie participatiewetten en een dringend beroep op zelfredzaamheid daar het laatste decennium zwaar op heeft ingezet.

Naast de vele positieve resultaten blijft de tweedeling tussen arm en rijk een hardnekkig probleem.

Technologische ontwikkelingen werken ook een andere scheiding in de hand: de cans tegenover de cannots. Sociale en digitale vaardigheden worden belangrijker op de arbeidsmarkt, maar niet iedereen kan zich die eigen maken. Het doembeeld voor deze cannots is meer werkloosheid en een mager salaris ten opzichte van de cans, die wél kunnen meekomen.

Er zijn ook aanwijzingen dat de toon van het publieke debat is veranderd. Een aantal taboes is verdwenen en mensen nemen vaker geen blad voor de mond en geven ongezouten hun mening.

Die hardere toon wordt ook beter gehoord. Niet alleen laten mensen via internet gemakkelijker van zich horen, ook zijn onderzoekers en de media sinds 2002 nadrukkelijk gericht op de publieke opinie. Politici zijn veel vaker op straat te vinden uit angst om 'de stem van het volk' te missen.

## 7.8 Conclusies

Bij sociale veranderingen gaat het om veranderingen in de cultuur en structuur van een samenleving over een langere periode.

Sociale veranderingen hebben meestal meerdere oorzaken en mensen verschillen van mening over welke oorzaken de belangrijkste zijn. Liberalen zien vaak heel andere oorzaken dan socialisten.

Om te voorkomen dat veranderingen uit de hand lopen heeft de samenleving regels, wetten en instituties in het leven geroepen om die veranderingen te 'beheersen' en gecontroleerd te laten verlopen.

Sociale veranderingen zijn in verschillende verschijningsvormen zichtbaar, zoals in de uiterlijke kenmerken van de samenleving, het gedrag van mensen, de structuren van de samenleving en culturele elementen.

Soms zijn het sociale problemen die nopen tot veranderingen. Ook spelen groeperingen en instanties een belangrijke initiërende rol, zoals politieke partijen, pressiegroepen, actiegroepen en sociale bewegingen. Of de resultaten van wetenschappelijk onderzoek.

De laatste vijftig jaar hebben zich in onze samenleving grote sociale veranderingen voltrokken, zoals individualisering, democratisering, solidarisering, technologische ontwikkelingen en multiculturalisering. Dat zijn veranderingen op macroniveau, maar die werken door tot in de spreekkamers van al die honderdduizenden zorgverleners die dagelijks actief zijn op het terrein van welzijn en zorg.

**Welke zijn volgens jou de belangrijkste sociale veranderingen die zich de komende 25 jaar in ons land zullen voltrekken? Waarom?**

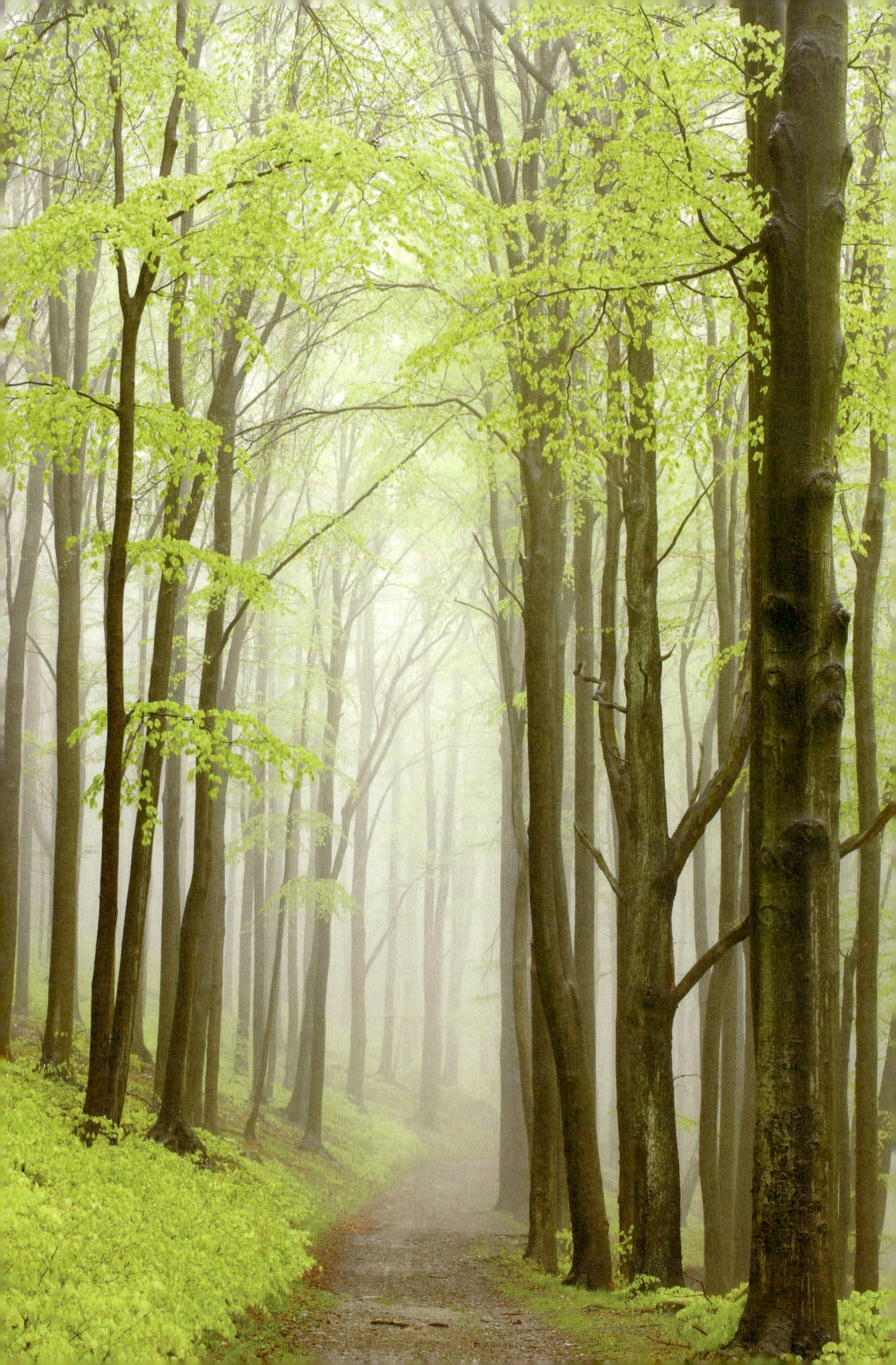

# Omkijken en vooruitzien 8

*Omkijken om straks niet te verdwalen*

Een boek is nooit af. Morgen komen andere gedachten bovendrijven, verschijnen er resultaten van nieuw onderzoek of neemt de regering nieuwe besluiten. De wereld is dan weer een beetje anders. Gelukkig maar, want *panta rhei*. Dus de punt is gezet. Behalve dan nog dit laatste hoofdstuk, waarin ik kort omkijk en een blik vooruit werp.

*Doelen*

Ik ben benieuwd hoe de reis door dit boek je bevallen is. Heeft het je gebracht wat je ervan verwachtte? Maar misschien waren je verwachtingen nog niet zo concreet. Dan maar de vraag: Bracht dit boek wat ik in het voorwoord beloofde? Zijn de volgende doelen bereikt wat jou betreft?
1 Is je kennis van en inzicht in 'de sociologie van het veld van zorg en welzijn' vergroot?
2 Is jouw sociaal bewustzijn gegroeid?
3 Kun je de inhoud toepassen in je dagelijkse praktijk als zorgverlener?
4 Heb je meer kennis van hedendaagse maatschappelijke vraagstukken?

Jouw docent zal die vragen wellicht voor een gedeelte kunnen beantwoorden na zijn lessen en jouw toetsen. Maar belangrijker is wat jijzelf vindt. Ook ik zou dat graag weten. Vandaar de onderstaande opdracht.

Ik zou graag per mail (interakt@planet.nl) een antwoord van je krijgen op de volgende vragen:
- In hoeverre heb je de bovenstaande doelen gehaald?
- Is jouw sociaal bewustzijn gegroeid?
- Ben je in staat om de sociologische theorie in de praktijk toe te passen?
- Wat in dit boek vind je overbodig en/of niet interessant?
- Welke onderwerpen werden te moeilijk behandeld?
- Waar heb je het meest aan gehad?
- Wat heb je gemist?
- Welke vragen heb je nog?

Ik beloof dat je een persoonlijke reactie van me krijgt.

### *Maatschappijvisie*

In het eerste hoofdstuk komen sociaal bewustzijn en maatschappijvisies aan bod. Daarin staat een opdracht over die maatschappijvisies. Ik hoop dat je die toen uitgevoerd hebt en de resultaten bewaard hebt.

Voer de opdracht nu nog eens uit en vergelijk de uitkomsten met die van de eerste keer. Doe dat eerlijk en voorkom sociaal gewenste antwoorden.

Hieronder zijn de belangrijkste kenmerken van de maatschappijvisies rechts en links nog eens samengevat als oriëntatiepunt voor de opdracht.

| Rechts, neoliberaal (meer nadruk op) | Links socialistisch (meer nadruk op) |
| --- | --- |
| Ongelijkheid acceptabel binnen grenzen | Gelijke kansen met aandacht voor de zwakkeren |
| Individuele vrijheid | Solidariteit |
| Macht en invloed 'naar verdienste' | Eerlijke verdeling van macht |
| Individu is verantwoordelijk voor zijn gedrag | Maatschappelijke factoren bepalen gedrag |
| Individuele verantwoordelijkheid | Maatschappelijke verantwoordelijkheid |
| Kleine rol van de overheid | Grote rol van de overheid |
| Beloning naar verdienste | Inkomensgelijkheid |
| Ondernemen | Verzorgen |

- Lees de volgende stellingen en geef met een kruisje aan bij welke maatschappijvisie die stelling het meest past. Je moet een keuze maken, ook al vind je dat voor zowel eens als oneens iets te zeggen valt.
- Omcirkel vervolgens de drie uitspraken die het beste passen bij jouw maatschappijvisie.

|   |   | rechts | links |
|---|---|---|---|
| 1 | Als je voor een dubbeltje geboren bent word je nooit een kwartje | | |
| 2 | Voor gelijke misdaden moeten dezelfde straffen gelden | | |
| 3 | Mensen die roken hebben minder recht op zorg dan niet-rokers | | |
| 4 | Hogere inkomens moeten zwaarder belast worden dan nu het geval is | | |
| 5 | Mensen zijn kuddedieren, die zich gedragen zoals de kudde dat wil | | |
| 6 | Ziekte zit vooral tussen de oren | | |
| 7 | Mensen moet je afrekenen op hun resultaten | | |
| 8 | Of je slaagt in het leven hangt vooral van jezelf af | | |
| 9 | Elk vogeltje zingt zoals het gebekt is | | |
| 10 | De appel valt niet ver van de boom | | |

Beschouw de test niet als een wetenschappelijk verantwoord instrument om maatschappijvisies vast te stellen. Zij is vooral bedoeld als leermiddel om meer inzicht in die visies te krijgen en een indicatie voor jouw visie.
Leerzaam is het wellicht ook om te kijken naar de verschillen tussen de eerste en de tweede keer dat je scoorde op de stellingen.

De antwoorden
De stellingen 2, 3, 6, 7 en 8 horen bij een rechtse neoliberale maatschappijvisie want zij benadrukken: iedereen is gelijk, eigen verantwoordelijkheid, kleine overheid, enzovoort.
De stellingen 1, 4, 5, 9 en 10 horen meer bij een linkse socialistische maatschappijvisie want zij benadrukken de wens tot sociale gelijkheid, meer inkomensgelijkheid en maatschappelijk bepaald denken en handelen.

### *De sociologische invalshoek*
Dit boek is een pleidooi voor meer aandacht voor maatschappelijke factoren als machtige beïnvloeders van het denken en handelen van zorgverleners en cliënten. Die keuze is gemaakt omdat steeds meer wetenschappers constateren dat een doorgeschoten individualisering en medicalisering veel cliënten tekortdoen. Vooral het stempel van 'eigen schuld' en het adagium van 'zelfredzaamheid' kunnen een funeste uitwerking hebben op mensen die gewoon botte pech gehad hebben en de vaardigheden missen om zelf uit het moeras omhoog te klimmen.
Daarmee ontken ik niet de eigen kracht en eigen verantwoordelijkheid van cliënten in het proces van 'beter worden'. En ik wil hen ook niet in een slachtofferrol plaatsen. Integendeel, de emancipatie van de cliënt is daarmee niet gediend. Maar iets meer compassie met en opkomen voor de mensen die botte pech gehad hebben in hun leven, is in deze tijd op zijn plaats. Daarom houd ik in dit boek ook een pleidooi voor meer interventies die zich richten op de maatschappelijke oorzaken van problemen. Dat is niet alleen goedkoper, want preventief, maar ook fair naar die cliënten die buiten hun schuld in de problemen geraakt zijn.

*Vooruitkijken*
In dit boek wordt regelmatig een blik in de toekomst geworpen via onderzoek en rapporten, zoals die van het Sociaal en Cultureel Planbureau. De laatste 'Sociale staat van Nederland 2017' schetst een verrassend positief beeld. Daar mogen we blij mee zijn, ook al hadden we dit enigszins kunnen verwachten net nadat ons land uit een langdurige recessie weer omhoog gekropen was.

Verrassend is het toch wel, omdat de mainstream media dagelijks een veel somberder beeld schetsen. De media die zich zo graag poneren als 'de vinger aan de pols van de samenleving'. Goed nieuws is ook dat die media, hoewel niet alle, blijk geven van zelfkritiek.
Ook goed nieuws is dat in die traditionele media een forse tegenwind ontstaan is tegen de enorme stroom van nepnieuws die ons dagelijks overspoelt. Het pleidooi voor 'waarheid' klinkt steeds luider. Sommigen pleiten er zelfs voor om 'waarheid' toe te voegen aan de zozeer geprezen drie-eenheid vrijheid, gelijkheid en broederschap.
Maar het beste nieuws – of is dat vooral wishfull thinking? – is misschien nog wel dat er tekenen zijn dat onze samenleving de waarde solidariteit weer meer in evenwicht wil brengen met vrijheid en gelijkheid. Er komen steeds meer geluiden dat de sociale ongelijkheid te ver is doorgeschoten. En steeds meer onderzoekers komen met overtuigende cijfers, die aantonen dat meer egalitaire samenlevingen een hogere kwaliteit van leven garanderen dan minder egalitaire samenlevingen.
Misschien helpt die ontwikkeling om de onderkant van de samenleving, waar zich naast de havenots in toenemende mate ook de cannots bevinden, een steun in de rug te geven.

Dat gebeurt al op veel plaatsen in Nederland, waar op microniveau in wijken en dorpen zelfredzaamheid wordt ingevuld als samenredzaamheid. Zo wordt invulling gegeven aan de participatiesamenleving die leidt tot meer gemeenschapszin. De overheid zou zich daarbij niet vooral moeten terugtrekken – als bezuinigingsstrategie – maar juist stimulerend aanwezig moeten zijn. En, om met Maarten van den Heuvel (2014) te spreken, '…. de burger niet langer moet aanspreken als consument. Daardoor gaat die burger zich ook gedragen als consument en verliest het algemeen belang uit het oog. En die burger moet ophouden klant te spelen maar zich gaan gedragen als medeproducent van de samenleving. Hij moet niet blijven vragen "wat heb ik nodig" maar "wie heeft mij nodig". En als hij gaat stemmen moet hij zich niet afvragen wat voor hemzelf het belangrijkste is maar welke maatschappij goed voor ons is.'

*Vrijheid*
'Wat is vrijheid?' vraagt Martinez zich af in zijn boek met de gelijknamige titel. Hij laat zien dat het geloof in de vrije wil op onjuiste aannames berust. Wij zijn minder vrij dan we denken. Wij maken keuzes onder invloed van onze omgeving en met hersenen die we niet gekozen hebben. Hij stelt terecht vraagtekens bij de eigen verantwoordelijkheidshype in dit tijdsgewricht, waarin veel nadruk gelegd wordt op vrijheid van mening (meningsuiting), vrijheid van handelen en vrije concurrentie. In het veld van zorg en welzijn domineren in het verlengde daarvan begrippen als zelfredzaamheid, eigen verantwoordelijkheid en marktwerking. Dat leidt niet zelden tot onterechte individualisering van problemen en 'blaming the victim'.
Dit boek besteedt veel aandacht aan de invloed van maatschappelijke factoren op het denken en handelen van zorgverleners en cliënten. Het laat zien dat veel problemen van cliënten maatschappelijke oorzaken hebben en dat de eigen verantwoordelijkheid daarvoor veel minder groot is dan de eigentijdse cultuur ons wil doen geloven.

Ik hoop dat dit boek je geholpen heeft om meer zicht te krijgen op de snijpunten tussen jouw persoonlijk levenslot, geschiedenis en sociale omstandigheden en dat jouw sociale bewustzijn is gegroeid. Volgens Mills (1963) krijgen mensen door de groei van het sociaal bewustzijn het gevoel dat ze ontwaken in een huis waarvan zij alleen maar vermoedden dat zij het kenden. Ze zijn steeds beter in staat om samenhangen te constateren. Ze oriënteren zich breder en vroegere beslissingen, die eens juist leken, lijken nu bekrompen en dom. De mogelijkheid zich te verwonderen komt weer tot leven (zie ook hoofdstuk 1). Ik wens je toe dat dit jou ook overkomt. Er zitten twee kanten aan sociaal bewustzijn. Enerzijds de ontdekking dat veel van wat je vroeger vrijheid noemde vooral door de omgeving en de cultuur gewenst gedrag is. Vaak besef je niet dat dit geprogrammeerd gedrag is. Vaak zullen dat ook gedragingen zijn waar je niet buiten kunt in deze tijd en in jouw omgeving. Acceptatie is dan een passende reactie.

Maar je zult ook ontdekken dat er andere waarden en gedrag zijn die meer passen bij wat jij van waarde vindt en waarvoor jij kunt kiezen en waarvoor jij wilt leven. Dat leidt tot een hogere vorm van vrijheid dan de hedendaagse mantra's, hoe belangrijk vaak ook, als keuzevrijheid, vrijheid van meningsuiting en eigen verantwoordelijkheid.

Jorge Luis Borges schreef ooit in Momenten (Bron: *The College Humor*, september 1925):

> *If I had my life to live over, I'd try to make more mistakes next time.*
> *I would relax.*
> *I would limber up.*
> *I would be sillier than I have been this trip.*
> *I know of very few things that I would take seriously.*
> *I would be crazier. I would be less hygienic.*
> *I would take more chances.*
> *I would take more trips.*
> *I would climb more mountains and swim more rivers.*
> *I would burn up more gasoline.*
> *I would eat more ice cream and less bran.*

Ik ben benieuwd, beste lezer, naar jouw ervaringen met dit boek.
Heb jij meer oog gekregen voor de maatschappelijke oorzaken van problemen van cliënten?
Is jouw sociaal bewustzijn gegroeid?
Heeft dit je vrijer gemaakt?
En is je vermogen tot verwonderen vergroot?

Veel succes in je loopbaan als zorgverlener.

# Literatuurlijst

Achterhuis, H. (1980). *De markt van welzijn en geluk* (4e druk). Baarn: Ambo/Anthos.
Bahara, H. (2017, 21 september). Nederlandse moslim voelt zich vaker gediscrimineerd en minder verbonden met Nederland. *De Volkskrant*.
Bartels, M. (2015). Genetics of Wellbeing and Its Components Satisfaction with Life, Happiness, and Quality of Life: A Review and Meta-analysis of Heritability Studies. *Behaviour Genetic 45*(2), 137-156.
Becker, S. (2017, 22 februari). Wat is populisme? *Trouw*.
Beer, P. de (2013, 12 september). De privatisering van de werkloosheid: wachten op ideeën. *De Groene Amsterdammer*, pp. 26-29.
Bergman, S. (regisseur). (2007). *Beperkt Houdbaar*. Hilversum: 2Doc/VPRO.
Bloem, B. (2011). TEDxMaastricht. *'From God to Guide'*. www.youtube.com/watch?v=LnDWt10Maf8.
Blom, Th. & Wessel, M. (2017, 29 april). Natuurlijk is er een absolute waarheid! *De Volkskrant*.
Bos, R. ten (2018, januari 2018). Nepnieuws in een wereld die geen feiten wil. *Vrij Nederland*.
Breebaart, L. (2017, 29 november). Onzinnige ideeën moet je durven minachten.*Trouw*.
Broer, Th. & Pleij, S. (2017). Vernieuw de democratie. *Vrij Nederland*, pp. 49-57.
CBS (2017a). *Parade van Pen*. www.cbs.nl/nl-nl/achtergrond/2017/06/parade-van-pen-de-inkomensverdeling-in-2015
CBS (2017b). *Parade van Pen*. www.cbs.nl/nl-nl/achtergrond/2017/06/parade-van-pen-de-vermogensverdeling-in-2015
Dahrendorf, R. (1964). *Homo sociologicus*. Keulen: Westdeutscher Verlag.
Dijkstra, S.C. (2016). *Socioeconomic differences in dietary intake of older adults*. Amsterdam: UVA.
Doorn, J.A.A. van & Lammers, C. (1976). *Moderne sociologie*. Utrecht/Antwerpen: Het Spectrum.
Duyvendak, J.W. & Hurenkamp, M. (red.) (2004). *Kiezen voor de kudde. Lichte gemeenschappen en de nieuwe meerderheid*. Amsterdam: Van Gennep.
Effting, M. (2012, 20 juni). Kankerpatiënt met hoge opleiding beter behandeld. *De Volkskrant*.
Freire, P. (1972). *Pedagogie van de onderdrukten*. Baarn: Anthos.
Geest, M. van der (2017, 27 november). Samen beslissen in de spreekkamer. *De Volkskrant*.
Giesen, P. (2012, 24 november). Er is een complot tegen de Europese mens gaande. *De Volkskrant*.
Groenhuijsen, Ch. (2017). *Optimisten hebben de hele wereld*. Den Haag: Einstein books.
Grunberg, A. (2013, 11 mei). Voetnoot. *De Volkskrant*.
Grunberg, A. (2017, 21 juni). Voetnoot. *De Volkskrant*.
Grunberg, A. (2017, 20 september). Voetnoot. *De Volkskrant*.
Grunberg, A. (2018, 11 januari). Voetnoot. *De Volkskrant*.
Grunberg, A. (2018, 20 januari). Voetnoot. *De Volkskrant*.
Haegens, K. (2017, 13 oktober). Is het IMF ineens links geworden? *De Volkskrant*.
Haegens, K. (2018, 20 januari). Hoe de markt zichzelf om zeep helpt. *De Volkskrant*.
Harrison, R. (1972). *Organisatie-ideologieën*. Synopsis.
Heijne, B. (2005). *Hollandse toestanden*. Amsterdam: Prometheus.
Heijne, B. (2016). *Onbehagen*. Amsterdam: Ambo|Anthos.

Heuvel, M. van den (2014). *Vrijheid, gelijkheid en broederschap*. Amsterdam: Boom.
Hofstede, G. (2010). *Allemaal andersdenkenden*. Amsterdam: Atlas Contact.
Huber, M. (2014). *Towards a new, dynamic concept of health*. Maastricht: Maastricht University.
Illich, I. (1982). *Medical Nemesis: The Expropriation of Health*. New York: Pantheon.
Jansen, F. (1975). *De drie gebroeders*. Cabaret Kwartetten.
Janssen, G. (2017, oktober). Palentier is watching you. *Vrij Nederland*, pp 16-25.
Koenis, S. (2016). *De januskop van de democratie*. Amsterdam: Van Gennep.
Kraaijeveld, K. (2016, 8 oktober). We zijn de waarheid uit het oog verloren. *De Volkskrant*.
Kranenberg, A. (2017, 23 december). Discussie over nepnieuws leidt tot veel onzekerheid. *De Volkskrant*.
Kuiken, B. (2012). *Fuck de regels*. Zaltbommel: Haystack.
Linden, M. van der (2008). Wie zijn de arbeiders? *Kritiek. Jaarboek voor socialistische discussie en analyse*. Amsterdam: Aksant.
Linders, L. (2010). *De betekenis van nabijheid*. Den Haag: Sdu.
Lunenburg, M. (2014). Jong opgebrand. http://stressplein.eu/ik-een-burn-out.
Maassen, H. (2013). Gelijkheid is gezond. *Medisch Contact*, 37, 12 september.
Martinez, R. (2017). *Hoe vrij zijn wij?* Amsterdam/Antwerpen: Atlas Contact.
Mersch, R. (2016). *Waarom iedereen altijd gelijk heeft*. Amsterdam: De Bezige Bij.
Merton, R.K. (1963). *Social theory and social structure* (8th ed). New York: Free Press.
Merton, R.K. (1968). The Matthew Effect in Science. *Science*, 159, 56-63.
Mulder, M. (2004). *De logica van de macht*. Schiedam: Scriptum.
Müller, J. (2017). *Wat is populisme?* Amsterdam: Nieuw Amsterdam.
Mutsaers, I. & Horst, H. van der (2016). Maak van persoonsgerichte zorg geen ideologie. *Medisch Contact*, 44, 1 november.
Nederlands Huisartsengenootschap et al. (2017). *Nieuwe Visie Huisartsenzorg voor ouderen*, Utrecht.
NOS (2017, 25 oktober). Limburger vindt 'Hollander' bedreigender dan buitenlander. nos.nl/artikel/2199675-limburger-vindt-hollander-bedreigender-dan-buitenlander.html.
NOS Nieuws (2015, 28 augustus). *VN-rapport: Zwarte Piet moet anders*. https://nos.nl/artikel/2054595-vn-rapport-zwarte-piet-moet-anders.html.
Nyfer (2013). *Gezond Online*. Utrecht, p. 67.
OESO (2016). *Netherlands 2016: Foundations for the Future*. EduSkills OECD.
Oxfam (2018). www.oxfam.org/en/research/reward-work-not-wealth.
Parlement en politiek (z.d.). Links en rechts. Op 1 februari 2018 opgehaald van www.parlement.com/id/vh8lnhrp8wsy/links_en_rechts.
Pauka, T. & R. Zunderdorp (1988). *De banaan wordt bespreekbaar*. Amsterdam: Nijgh & Van Ditmar.
Piketty, Th. (2016). *Kapitaal in de 21e eeuw*. Amsterdam: De Bezige Bij.
Podemos (2016, 27 oktober). Zonder scepsis geen gezonde democratie. Op 1 februari 2018 opgehaald van www.prodemos.nl/nieuws/zonder-scepsis-geen-democratie.
Praag P. van & Brants, K. (red.) (2014). *Media, macht & politiek: De verkiezingscampagne van 2012*. Diemen: AMB.
Raad voor Volksgezondheid en Samenleving (2017). *Recept voor maatschappelijk probleem. Medicalisering van levensfasen*. Den Haag.
Rivas, Titus (2013). *Tussen orenmaffia en somatisch reductionisme*. Op 1 februari 2018 opgehaald van http://txtxs.nl/artikel.asp?artid=521.
Rousseau, Jean-Jacques (1755). *Discours sur l'origine et les fondements de l'inégalité parmi les hommes*.
Ryan, W. (1976). *Blaming the victim*. New York: Penguin Random House.

Sahadat, I. (2017, 6 mei). Jongeren die naar betere buurt verhuizen vertonen vaker probleemgedrag. *De Volkskrant*.
Salm, H. (2016, 20 januari). Echokamers sociale media versterken tunnelvisie vluchtelingendebat. *Trouw*.
Scheurmann, E. (1992). *De Papalagi, de redevoeringen van het Zuidzee-opperhoofd Tuiavii uit Tiavea* (5e druk). Weesp: Heureka.
Schofield, W. (1964). *Psychotherapy, The Purchase of Friendship*. Englewood Cliffs, NJ: Prentice-Hall.
Sociaal en Cultureel Planbureau (2014a). *Verschil in Nederland*. Den Haag.
Sociaal en Cultureel Planbureau (2014b). *Jaarrapport integratie 2013*. Den Haag.
Sociaal en Cultureel Planbureau (2015). *Informele hulp, wie doet er wat?* Den Haag.
Sociaal en Cultureel Planbureau (2016a). *De toekomst tegemoet*. Den Haag.
Sociaal en Cultureel Planbureau (2016b). *Emancipatiemonitor*. Den Haag.
Sociaal en Cultureel Planbureau (2016c). *Integratie in zicht*. Den Haag.
Sociaal en Cultureel Planbureau (2017a). *De sociale staat van Nederland 2017*. Den Haag.
Sociaal en Cultureel Planbureau (2017b). *Overall rapportage sociaal domein 2016*. Den Haag.
Sociaal en Cultureel Planbureau (2017c). *Voor elkaar*. Den Haag.
Sociaal en Cultureel Planbureau (2018a). *Werken aan de start*. Den Haag.
Sociaal en Cultureel Planbureau. (2018b). *Regionale ontwikkelingen in het aantal potentiele helpers van oudere mensen tussen 1975 en 2040*. Den Haag.
Spaink, K. (2007). *Het strafbare lichaam: de orenmaffia, kwakdenken en het placebo-effect* (6e druk). Amsterdam: Singel Pockets.
Steyaert, J. & Kwekkeboom, R. (2012). *De zorgkracht van netwerken*. Utrecht: Movisie.
Strenger, C. (2017). *Beschaafde minachting*. Utrecht: Klement.
Swaan, A. de (1989). *Zorg en staat*. Amsterdam: Bert Bakker.
Tonkens, E. (2006). Het democratisch tekort van vraagsturing. *Beleid en Maatschappij*, *33*(3), 186-195.
Troost, N. (2017, 26 september). KPMG: Koppel AOW-leeftijd aan opleidingsniveau, want laag opgeleiden betalen langer premie. *De Volkskrant*.
Vermeulen, M. (2017, 2 september). De epidemie van eenzaamheid is net zo schadelijk als roken. *De Volkskrant*.
Visser, E. (2017, 29 december). Artsen worden activistischer. *De Volkskrant*.
Vriesema, I. (2017, 8 oktober). Overheid moet weer zorgen voor burgers. *NRC*.
Westermann, E. (regisseur) (2011). *Generatie nooit genoeg*. Dyzlo film.
Wetenschappelijke Raad voor het Regeringsbeleid (2017). *Weten is nog geen doen: Samenvatting*. Den Haag.
Wilkinson, G. & Pickett, K. (2009). *The Spirit Level*. New York: Bloomsbury Press.
World Inequality Lab (2017). *World Inequality Report*.
Zorg en welzijn (2015). Patiënten willen zelf online zorg regelen. Op 1 februari 2018 opgehaald van www.zorgwelzijn.nl/patienten-willen-zelf-online-zorg-regelen-2700208w.

# Illustratieverantwoording

## Hoofdstuk 1

14 Syda Productions
18 Daniel Reiner
21 Alex Staroseltsev
22 Syda Productions
25 spatuletail
28 Africa Studio

## Hoofdstuk 2

32 Mangsaab
33 Lizebeth Davis
34 uncleroo/Shutterstock.com
36 Monkey Business Images
39 Peter Braakman/Shutterstock.com
43 Gigra
47 SG SHOT
51 Ivan Marjanovic
54 Jacob Lund
58 Everett Historical

## Hoofdstuk 3

64 Vibrant Image Studio
67 Monkey Business Images
69 Dragan Grkic
72 Canicula
75 Pecold
77 John Wollwerth
79 Jure Porenta
81 Photographee.eu

## Hoofdstuk 4

86 NotionPic
88 Markus Mainka
91 joyfull/Shutterstock.com
94 Sandra van der Steen/Shutterstock.com (groene Piet), TTStock/Shutterstock.com (zwarte Piet) en Andrew Balcombe/Shutterstock.com (roetveeg Piet)
95 Split Second Stock/Shutterstock.com
98 Nancy Beijersbergen/Shutterstock.com
102 Spotmatik ltd.
107 cbies
115 Ruud Morijn Photographer/Shutterstock.com

## Hoofdstuk 5

120 nuvolanevicata
123 jarrow888
132 Fred Ho
141 Lucky Business
147 Inna Ogando
149 Gal Amar
150 Tanatura
154 Wavebreakmedia

## Hoofdstuk 6

160 Lightspring
164 shockfactor.de
168 doddis77
172 Pixabay
173 S-F
177 cbies
182 Bloomicon
185 VGstockstudio
188 Amir Bajrich
191 Spayder pauk_79

## Hoofdstuk 7

| | |
|---|---|
| 194 | ElenaBukharina |
| 196 | Bojan Milinkov |
| 200 | brown32EtiAmmos |
| 201 | Diyana Dimitrova |
| 202 | Andrey_Popov |
| 205 | dotshock |
| 207 | chuyuss |
| 211 | Syda Productions |
| 213 | Peurt |
| 215 | Cienpies Design |

## Hoofdstuk 8

| | |
|---|---|
| 220 | Paul Aniszewski |
| 221 | Cameron Whatmore |
| 224 | lzf |

# Register

## A

achterblijvers 187
actiegroepen 202
andere cultuur 94
aspiratiegroepering 71

## B

blaming the victim 7, 55
bureaucratie 104

## C

charismatisch gezag 166
cognitieve dissonantie 20
collectieve rituelen 52
collectivisme 112
collectiviteit 68
comparatieve referentiegroepering 78
conspicuous consumption 46
contracultuur 96
culturele mobiliteit
    dalend cultuurgoed 142
cultuur 90
cultuurdimensies
    collectivistisch of individualistisch 112
    machtsafstand 112
    masculiniteit en feminiteit 113
    onzekerheidsvermijding 113
    termijngerichtheid 114
cultuuroverdracht 99
cultuurverschillen 110

## D

democratie 169
democratisering 183, 204
discriminatie 61, 143
doelen 93
dwang 164

## E

emancipatie van de patiënt 187
etnocentrisme 76
extern rolconflict 48

## F

fatalistisch bewustzijn 116
feminiteit 113
framing 175, 176

## G

generatie nooit genoeg 9
gesloten samenleving 141
gezag 165
gezichtsverlies 113
glocalisering 115
grenzeloze generatie 9
groep 67
groepering 66

## H

halo-effect 21
homo economicus 50
homo sociologicus 35

## I

idealist 24
identificatie 71
ideologie 106
individualisering 205
individualisering van problemen 55
individualisme 112
individucultuur 109
informele hulp 80
in-groups en out-groups 75
institutie 102
intergeneratiemobiliteit 140
intern rolconflict 48
intrageneratiemobiliteit 140

## J

jeugdcultuur 96

## K

kastenmaatschappij 124
klasse 126
kortetermijngerichtheid 114
kritisch bewustzijn 117
kritische wetenschap 17

## L

langetermijngerichtheid 114
liberaal maatschappijbeeld 24
links 24
lobbyen 173
looking glass self-theorie 51

## M

maatschappijvisie 23
macht 163
machtsafstand 112
machtscultuur 108
manipulatie 166
marktwerking 184
masculiniteit 113
materialist 24
Matteüs-effect 152
media 171
multicausaliteit 37, 197
multiculturalisering 115
multicultureel 115
multicultureel land 214

## N

naïef bewustzijn 117
neoliberalen 24
nepnieuws 177
normen 91

## O

onzekerheidsvermijding 113
open samenleving 141
organisatie 69
organisatiecultuur 108
organogram 43

## P

parade van Pen 128
peer groups 54
politieke besluitvormingskanalen 200
populisme 170
positie 40
pressiegroepen 202
primaire groepen 67
protoprofessionalisering 100

## R

rationeel gezag 166
rebellie 71
rechts 24
reclame en propaganda 175
referentiegroeperingen 70
referentiekader 15, 30
relatieve deprivatie 77
rol 45
rolattributen 46
rolconflict 48
   extern 48
   intern 48
rolcultuur 108
roltheorie 38

## S

samenwerkingsverband 83
schaamteculturen 112
schuldculturen 112
secundaire groepen 67
selectief onthouden 59
selectief reproduceren 59
selectief waarnemen 58
sociaal aanzien 42
sociaal bewustzijn 19, 30, 116
sociale bewegingen 202
sociale categorie 68
sociale controle 53
sociale identiteit 72
sociale klasse 127
sociale mobiliteit 139, 142
   horizontale 139
   verticale 140
sociale ongelijkheid 130
sociale status 41

sociale structuur  42
sociale veranderingen  195
socialisatie  50
  anticiperende  52
  primaire  52
  secundaire  52
socialisten  25
socialistisch maatschappijbeeld  25
social media  181
sociologie  13
sociologische verbeeldingskracht  19
spindoctor  176
standenmaatschappij  125
statussymbolen  46
stereotype  59
structurele kenmerken  81
subcultuur  95

## T

taakcultuur  108
technologische ontwikkelingen  212
tegenstrijdigheid  71
toegewezen posities  40
traditioneel gezag  166

## V

vakbonden  202
vals bewustzijn  117
Ventilsitte  74
verstatelijkte solidariteit  183
verwachtingen  92
verworven posities  40
vijandschap  71
vlucht  71
voorbeeldgroepering  71
vooroordeel  59
vrijheid, gelijkheid en broederschap
  209

## W

waarden  90
waardevrije wetenschap  27
wet van de remmende voorsprong  203
wet van de stimulerende achterstand
  203
wij- en zij-groepen  75

## Z

zelfredzaamheid  184
zichzelf vernietigende voorspelling  57
zichzelf waarmakende voorspelling  56

# Over de auteur

Harry Hendrix studeert na het gymnasium sociologie in Nijmegen met als specialisaties sociologie van de welzijnszorg en gezinssociologie. Hij werkt daarna als docent, trainer en supervisor op universiteits- en hbo-opleidingen. In die periode schrijft hij ook *Werkboek sociologie* dat de voorloper is van dit *Praktijkboek sociologie*. Daarna is hij enige jaren als preventiewerker en teamleider werkzaam in de geestelijke gezondheidszorg met als bijzonder aandachtspunt samenwerken en netwerken.
Eind jaren tachtig richt hij samen met partner Jacqueline Konings Interakt op; een bureau dat gespecialiseerd is in samenwerkingsvraagstukken in de zorgsector. Vanuit dat bureau doet hij talrijke projecten die zich richten op het verbeteren van de samenwerking tussen organisaties en professionals onder het motto: 'benutten van de kracht van het verschil'.
Hij publiceert verschillende boeken waaronder *Handboek bemoeizorg, Om angst geketend, Functionele samenwerking, De kracht van het verschil* en *Bouwen aan netwerken*.
Deze editie van *Praktijkboek sociologie* is de veertiende druk van het *Werkboek sociologie* dat in de afgelopen 25 jaar meerdere malen grondig herzien is. Het doet een beroep op zorgverleners om ook de invloed van maatschappelijke factoren op hun denken en doen en dat van hun cliënten te betrekken bij de analyse en behandeling van problemen.